AF390014

# HISTORIQUE

DU

# 148ᴱ RÉGIMENT D'INFANTERIE

# HISTORIQUE

DU

# 148ᵉ RÉGIMENT

D'INFANTERIE

RÉDIGÉ PAR LE

## Lieutenant-Colonel HEUMANN

*D'après les travaux de M. le Capitaine GAUTRON*

AVEC 3 PHOTOGRAVURES ET 2 CARTES HORS TEXTE

## PARIS

# HENRI CHARLES-LAVAUZELLE

**Éditeur militaire**

10, Rue Danton, Boulevard Saint-Germain, 118

(MÊME MAISON A LIMOGES)

# TABLE DES MATIÈRES

## II<sup>e</sup> PARTIE

### (1813.)



## III<sup>e</sup> PARTIE

### (1887-1900.)



## ANNEXES



## PIÈCES JUSTIFICATIVES

### 148<sup>e</sup> demi-brigade.

# BATAILLE INSCRITE AU DRAPEAU

## GOLDBERG

(23 août 1813)

Goldberg, petite ville de la Silésie prussienne, sur les bords de la rivière la Katzbach, affluent de l'Oder.

Le 23 août 1813, les Français, sous les ordres du général Lauriston, y battirent les troupes russes et prussiennes, commandées par le général prussien Blücher.

# AVANT-PROPOS

La collection des historiques des différents corps de troupe constituera, lorsqu'elle sera complète, le véritable livre d'or de l'armée française.

Tous les régiments anciens ou nouveaux auront, à des titres divers, collaboré à cette magnifique histoire militaire de la France, unique en son genre. Nul autre pays, en effet, n'est aussi riche en souvenirs glorieux, en faits héroïques, en actions d'éclat, et le patrimoine que nous ont laissé nos aïeux est trop beau pour que nous ne cherchions pas à faire connaître à nos soldats les actes de dévouement et de patriotisme accomplis par leurs aînés, de façon à les inciter à marcher sur les traces glorieuses de leurs devanciers, et à conserver toujours comme devise celle qui est inscrite sur le drapeau :

*Honneur et patrie !*

L'historique du 148ᵉ, rédigé en 1893 par M. le lieutenant Gautron, avait fourni les matériaux nécessaires à la publication du *Précis de cet historique* paru en 1899 (1).

L'ouvrage actuel, rédigé en grande partie d'après le manuscrit primitif, remanié et augmenté de documents nouveaux, a en outre été complété par la mention des faits principaux survenus de 1893 à 1900.

A. H.

_______

(1) *Précis de l'historique du 148ᵉ régiment d'infanterie*, rédigé d'après les instructions de M. le colonel Lorentz, par le lieutenant-colonel Heumann, vol. in-32 de 112 pages (0 fr. 50), Henri Charles-Lavauzelle.

# SOURCES CONSULTÉES

---

Capitaine GAUTRON. *Historique du 148ᵉ* (manuscrit).
Louis SUSANE. *Histoire de l'ancienne infanterie française.*
Lieutenant-colonel BELHOMME. *Histoire de l'infanterie en France.*
E. SIMOND. *Historique des nouveaux régiments.*
Capitaine E. SIMOND. *Le capitaine de La Tour d'Auvergne.*
Lieutenant P. PINEAU. *Histoire de La Tour d'Auvergne.*
Paul DEROULÈDE. *Le premier grenadier de France, La Tour d'Auvergne.*
A. BABEAU. *La vie militaire sous l'ancien régime.*
A. CHUQUET. *La première invasion prussienne.*
L. DUSSIEUX. *L'armée en France.*
Camille ROUSSET. *Les volontaires.*
Camille ROUSSET. *La Grande armée.*
Maréchal MACDONALD. *Souvenirs.*
Baron FAIN. *Manuscrit de mil huit cent treize.*
Général baron DE MARBOT. *Mémoires.*
Ministère de la guerre. *Archives.*

# HISTORIQUE

DU

# 148ᴿ RÉGIMENT D'INFANTERIE

---

## PREMIÈRE PARTIE

---

### CHAPITRE 1ᵉʳ

#### ORIGINES DU 148ᵉ

---

### I

Il ne faut pas remonter très haut dans l'histoire pour retrouver trace du corps de troupe qui le premier a porté le numéro 148 ; mais, si ce passé n'est pas lointain. il est du moins des plus glorieux, puisque le 148ᵉ a eu le grand honneur de compter parmi ses ancêtres le capitaine LA TOUR D'AUVERGNE, officier sans peur et sans reproches, en même temps que citoyen digne d'être donné en modèle à tous les Français.

Trois corps de troupe d'infanterie ont porté le numéro 148 ; ce sont :

La 148ᵉ demi-brigade de bataille, de 1793 à 1795 ;

Le 148ᵉ régiment de ligne, en 1813 ;

Le 148ᵉ régiment régional d'infanterie, à partir de 1887.

## II

### Formation de la 118ᵉ demi-brigade de bataille.

Dans la séance du 7 février 1793, Dubois de Crancé vint, au nom du comité militaire, exposer la situation de l'infanterie, et, pour y porter remède, proposa de grouper en un seul corps un bataillon de ligne et deux bataillons de volontaires.

Le but de cette réorganisation était de fondre avec les éléments de la vieille infanterie française les contingents de la Révolution, de resserrer ainsi, disait le rapport, les liens de la fraternité, de donner enfin des exemples d'instruction et de discipline aux uns, de civisme pur et de dévouement aux autres. C'était le groupement, sous le nom nouveau de « demi-brigade » de trois bataillons, dont l'un était pris dans les anciens régiments et les deux autres parmi les nombreux corps de volontaires que la déclaration de la « patrie en danger » et la levée en masse avaient fait surgir de tous les districts de la France.

La Convention adopta, le 12 février, la proposition du comité, et, dans les séances des 21 et 26 février, décréta l'*amalgame*, qui supprimait toute distinction et toute différence de régime entre les régiments de ligne et les volontaires nationaux.

La mise à exécution de cette mesure ne fut pas simultanée pour toute l'infanterie : elle dépendit, dans les différentes armées, des opérations militaires et des facilités que présentait le groupement des éléments constitutifs des nouvelles demi-brigades.

Les 196 bataillons de ligne, réunis à 392 bataillons de volontaires, devaient former 196 demi-brigades de

bataille à trois bataillons et une compagnie de canonniers.

L'infanterie des légions et des corps francs devait
servir à former 14 demi-brigades légères, en amalga-
mant deux de ces bataillons avec un des 14 bataillons
de chasseurs à pied qui existaient en 1792, soit, au
total, 210 demi-brigades, comptant 630 bataillons.

Le 20 septembre 1793, au camp de Belchénéa, près
de Bayonne, le commissaire des guerres, Feugère, pro-
céda à la formation de la 148ᵉ demi-brigade, qui fut
constituée avec le 2ᵉ bataillon du régiment d'*Angoumois*
et les 7ᵉ et 11ᵉ bataillons des *volontaires de la Gironde*.

Les traditions, l'esprit de corps dont Angoumois était
si richement doté ne sauraient être passés sous silence
dans cet historique, non plus que la jeunesse et l'entrain des volontaires, qui infusèrent un sang nouveau
dans cette vieille et redoutable infanterie française. Il
y a donc lieu de rappeler les origines, la constitution,
l'essence de ces divers éléments, de faire ressortir leurs
qualités et aussi leurs défauts ; on comprendra mieux
alors les prodiges accomplis par ces vaillantes troupes,
devant lesquelles durent reculer les armées de l'Europe
coalisée, et le souvenir du passé nous donnera l'espérance pour l'avenir.


### III

#### Régiment d'Angoumois. 80ᵉ régiment d'infanterie.

L'ordonnance du 28 février 1679 avait profondément
modifié l'organisation de l'infanterie, qui fut divisée en
deux groupes : troupes de campagne et troupes de garnison.

Les bataillons de garnison, bons pour le service des

places, laissaient à désirer quand il devenait nécessaire de les employer en campagne : le manque d'un officier supérieur à leur tête se faisait alors sentir ; aussi, en 1684, le roi résolut-il de transformer un certain nombre de ces bataillons en régiments ; en conséquence, 27 bataillons de garnison furent constitués en régiments par suite d'ordonnances datées du 1er au 27 septembre.

Le régiment d'*Angoumois* fut créé sous ce titre par ordre du 6 septembre 1684, et formé avec un *bataillon de Champagne*.

Les drapeaux d'Angoumois étaient aurore et violet ; dans chaque quartier, les couleurs étaient séparées par une large dentelure dans le sens de la diagonale de l'étoffe.

Angoumois avait porté culotte et habit blancs, collet rouge et veste bleue, boutons et galon de chapeau blancs, patte ordinaire garnie de trois boutons et autant sur la manche. En 1763, il eut les revers verts de Saxe et, en 1775, les revers cramoisis avec les boutons jaunes. En 1776, on lui donna les boutons blancs, le collet bleu céleste, les revers et les parements cramoisis.

Ces régiments furent confiés à des capitaines anciens d'infanterie, de cavalerie et de dragons. Ils étaient composés chacun de quinze compagnies, dont quatorze anciennes et une nouvelle, la compagnie colonelle.

Le plus ancien capitaine des vieilles compagnies fut nommé lieutenant-colonel du corps ; un des autres capitaines, nommé major, dut se défaire de sa compagnie.

L'effectif des compagnies fut de deux officiers et de quarante hommes, et plus tard de trente-cinq seulement.

L'infanterie était alors composée de 100 régiments, dont 85 français et 15 étrangers.

Les régiments, dont le nombre, en 1712, fut momentanément porté à 274, étaient désignés par des noms spéciaux, soit celui de leur colonel, soit encore celui d'une province. Les numéros d'ordre n'étaient employés que pour désigner la place de bataille du régiment.

« Au début de la guerre de 1688, Angoumois tenait garnison à Calais ; après les victoires du maréchal de Luxembourg dans les Pays-Bas, il fut renvoyé, en 1693, à Huy, et il s'illustra, l'année suivante, à la défense du château de cette ville contre le duc de Holstein-Ploën.

» La garnison d'Huy ne se composait que des régiments d'Angoumois et de Ponthieu, présentant ensemble un effectif de 1.113 hommes ; deux cents hommes d'Angoumois, avec le lieutenant-colonel LA FRELONNIÈRE, étaient chargés de la garde du fort Picard ; le reste du corps occupait une petite place d'armes entre la caponnière et le château. Le 21 septembre, l'ennemi, qui avait une artillerie formidable, fit mine d'attaquer le fort Picard. Les grenadiers d'Angoumois ouvrirent sur les premières colonnes un feu de mousqueterie si bien dirigé que le duc de Holstein fit retirer ses troupes. Le lieutenant DARIGNY fit, ce jour même, une sortie avec dix grenadiers et renversa la tête des sapes.

» Le 24, le fort Picard fut attaqué par 200 grenadiers de Brandebourg, 200 carabiniers et 300 mousquetaires, soutenus par trois bataillons, et il fut enlevé après une résistance héroïque qui coûta la vie au brave lieutenant-colonel LA FRELONNIÈRE. Le lendemain, le colonel DULUC fut blessé à la tête en défendant les brèches du château. La garnison capitula le 27 et sortit de la place, tambour battant, avec armes et bagages.

» L'ennemi avait tiré 25.000 coups de canon, 800 bombes et employé 113 bouches à feu pour réduire une mauvaise place défendue par un millier d'hommes. Angoumois, qui avait eu presque tous ses officiers atteints

par les projectiles des alliés, était réduit à 150 hommes.

» A la suite de cette énergique défense, le régiment fut
admis parmi les troupes de campagne, et il servit à l'armée de Flandre jusqu'à la paix de Ryswick. Il fit le siège
d'Ath en 1697.

» Angoumois fut dirigé sur l'Italie en 1700. Il fit la
campagne de 1701 avec le régiment de Bretagne, auprès
duquel il combattit à Carpi et à Chiari. En 1702, il était
avec Royal-Comtois à la bataille de Luzzara et à la prise
de Luzzara et de Borgoforte. Il appartenait, l'année
suivante, au corps d'observation placé sous les ordres
du comte de Vaudémont. Il servit, en 1704, aux sièges
de Verceil, d'Ivrée et de Vérue, et, le 16 avril 1705, il
se distingua à la bataille de Cassano, où le colonel DU
PLESSIS-BELLIÈRE fut gravement blessé. Il montra la
même valeur, le 19 avril 1706, à Calcinato, où il faisait
partie de la brigade de Piémont.

» Réduit à 300 hommes après le siège de Turin, Angoumois rentra en France et se rendit, en 1707, à l'armée
d'Espagne. Il servit, au mois d'octobre, au siège de Lé-
rida et partagea la gloire d'Auvergne, à l'assaut du
corps de place ; il y fit son logement au milieu d'un feu
épouvantable.

» En 1708, il était de la brigade de Normandie, et il se
fit remarquer, le 26 juin, en repoussant vigoureusement
une sortie de la garnison de Tortose. Après la prise de
cette place, il contribua à la soumission du royaume
de Valence, et, au commencement de 1709, il fut chargé
de donner la chasse aux miquelets de la Catalogne.

» Le 9 mars, il les expulsa de Roda, et, le 22 avril, de
Vénasque. Passé en Roussillon au mois de juillet, il
contribua à la défaite du général Frankemberg, et fut
mis en garnison à Puycerda. Appelé à la fin de 1710 au

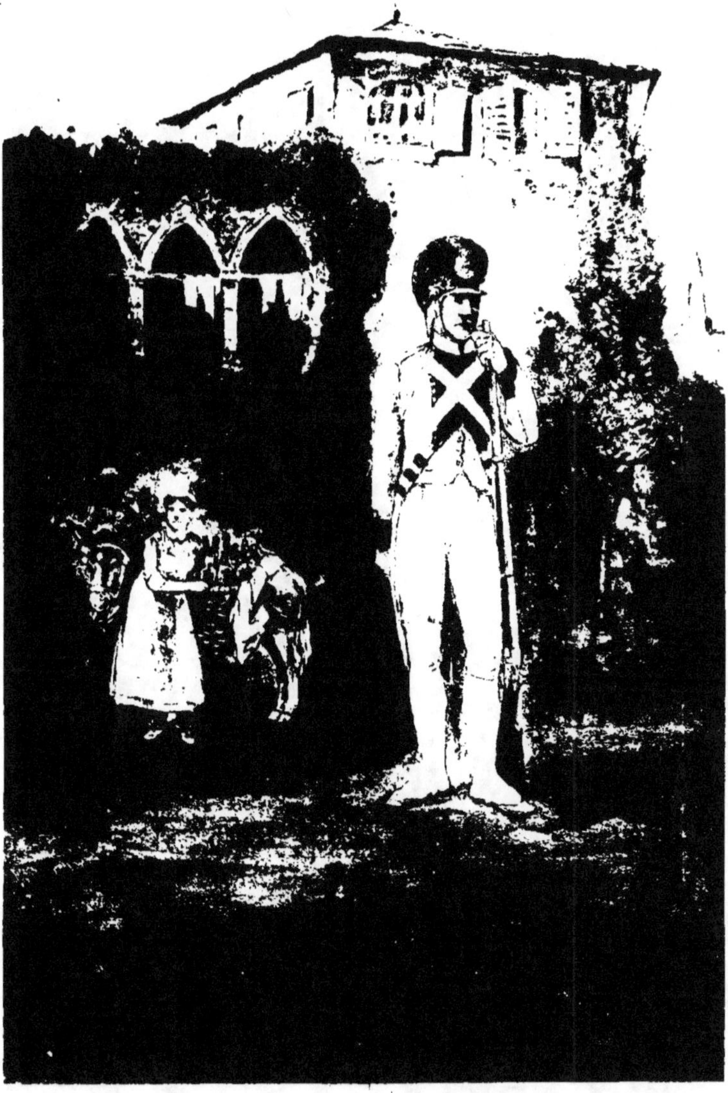

Historique du 158e Régiment d'Infanterie — Henri Charles-Lavauzelle, éditeur

ANGOUMOIS

siège de Girone, qui capitula le 24 janvier 1711, il resta
à l'armée de Catalogne jusqu'à la fin de la guerre et
prit part à la soumission de Barcelone.

» Un deuxième bataillon, créé le 1ᵉʳ février 1701, avait
fait, sur un autre théâtre, cette guerre de la Succession
d'Espagne. Après la prise de Landau, en 1703, il y avait
été mis en garnison ; mais, en 1704, il passa en Bavière
avec le maréchal de Tallard et se trouva à la défaite
d'Hochstedt. Ses débris, ramenés sur le Rhin, rentrèrent dans Landau et y furent assiégés au mois de septembre. Le bataillon, pendant ce siège, fut employé au
service de l'artillerie, sauf les grenadiers, qui trouvèrent une occasion de signaler leur bravoure dans la
sortie du 3 octobre.

» Après la capitulation de Landau, le bataillon se retira à Schlestadt, et, pendant les années suivantes, il demeura dans les lignes de la Lauter.

» Dirigé en 1711 sur l'armée du Dauphiné, il acheva la
guerre au camp du Sault-d'Oulx, et fut réformé en 1715.

» Le régiment d'Angoumois fit partie, en 1733, de l'armée du Rhin. Il servit au siège de Kehl, et, après la prise
de ce fort, il fut envoyé, avec Piémont et Lyonnais, à
Huningue, où le chevalier de Givry devait veiller au rétablissement et à la conservation du pont.

» En 1734, le régiment se trouva à l'attaque des lignes
d'Ettlingen et au siège de Philippsbourg, et il passa
l'hiver à Worms. En 1735, il fit partie du corps d'armée
employé dans l'électorat de Trèves ; il combattit, le 19
octobre, à Klausen, et acheva la campagne au camp de
Saint-Maximin.

» En 1741, Angoumois est incorporé dans l'armée du
Bas-Rhin, commandée par le maréchal de Maillebois. Il
passe l'hiver à Kaiserswerth, dans l'électorat de Co-

logne, et, en 1742, il est au camp de Juliers. Au mois d'août de la même année, il se rend sur les frontières de la Bohême et se trouve à la prise d'Elnbogen et de Kaaden, au secours de Braunau, dont l'ennemi lève le siège, et au ravitaillement d'Egra. Il est alors cantonné entre le Danube et l'Isar, et il se trouvait à Straubing lorsque les Autrichiens forcèrent, le 5 juin, le passage du Danube. L'armée française s'était mise en retraite : Angoumois gagna Ratisbonne, et, de là, le Rhin. A sa rentrée en France, il est mis en garnison à Montmédy.

» En 1744, il est appelé en Flandre et prend part aux opérations des sièges de Menin et d'Ypres : il achève cette campagne au camp de Courtrai avec le maréchal de Saxe. Cette année, le capitaine de CHATILLON, à la tête d'une troupe de volontaires, fait la petite guerre avec bonheur et distinction, et s'acquiert une réputation d'armée.

» En 1745, Angoumois est au siège de Tournai, et, le 11 mai, à la bataille de Fontenoy, enbrigadé avec Eu, il occupe le château de Bourquembray et la cense des Marais à gauche de la chaussée de Leuze. Son rôle, dans cette journée, est purement défensif. De retour devant Tournai, il se couvre de gloire, le 18 mai, à côté de Normandie et de la Couronne, à l'assaut de l'ouvrage à cornes. Il sert encore cette année à la prise d'Audenaerde, de Termonde et d'Ath, et passe l'hiver à Termonde.

» Dans la nuit du 29 au 30 janvier 1746, il sort de cette place et enlève la redoute des Trois-Fontaines, qui défendait le passage du canal de Wilvorde. Il ouvre ainsi le chemin à l'armée qui va assiéger Bruxelles. Dans cette importante opération, il prend un gros détachement hollandais et n'a que six hommes blessés, parmi lesquels se trouve le capitaine LAMOUROUX, devenu lieutenant-colonel le 27 décembre 1763.

» Angoumois sert aussi avec distinction au siège de Bruxelles. Il se trouve plus tard à la conquête de Namur et à la bataille de Rocoux, où il est embrigadé avec La Fère ; il prend ses quartiers d'hiver à Anvers.

» En avril 1747, il s'empare du poste de Rodenendam et y enlève 85 hommes et 3 canons. Il contribue ensuite à la prise de l'Ecluse, du Sas de Gand, du fort d'Isendyck et du fort Philippine, et rentre dans Anvers, menacé d'un siège. Il y arrive le 11 mai et en repart le 17 juin, pour se rendre au camp de Malines, qu'il quitte bientôt pour joindre la Grande armée au camp de Tirlemont. Il reste à la garde de ce camp pendant la bataille de Lawfeld, et marche ensuite au siège de Berg-op-Zoom, où il se distingue extrêmement dans la nuit du 9 au 10 août, quand le prince de Schwarzemberg vient attaquer nos lignes. C'est lui, en effet, avec le régiment devenu Aunis, qui, dans cette occasion, fait échouer toutes les tentatives du général autrichien contre nos redoutes.

» Le régiment perd, ce jour-là, le sous-lieutenant BIREAU ; le capitaine DE CARLES y est blessé.

» Après la prise de Berg-op-Zoom, Angoumois y est mis en garnison.

» En mars 1748, un détachement sorti de la place pour favoriser l'arrivée d'un convoi est enveloppé par des forces supérieures et obligé de se rendre après un combat acharné. Le reste du régiment va servir au siège de Maëstricht et fait partie de la grande attaque avec Champagne.

» Le 2ᵉ bataillon, qui avait été remis sur pied le 1ᵉʳ juillet 1747, est réformé le 30 octobre 1748.

» Au commencement de la guerre de Sept ans, Angoumois est envoyé en Amérique. Pendant toute la durée des hostilités, il est partagé entre Saint-Domingue et la Louisiane.

» L'ordonnance du 10 décembre 1762 l'attache au service des ports et colonies, et il passe les quatre **années** suivantes à la Louisiane.

» Rentré en France en 1766, il arrive à Nimes au mois d'août : il va de là à Saint-Hippolyte en juin 1767, à Collioure et Perpignan en décembre 1767, à Marseille en mai 1768, à Antibes en décembre 1768, à Grenoble en décembre 1769, à Montdauphin et Embrun en octobre 1771, à Marseille en mai 1773 et à Montauban en mai 1774.

» C'est dans cette ville, et par suite de l'ordonnance du 26 avril 1775, qu'il est reporté à deux bataillons, par l'incorporation de l'ancien régiment de Forez.

» On voit, depuis, Angoumois arriver à Huningue en octobre 1777, détacher son premier bataillon à **Belfort** en avril 1778, et se réunir à Strasbourg en novembre 1780. Le régiment ne prend aucune part à la guerre de l'indépendance des Etats-Unis, mais de nombreux volontaires vont servir sur la flotte, et le lieutenant Taschereau est blessé au combat livré le 5 septembre 1781, dans la baie de Chesapeake, par le comte de Grasse contre l'amiral Graves.

» Angoumois est arrivé à Perpignan en novembre 1783, et il n'a plus quitté les Pyrénées. Il est allé à Bayonne en avril 1788, et se trouvait encore dans cette ville au moment de la Révolution. Un acte déplorable de démence politique faillit troubler, en mai 1790, la bonne harmonie qui régnait entre les habitants et le régiment. Un jeune officier de race noble, à la suite d'une discussion, poignarda trois citoyens. Le corps d'officiers écrivit au capitaine de la garde nationale qu'ils avaient chassé cet officier et qu'ils l'abandonnaient.

» Cette affaire n'eut point heureusement d'autre suite (1). »

En 1790, l'infanterie française comprenait :

Le régiment des gardes françaises à six bataillons ;
Le régiment des gardes suisses à quatre bataillons ;
Le régiment du roi à quatre bataillons ;
101 régiments à deux bataillons ;
7 régiments d'infanterie des colonies ;
1 régiment de marine.

Le régiment d'Angoumois était compris dans les 101
régiments à deux bataillons ; les bataillons étaient formés chacun à neuf compagnies, dont une d'élite, prenant la droite, dite de grenadiers.

« Le 1er janvier 1791, parut une loi supprimant les
noms particuliers portés par les régiments. On numérota
ceux-ci d'après leur ancien rang, et Angoumois devint
le 80e régiment d'infanterie.

» Le même jour, le ministre fit paraître un règlement
contenant les détails de la nouvelle organisation des
régiments d'infanterie.

» Tous les régiments français et étrangers, sauf les
suisses, étaient composés d'un état-major et de deux
bataillons. Toutes les compagnies de fusiliers étaient
dédoublées, et la compagnie de chasseurs était transfor-
mée en une deuxième compagnie de grenadiers ; de
sorte que chaque bataillon avait neuf compagnies, dont
une de grenadiers.

» Toutes les compagnies avaient : un capitaine, un
lieutenant, un sous-lieutenant, un sergent-major, deux
sergents, un caporal fourrier, quatre caporaux, quatre
appointés, un tambour et quarante grenadiers ou fusi-

_______________

(1) Suzane. *Histoire de l'ancienne infanterie française.*

liers, soit trois officiers et cinquante-trois hommes.

» Le bataillon avait ainsi vingt-sept officiers et quatre cent soixante dix-sept hommes. Les deux enfants de troupe de chaque compagnie de fusiliers étaient supprimés.

» L'état-major du régiment se composait d'un colonel, de deux lieutenants-colonels, d'un quartier-maître, de deux adjudants-majors, d'un aumônier, d'un chirurgien-major, de deux adjudants, d'un tambour-major, d'un caporal tambour, de huit musiciens et de trois maîtres ouvriers, soit dix officiers et treize hommes.

» Le régiment avait soixante-quatre officiers et neuf cent soixante-sept hommes. L'adjudant-major était un lieutenant qui était nommé capitaine après deux ans de fonctions, mais sans pouvoir les quitter.

» Les bataillons étaient désignés par les numéros 1 et 2 ; les compagnies portaient le nom de leur capitaine et continuaient à être placées dans les deux bataillons d'après l'ancienneté de leur chef. Les officiers supérieurs n'avaient plus de compagnie, et il n'y avait ni compagnie colonelle, ni compagnie lieutenant-colonelle.

» Le premier bataillon conservait le drapeau blanc, et le deuxième le drapeau du régiment, qui étaient portés chacun par un sergent-major désigné par le colonel. Chaque compagnie formait un peloton dans les manœuvres, et était divisée en deux sections et quatre escouades. Le nom de sous-officier s'appliquait aux sergents-majors, au tambour-major, aux sergents, aux caporaux fourriers et aux caporaux.

» Le tambour-major avait rang de sergent-major, le maître tailleur de sergent, et les maîtres armuriers et cordonniers de caporaux. Le caporal tambour continuait à battre la caisse. » (1).

Ensuite, pour lier les officiers aristocrates, dont elle se défiait, l'Assemblée nationale rendit, le 15 juin 1791, un décret qui obligea tous les militaires à prêter le serment de fidélité à la Constitution.

Beaucoup d'officiers partirent, ne voulant pas s'y soumettre. Le colonel DE SOUCY, commandant le 80ᵉ, et le colonel DE CALDAGUÈS son successeur, se soucièrent peu du décret, qui faillit rester lettre morte pour ce régiment. Une plainte parvint sans doute au ministre de la guerre, car il demanda d'urgence des explications en 1792, et, le 26 mars, ordonna de procéder immédiatement à cette cérémonie.

Le 5 avril, le régiment se rassembla sur la place du Collège, à Bayonne, où se trouvaient les officiers municipaux de la ville, assistés du procureur substitut et du secrétaire greffier. Le colonel fit battre un ban et prononça la formule du serment :

Je jure d'être fidèle à la nation, à la loi et au roi, de maintenir de tout mon pouvoir la Constitution et d'exécuter et faire exécuter les règlements militaires.

Les officiers, placés en avant des rangs, levèrent la main droite et dirent successivement : « Je le jure! » Ils signèrent le procès-verbal. Le colonel, s'adressant ensuite aux soldats, leur fit lever la main et prononça pour eux ce serment :

Je jure d'être fidèle à la nation, à la loi et au roi, de défendre la Constitution, de ne jamais abandonner mes drapeaux et de me conformer en tout aux règles de la discipline militaire.

-----

(1) *Histoire de l'infanterie en France*, par le lieutenant-colonel Belhomme. (Tome III. p. 447.)

Les sous-officiers et les soldats crièrent ensemble : « Je le jure! » Le ban fut fermé.

Six compagnies, dont celle de LA TOUR D'AUVERGNE (1), étaient détachées à la citadelle de Saint-Esprit. Elles prêtèrent serment de la même manière, et les officiers signèrent le procès-verbal avec le maire, les officiers municipaux, le procureur de la commune et le greffier (2).

L'émigration se dessina après les journées d'octobre 1789 ; elle continua en 1790 et 1791, s'acheva en 1792. La plupart des officiers nobles passèrent à l'étranger au mois de juin 1791, après le décret obligeant au serment, et les derniers hésitants, entraînés par les conseils et l'exemple de leurs parents et de leurs amis, effrayés aussi par les soupçons et les haines qu'ils sentaient attachés à leurs noms, émigrèrent après la journée du 10 août. Le mouvement fut à peu près général.

Les officiers du 80ᵉ, unis par un sentiment de camaraderie et de discipline, éloignés du centre des agitations politiques, résistèrent plus longtemps que les autres aux mauvaises suggestions. Le colonel DE SOUCY leur rendait hommage en écrivant au ministre de la guerre, le 8 décembre 1791 :

---

(1) CORRET fut autorisé, le 23 octobre 1879, par le duc Godefroy de Bouillon, à faire précéder son nom de Corret de celui de LA TOUR D'AUVERGNE.

En 1781, LA TOUR D'AUVERGNE quitte le régiment d'Angoumois pour suivre, en qualité de volontaire, le régiment de Bretagne au siège de Mahon. Rentré en France, il rejoint son régiment à Strasbourg, vient tenir garnison à Perpignan en 1783, est promu capitaine le 29 octobre 1874, et, le 5 février 1792, est nommé capitaine des grenadiers au 2ᵉ bataillon du 80ᵉ ci-devant Angoumois ; il avait alors près de 50 ans.

(2) Capitaine E. Simond. *Le capitaine La Tour d'Auvergne.*

Tous les officiers sont présents au corps. Ils remplissent leurs fonctions avec une exactitude très exemplaire dans les circonstances. La subordination et la discipline sont généralement observées par les soldats et dans tous les grades au 80e.

Le maréchal de camp de Gestas disait aussi, le 13 avril 1792 :

Le 80e s'était jusqu'à présent préservé de la contagion des temps ; l'insurrection n'avait pas atteint les soldats et les officiers ne s'étaient pas livrés à la manie des démissions et de l'émigration.

Un décret de l'Assemblée nationale, sur la manière de combler les vacances dans les corps, provoqua la fuite des officiers du 80e, qui avaient contenu jusqu'alors leur mécontentement et leur esprit d'opposition. Il est supposable que, à défaut de ce motif, un autre incident eût occasionné leur départ, car ils ne supportaient qu'avec une irritation mal dissimulée les exigences de la situation nouvelle.

Si le 80e n'avait pas encore eu de démissions et de désertions, il n'en était pas de même ailleurs, et les cadres d'officiers étaient presque vides dans la plupart des corps.

L'Assemblée ordonna de puiser dans ceux qui étaient intacts ou moins dégarnis pour renforcer les autres. Sept lieutenants et huit sous-lieutenants du 80e furent nommés au grade supérieur dans différents régiments. Les nouveaux promus, loin de se réjouir, s'alarmèrent de quitter leurs camarades, et ne virent dans cet avancement qu'un exil. Soutenus, excités par les autres officiers, ils réclamèrent et furent appuyés par le colonel. Le ministère de la guerre répondit de leur faire rejoindre immédiatement leur nouveau corps, sous peine de destitution. Une protestation fut adressée le 7 mars par un groupe d'officiers.

Aucune loi ne force un militaire d'accepter un emploi quelconque, dirent-ils, et qui puisse, par conséquent, d'après son refus, le priver de celui qu'il occupe.

Ils terminèrent par cette menace :

Nous espérons que Sa Majesté voudra bien rendre à nos compagnons d'armes et amis la justice qu'ils méritent et prendre en considération le vœu de nous soussignés qui déclarons que, si on dispose contre leur gré des charges desdits lieutenants et sous-lieutenants, on peut également disposer des nôtres.

Suivaient vingt-deux signatures d'officiers de différents grades. LA TOUR D'AUVERGNE dut désapprouver cette déclaration violente, car il ne signa pas.

Le colonel DE CALDAGUÈS appuya la réclamation de ses officiers, en priant qu'on ne « désorganisât pas son régiment ». Le maréchal de camp de Gestas écrivit au ministre dans le même sens :

Vous sentirez facilement, Monsieur, combien il est fâcheux pour un homme qui s'est flatté de passer sa vie dans un régiment, qu'il regarde comme sa famille, d'en aller chercher à grands frais un autre d'où l'insurrection a chassé ceux qu'il remplace. Il est même aisé de prouver qu'un pareil déplacement est très nuisible au service, puisqu'il fait perdre à l'arrivant tous les fruits de la confiance et de la connaissance des hommes qu'il avait acquises dans son propre corps, sans qu'il retrouve des avantages, surtout quand il part malgré lui. Les observations que vous et votre prédécesseur avez faites sur ce mode de remplacement à l'Assemblée nationale, et qui ont été renvoyées au comité militaire, m'encouragent à vous présenter ces réflexions et à vous supplier de suspendre les dispositions qui ont été prises pour les officiers du 80ᵉ régiment, qui se verrait privé de quarante de ses meilleurs et peut-être de la totalité, dégoûtés de la perte de leurs camarades, s'ils étaient forcés de rejoindre les corps auxquels ils ont été appelés ou de donner leur démission.

Cette lettre, écrite le 13 avril 1792, était destinée au maréchal de camp de Grave, ministre de la guerre, mais elle parvint à Servan, qui l'avait remplacé ; le ministre répondit, le 17 mai, d'exécuter l'ordre donné au 80e par M. de Narbonne, qui avait précédé M. de Grave, ordre renouvelé par ce dernier le 23 avril.

Alors, la catastrophe prédite se produisit. Vers la fin du mois de juin, LA TOUR D'AUVERGNE fut convoqué à une réunion des officiers, présidée par le colonel. Ils lui apprirent qu'ils étaient résolus à émigrer. Ils restaient solidaires des camarades, auxquels on n'avait pas voulu accorder justice. La Révolution menaçait tous les intérêts et toutes les croyances, après avoir détruit des privilèges séculaires. Le devoir était désormais de servir la cause du roi à l'étranger, où ses partisans s'organisaient.

Les officiers demandèrent à LA TOUR D'AUVERGNE de partir avec eux. Il appartenait aussi à la noblesse ; il portait un nom illustre qui l'engageait, plus que personne, à suivre leur exemple. L'émigration, disait-on, devait sauver la France et la royauté, en apparaissant bientôt toute puissante pour rétablir l'ordre.

Le capitaine répondit avec vivacité :

Vous vous êtes mépris, Messieurs, en me faisant une telle proposition. Rien ne peut légitimer à mes yeux la violation du serment. En vertu d'un décret de l'Assemblée constituante, le roi Louis XVI a ordonné à l'armée de prêter serment d'obéissance au pacte de 1791 ; notre régiment l'a prêté solennellement, et vous parlez de me parjurer pour attirer sur moi la honte et la malédiction de ma patrie ?... Prenez désormais tel parti qui vous plaira... En pareille matière, je ne me règle pas sur les autres, et toute l'armée émigrerait que je n'émigrerais pas.

Cette noble réponse, dit un de ses biographes, le docteur Priou, était celle d'un patriote vertueux, qui répétait souvent :

Périsse le lâche qui abandonne son pays au moment du

danger ! Jusqu'à la mort je serai son ami fidèle, et j'embras-
serai sa cause jusqu'au dernier soupir !

Les officiers, surpris, ajoutèrent qu'il se devait avant
tout au roi, car noblesse oblige d'autant mieux qu'il
s'en rapprochait plus que la plupart d'entre eux, lui,
un descendant de la famille de Turenne, un parent du
duc de Bouillon. Cet argument, bien fait pour toucher son loyalisme et son orgueil aristocratique, ne
l'ébranla pas. Son patriotisme ne fut point abusé. Il
répondit :

J'appartiens à la patrie ; soldat, je lui dois mon bras ;
citoyen, je dois respect à ses lois. Je ne puis quitter ni mon
pays, ni le poste qui m'a été confié.

Il disait plus tard à son ami Roujoux, en lui racon-
tant cette scène :

Si j'avais abandonné la France, je n'y serais jamais rentré, car on ne revient pas dans le pays qu'on a trahi sans
être soupçonné de méditer une trahison nouvelle.

Les officiers nobles du 80ᵉ passèrent en Espagne. Le
colonel DE CALDAGUÈS partit en congé le 1ᵉʳ juillet et ne
revint plus ; quelques autres donnèrent leur démission ;
mais la plupart s'enfuirent sans prévenir, dans la nuit
du 2 au 3 juillet, quelques-uns avec tant de précipitation
qu'ils laissèrent leurs effets dans leur appartement. Il
ne resta que deux lieutenants-colonels, dont le plus ancien, RIS DE LA CHAPELETTE, prit le commandement du
80ᵉ, six capitaines, deux lieutenants et un quartier-maître.

L'occasion était favorable pour les ambitieux. La moitié de ces officiers parvint au grade de général, et aucun
n'avait la valeur militaire et le savoir de LA TOUR D'AU-
VERGNE.

LA TOUR D'AUVERGNE refusa toujours tout avancement, et persista, malgré toutes les demandes de ses amis et de ses chefs, à rester capitaine, prouvant ainsi une fois de plus que c'était bien par pur patriotisme et non par ambition qu'il n'avait pas émigré.

Les généraux reçurent l'ordre de compléter le premier bataillon de chaque régiment pour en faire un bataillon de campagne, et de tirer du second deux compagnies de chasseurs volontaires qui, jointes aux deux compagnies de grenadiers, seraient aussi envoyées aux armées. Le reste du deuxième bataillon ne devait former qu'une sorte de dépôt. Il ne fut pas facile d'exécuter cet ordre au 80ᵉ. Le 12 juillet, il y avait encore trente vacances d'officiers, et les nouveaux promus envoyés par le conseil exécutif ne rejoignaient que lentement, quand ils rejoignaient.

Le colonel DE LA CHAPELETTE était obligé de recommencer chaque jour son travail de la veille, à cause de la méthode réglementaire du tiercement, qui classait les capitaines dans les bataillons suivant un ordre fixe déterminé par l'ancienneté. Il finit par demander qu'on supprimât ce classement, sans quoi « un individu dérangeait toutes les opérations ».

Les quelques officiers restés au régiment se débattaient au milieu de mille difficultés politiques et militaires. Le désordre et la confusion étaient inexprimables. Barrière de Vieuzac dénonça à la Convention le 80ᵉ régiment comme « entaché d'aristocratie et vendu aux ennemis de la chose publique ». Le lieutenant-colonel LASSALLE se plaignit au président du conseil général de Bayonne, et, dans sa séance du 1ᵉʳ octobre 1792, cette assemblée attesta le patriotisme et la bonne conduite dont le 80ᵉ avait toujours fait preuve depuis qu'il était dans la garnison.

En 1792, le général de Montesquiou, nommé commandant de l'armée des Alpes, concentra ses forces à Toulon ; c'est là que le rejoignirent les deux compagnies des grenadiers du 80e et les deux compagnies de chasseurs volontaires qui leur étaient adjointes (juillet-août). Ces quatre compagnies passèrent sous les ordres du capitaine le plus ancien, qui était LA TOUR D'AUVERGNE, et se trouvèrent presque toujours à l'avant-garde, dans cette campagne qui fit tomber la Savoie dans nos mains. Après plusieurs mois passés à Pont-de-Beauvoisin (Savoie), ces quatre compagnies rejoignirent en toute hâte leur régiment, à Toulon, au mois de février 1793 (1).

L'Espagne venait de déclarer la guerre à la République, et les deux bataillons d'Angoumois allaient acquérir une gloire immortelle dans cette valeureuse petite armée des Pyrénées occidentales, dont ils formaient le noyau.

## IV

**Bataillons de volontaires. — Volontaires de la Gironde.**

Le 3 mars 1791, l'Assemblée constituante supprimait les bataillons et les régiments provinciaux, et déclarait que les troupes seraient dorénavant recrutées par enrôlements volontaires, à prix d'argent, et formeraient à l'avenir une armée de ligne de 150.000 hommes, dont 110.000 d'infanterie, 30.000 de cavalerie et 10.000 d'artillerie.

Le 22 juillet, l'Assemblée prescrivit une levée de 169 bataillons, pour remplir le rôle destiné aux 132 bataillons des milices provinciales supprimés. Le 4 août, le nombre de ces bataillons fut porté à 187, et l'on adopta les règles suivantes pour leur organisation.

---

(1) Capitaine E. Simond. *Le capitaine La Tour d'Auvergne.*

Chaque bataillon devait avoir un effectif de 574 hommes ; au fur et à mesure de leur arrivée au lieu de formation, les volontaires étaient réunis en compagnies de 71 hommes ; la compagnie des grenadiers était ensuite formée par un prélèvement de huit hommes sur les autres compagnies. Chacune des neuf compagnies était alors composée de trois officiers, d'un sergent-major, de deux sergents, de quatre caporaux, d'un tambour et de 52 soldats. L'état-major du bataillon se composait de deux lieutenants-colonels, d'un adjudant-major, d'un quartier-maître, d'un tambour-maître et d'un armurier. Chaque compagnie élisait son cadre au scrutin. Tous les officiers et sous-officiers devaient être choisis parmi les volontaires qui avaient servi dans la ligne, dans la milice provinciale ou la garde nationale. Chaque bataillon nommait au scrutin deux lieutenants-colonels et le quartier-maître. Le bataillon avait un drapeau aux trois couleurs portant le nom d'un département et le numéro du bataillon (1).

Le volontaire pouvait se retirer après chaque campagne, en prévenant son capitaine deux mois à l'avance.

Des prescriptions, en date du 28 décembre, permirent à chaque bataillon de recevoir deux canons de 4, et de former pour les servir une section d'un lieutenant et 16 canonniers.

Les premiers bataillons de volontaires furent formés en grande partie avec les anciens militaires et eurent de meilleurs cadres que ceux qui furent levés ensuite.

Ils furent organisés rapidement dans certains départements, et très lentement dans le plus grand nombre ; dans tous, l'organisation fut retardée par des difficultés d'habillement et d'armement.

---

(1) Lieutenant-colonel Belhomme. *Histoire de l'infanterie en France*. (Tome III, p. 471.)

En somme, sur les 169 bataillons de première levée, 83 seulement s'organisèrent à temps pour se rendre soit dans les places fortes, soit aux armées de la frontière.

Le 5 mai 1792, l'Assemblée législative décida la création de 45 nouveaux bataillons et porta l'effectif de chacun de ces corps à 800 hommes, puis, le 19 juillet, elle ordonna la levée de 42 nouveaux bataillons. Le 15 août 1793, le nombre des bataillons de volontaires atteignait le chiffre de 611. Mais il ne suffisait pas d'avoir des hommes, il fallait les habiller, les armer, les équiper ; or, tout manquait.

On décida que la pique serait donnée à tout citoyen qui ne posséderait pas d'arme à feu, et que l'on organiserait avec ces hommes des bataillons de piquiers.

Heureusement que ces troupes de nouvelle formation n'eurent pas le temps de se rendre à la frontière, car, ainsi que l'écrivait Dumouriez dans son rapport du 13 juin, « cette tourbe sans ordre et sans force, rassemblée tumultueusement, aurait eu le sort de ces immenses armées indiennes que quelques hommes aguerris dissipaient facilement ».

Les volontaires recrutés tout d'abord dans toutes les classes de la nation fournirent d'excellents soldats. Composés avec l'élite de la jeunesse enthousiaste de cette époque et encadrés par les sous-officiers des troupes provinciales, ces bataillons valurent bientôt les troupes de ligne, et rivalisèrent avec elles de patriotisme, de bravoure et de discipline.

Les bataillons de volontaires se multipliant, beaucoup furent médiocrement composés et mal commandés.

On y admit peu à peu « des hommes de toute taille, de tout âge, des enfants, des vieillards, des hommes faibles et valétudinaires ».

Leur composition morale était encore plus défectueuse que leur composition physique. La plupart des officiers de ces bataillons rassemblés trop hâtivement devaient leurs grades « à l'intrigue, à l'or ou au cabaret ».

Puis, successivement, les prétendus volontaires durent être envoyés de force à l'armée par des mesures énergiques de la Convention. Beaucoup d'entre eux furent braves, quelques-uns rendirent des services, mais tous furent indisciplinables et plus nuisibles qu'utiles aux généraux qui étaient contraints de les commander.

« Les volontaires de 1792 étaient pour la plupart imprégnés des doctrines jacobines, exaltés, fanatiques, bien moins souples à la discipline que les volontaires de 1791. Pas un général, pas un représentant qui ne blâme les contingents de 1792. Dans les combats livrés en Belgique et sur le Rhin, les bataillons qui se distinguèrent sont les premiers qu'ait armés leur département, c'est-à-dire des bataillons créés en 1791 ; ceux qui se conduisent mal sont, à peu d'exceptions près, les bataillons de 1792.

» Aussi les généraux s'opposaient-ils énergiquement, en 1793, à la formation de nouveaux bataillons de volontaires ; et lorsqu'on voulut, au mois de juillet 1793, envoyer dans la Vendée une division de 6.000 bons soldats, on préleva 57 hommes dans chaque régiment de ligne et dans chaque bataillon de volontaires de 1791 (1) ».

En réalité, les premiers volontaires se sont bien conduits ; ils comptaient dans leurs rangs un grand nombre de jeunes gens instruits, pleins d'enthousiasme et

______

(1) Chuquet, *La première invasion prussienne.*

formant l'élite de la nation ; ils ont communiqué à leurs camarades leur ardent patriotisme ; ils ont maintenu l'armée dans le devoir en l'empêchant de suivre les officiers qui émigraient ; ils ont été, en un mot, de bons auxiliaires de l'armée régulière, sans laquelle ils n'auraient pu rien faire, et ils ont eu leur part glorieuse dans les victoires de la Révolution.

Les soldats, en effet, ne s'improvisent pas, et les volontaires de 1791 n'eurent guère que huit ou dix mois pour s'instruire ; heureusement, pour accélérer leur instruction, « on favorisa le plus possible le mélange de leurs postes et de leurs services avec les troupes de ligne » ; la plupart du temps, les généraux faisaient soutenir les bataillons de volontaires par des troupes de l'armée régulière ; par ce contact incessant avec les vieux soldats, les jeunes volontaires acquirent rapidement l'aplomb et la solidité qui leur faisaient défaut.

L'uniforme des volontaires était celui de la garde nationale, c'est-à-dire l'habit bleu, et, en principe, chaque volontaire devait partir avec son propre uniforme ; or, comme la grande masse des gardes nationaux n'avait pas d'uniforme faute d'argent pour se le procurer, il fallut pourvoir à l'habillement et à l'équipement des volontaires, ce qui causa de sérieuses difficultés et de grandes pertes de temps.

Le **7ᵉ bataillon de la Gironde,** dit de Bordeaux, fut organisé le 9 août 1792, et vint tenir garnison à Bayonne sur la réquisition du général Servan, commandant l'armée des Pyrénées.

Les officiers de ce bataillon avaient été élus conformément à la loi, et, si nous consultons les contrôles (1),

---

(1) **Voir pièces justificatives :** contrôle de la **demi-brigade** et états de service des officiers.

nous voyons que les suffrages ne s'étaient pas égarés sur des indignes : Bessaguet, capitaine, avait servi au 6ᵉ régiment, ci-devant Armagnac ; Philippon, capitaine, venait du 46ᵉ, ci-devant Lorraine ; Pressec était un vétéran du régiment du duc d'Angoulème ; Gabriel Rousseau, capitaine, avait débuté au 82ᵉ, ci-devant Saintonge.

Parmi les lieutenants, Darbourg avait servi dans Orléans, Hostains venait d'Artois dragons. Des sergents comme Bessière, Foulon, Taurignac, Monot, qui devinrent plus tard officiers, apportèrent avec eux les traditions de la vieille armée.

**Le 11ᵉ bataillon de la Gironde,** dit du Bec-d'Ambez, fut organisé le 13 juin 1793, et reçut lui aussi les bonnes traditions de discipline et d'esprit militaire de l'ancienne infanterie.

Mazas, qui deviendra plus tard chef de la 148ᵉ demi-brigade, y était adjudant-major ; il avait servi aux ci-devants régiments de Champagne et Bourbonnais ; le capitaine Comte venait de Saintonge ; Carrayon sortait du 80ᵉ.

L'instruction et l'exemple que de tels chefs devaient donner, le contact avec les troupes déjà assouplies et moralisées par la ferme administration du général Servan, amenèrent promptement au niveau des deux autres ce troisième et dernier élément de la future 148ᵉ demi-brigade.

Au début, il exista une certaine rivalité entre les soldats des anciens régiments d'une part, les volontaires des nouveaux bataillons et les gardes nationaux d'autre part. Les premiers, qui avaient conservé l'habit blanc des armées de la monarchie, appelaient dédaigneusement *bleus* les jeunes conscrits, auxquels on avait donné des habits de cette couleur, et les gardes nationaux, revêtus eux aussi d'habits bleus. L'expression «bleu» est même restée dans l'argot militaire pour désigner le soldat nouvellement incorporé, naïf et sans expérience.

Les anciens soldats, les *blancs*, comme on les appelait, se dénommaient encore « soldats de porcelaine », infligeant à leurs jeunes rivaux le sobriquet de « soldats de faïence », parce que la porcelaine va au feu et que la faïence n'y va pas. Ce n'est que de la faïence bleue, disaient les émigrés en faisant allusion à l'uniforme des volontaires ; mais on avait eu l'occasion de présenter cette faïence au premier feu pour la durcir (1).

Les bleus et les blancs formaient donc deux éléments hétérogènes. Peu à peu, cependant, cet esprit de particularisme diminua, et insensiblement les ferments de discorde disparurent.

_____

(1) Le mot est de Liger.

# CHAPITRE II

## I



**Les Pyrénées occidentales. Théâtre des opérations.**

Jetons un coup d'œil d'ensemble sur le théâtre des opérations où, pendant trois années consécutives, le 80ᵉ et les bataillons de volontaires vont livrer de glorieux combats. Il comprend presque tout le pays basque français et espagnol et la partie septentrionale de la Navarre.

Ce sont les derniers contreforts des Pyrénées atlantiques qui le couvrent, et l'entrecroisement assez confus de leurs ramifications en font un pays difficile.

Sur le versant français, presque partout, les montagnes, peu élevées dans cette région, les collines des contreforts, sont recouvertes de végétation ; là où manquent les grands arbres, les prairies, les bruyères et les ajoncs se montrent ; les villages sont très nombreux.

Pour les montagnards, c'est le *Bach*, le bas pays ou le pays de l'ombre ; l'autre versant, c'est la *Soulane*, le côté du soleil, les rochers âpres, les ravins arides, déjà presque la terre d'Afrique ; le contraste est frappant.

Le pays des deux côtés est riche cependant, bien cultivé ; les habitants sont fiers, lestes, agiles, vigoureux, jaloux de leurs privilèges, mais ils ne présentent pas les mêmes contrastes que le sol. S'ils ont la même origine, presque la même langue, leurs tendances et leurs intérêts sont différents ; aussi les verrons-nous souvent prendre parti, former des corps francs et apporter aux belligérants un concours toujours précieux en pays de montagnes.

Bayonne au nord, Pampelune au sud, sont les objectifs directs des deux armées opposées occupant cette région. Deux routes carrossables seulement mettent en communication ces deux villes ; d'abord la magnifique chaussée Bayonne-Madrid, sur laquelle vient s'embrancher à Tolosa la route de Pampelune par le col de Lecumberri ; puis la route plus directe qui traverse les cols de Maya et de Belate.

Plus à l'est, d'autres communications parallèles, partant de Saint-Jean-Pied-de-Port, conduisent à Pampelune; mais elles sont beaucoup plus difficiles, à peine praticables aux mulets. L'une d'elles, cependant, est très ancienne, elle remonte le val Carlos ; en 777, Charlemagne la suivit pour aller combattre les Sarrazins, et, à son retour, l'arrière-garde de Roland y fut écrasée par les montagnards, au col de Roncevaux.

A l'ouest de cette route, qu'on travaille aujourd'hui à rendre entièrement carrossable, deux sentiers traversent la frontière ; l'un, après avoir remonté la vallée des Aldudes, dessert en Espagne la fonderie de canons d'Enguy, l'autre passe au col de Burdincurruch.

A l'est, au col de Bentarte, une autre communication, fameuse en 1793, aujourd'hui abandonnée, passe au pied de Château-Pignon (1).

Enfin la dernière des communications, en tous temps accessibles, franchit la frontière au col d'Orgambide et atteint Pampelune après avoir traversé la fonderie royale d'Orbaïcette.

---

(1) Construit par les Romains (Jomini).

Après, commence la grande chaîne, infranchissable
aux armées.

Notre théâtre d'opérations s'arrête là.

Les ramifications des contreforts que les Pyrénées
envoient vers l'Océan sont enchevêtrées ; aussi les communications perpendiculaires aux précédentes, c'est-à-
dire à peu près parallèles à la frontière, sont-elles rares
et tout aussi difficiles. Le contrefort de Haya, qui sé-
pare les vallées de l'Oria et de la Bidassoa moyenne, est
traversé par les cols de Biandis (Yanzi-Oyarzum) et de
Goritty (Erazum-Tolosa).

En remontant dans la vallée de Bastan, qui n'est autre que la Bidassoa supérieure, on pénètre d'une part
dans la vallée de la Nivelle par les cols d'Etchalar (San-
Estevan-Sarre) et d'Urdax (Maya-Ainhoué) ; d'autre part,
à travers le contrefort de Hansa, on entre dans la vallée
des Aldudes par les cols de Berderitz (Elizondo-les-Al-
dudes).

Voilà pour les communications ; quant aux positions,
elles abondent, la suite des événements nous les mon-
trera (1).

## II

### La guerre avec l'Espagne.

Dans une de ses séances, en février 1793, la Convention avait dédaigneusement passé à l'ordre du jour
sur les représentations des Bourbons d'Espagne au sujet de la mort de Louis XVI. Bientôt après, le 7 mars,
voulant punir la cour de Charles IV d'avoir donné asile
aux émigrés, elle s'était décidée à déclarer la guerre à
l'Espagne.

______

(1) Capitaine Gautron (manuscrit).

La décision était imprudente, car la France avait peu d'hommes sous les armes.

A cette déclaration, Charles IV répondit le 23 mars par un manifeste à son peuple, et les hostilités devinrent imminentes.

De part et d'autre cependant, les moyens de les pousser activement étaient précaires.

Depuis 1792, la France entretenait bien quelques troupes sur la frontière des Pyrénées comme aile droite de l'armée du midi ; mais la plus grande partie en avait été distraite par le lieutenant général de Montesquiou-Fezensac, pour les expéditions de Nice et de la Savoie.

Cependant, en octobre, le général Servan, fatigué des déboires de la vie politique, avait quitté le ministère de la guerre et s'était fait nommer général d'une armée qui devait être créée aux Pyrénées. Choderlos de Laclos d'abord, puis l'adjudant général Lacuée, en furent les chefs d'état-major.

Servan passa l'hiver à réunir les quelques ressources dont les départements de cette frontière pouvaient disposer, et constitua à grand'peine, aux deux extrémités de la chaîne, à Bayonne et à Perpignan, deux groupes, en quelque sorte deux noyaux, qui devaient, un peu plus tard (1), devenir les armées des *Pyrénées orientales et occidentales*.

Au mois de janvier, il écrivait au ministre de la guerre Pache :

> Je ne puis que vous répéter une vérité que je n'ai cessé de vous écrire, c'est qu'il n'y a dans cette armée que des bataillons de troupe de ligne....., et à l'égard des bataillons de volontaires, à l'exception d'un ou deux, tous les autres sont à peine formés ; ils manquent de vêtements, d'équipement,

---

(1) Le 30 avril 1793.

d'armement, d'instruction..... ; en résumé, il n'y a pas 8.000 hommes disponibles.

Quelques jours après la déclaration de la guerre (1), au sujet de la division de droite qui nous occupe, il annonce aux représentants du peuple que, dans les divers camps, on compte à peu près quinze mille hommes, mais qu'on serait bien embarrassé d'en faire sortir la moitié qui sachent marcher ensemble, porter le fusil, le charger et le tirer.

Il ne fallait donc pas songer à l'offensive ; aussi Servan se borna-t-il tout d'abord à répartir ses meilleures troupes entre les postes importants de la frontière, et à réunir les autres dans un camp, à Bidart, près Bayonne, où, tout en les instruisant, il les tenait comme réserve, à portée de secourir les points menacés.

De son côté, le gouvernement espagnol avait formé deux armées : l'une devait opérer dans le Roussillon, et l'autre dans la Navarre.

Cette dernière était confiée au lieutenant général don Ventura Caro ; mais, comme l'offensive devait être prise par l'armée du Roussillon, le rôle imposé à Caro fut purement défensif. Il eut l'ordre de garder la vallée de la Bidassoa.

Il disposait d'une trentaine de mille hommes, parmi lesquels se trouvaient des troupes de ligne, de milice, et une légion d'émigrés aux ordres du marquis de Saint-Simon (2).

Voici comment les troupes étaient réparties le long de

---

(1) 24 mars, lettre datée de Bayonne : J. Servan aux représentants du peuple. (Archives de la guerre.)

(2) De Marcillac, *Histoire de la guerre entre la France et l'Espagne.*

la frontière, vers le milieu du mois d'avril, au moment où les hostilités allaient commencer :

Le général Duverger commandait la division de droite de l'armée des Pyrénées, et avait sous ses ordres : à droite, à Saint-Jean-de-Luz, le général Régnier ; à gauche, à Saint-Jean-Pied-de-Port, le général Lagénétière.

Les troupes de Régnier étaient réparties en trois camps ; aux environs de Hendaye, le camp de la Croix-des-Bouquets était occupé par le 20ᵉ régiment d'infanterie, le 7ᵉ bataillon de la Gironde et le 5ᵉ bataillon d'infanterie légère. Ce camp faisait face aux retranchements de Fontarabie et d'Irun et aux redoutes étagées de la montagne de Saint-Martial, couvertes d'artillerie et occupées par 6.000 Espagnols.

A six kilomètres environ à l'ouest, et fermant les débouchés de Béra, le camp de Jolimont réunissait un détachement du 80ᵉ ci-devant Angoumois, et commandé par le chef de bataillon Durognon, aux volontaires des Basses-Pyrénées, du Tarn, de l'Aude et de l'Hérault ; 4.000 Espagnols étaient campés à Béra, en face.

Plus à l'ouest encore, et au centre à peu près de notre ligne de défense, pour barrer à la fois les débouchés de Béra et d'Etchalar, sur la vallée supérieure de la Nivelle, Servan avait installé depuis le 8 avril, aux Trois-Croix, près du village de Sarre, un autre camp très important, qu'il plaça sous le commandement du colonel d'Angoumois, La Chapelette.

Un détachement du 80ᵉ régiment (1) et un autre de la légion des montagnes, les bataillons des Hautes-Pyrénées, des Landes et du Gers formaient la garnison de ce camp, en face duquel, au col de Maya, gardant la

---

(1) Le reste du régiment était à Bayonne.

vallée de Bastan, se trouvait le général espagnol Horca-
sitas.

Enfin, du côté de Saint-Jean-Pied-de-Port, le général
Lagénétière, avec six bataillons et environ douze compagnies franches, commandées par le capitaine Moncey,
gardait les passages de la chaîne en face de la droite
espagnole, établie à Burguette.

Le général Ventura Caro avait pour lui, avec l'avantage du nombre, celui non moins important des positions, qui dominaient les nôtres, plus éloignées de la
grande chaîne.

Il avait donc la partie belle, et nous allons voir comment il sut en profiter.

**¡Combat d'Hendaye.**<br>
**Les grenadiers d'Angoumois au camp de Sarre.**

Bien que son rôle dût se borner à la défense de la
Bidassoa, le général espagnol estima qu'il n'aurait aucune sécurité sur cette ligne s'il laissait les camps
français installés aussi près de la rivière ; il résolut donc
d'attaquer, pour se rendre maître des deux versants de
la vallée.

Le 23 avril, une première tentative eut lieu sur la
droite française, vers la grande route de Madrid, qui
franchit la Bidassoa au pas de Behobie, défendu par le
fort d'Hendaye, et, près de la route même, par une redoute contenant cinq pièces d'artillerie. Le camp dont
nous avons parlé plus haut était plus en arrière, et au
nord-est de la route.

L'attaque des Espagnols fut vive et progressa rapidement par la montagne de Louis XIV, tandis qu'une
violente canonnade, partant d'Irun et de Fontarabie,

éteignait sans peine le feu du fort et de la redoute, insuffisamment approvisionnés en munitions.

Le 20° régiment, les volontaires de la Gironde ne purent empêcher la prise de la redoute, qui fut rasée, mais ils parvinrent à dégager notre frontière, en rejetant les Espagnols sur la rive gauche de la Bidassoa.

Le général Régnier, blessé dans cette action, fut remplacé par Labadie, ancien commandant du bataillon de Bordeaux (1).

Ce n'était là qu'une diversion, car le véritable point d'attaque de notre ligne de défense n'avait pas échappé à Ventura Caro.

Ce point d'attaque était le camp de Sarre. Par sa position centrale, près du village de Zugarramurdi, qui commande la grande route Bayonne-Pampelune ; par ses débouchés sur la Bidassoa et la Nivelle, par ses communications avec Béra et Jolimont, ce point avait une importance capitale ; malheureusement, on ne s'était point assez hâté de l'organiser.

Du côté de la gorge de Béra, qui borde au sud la montagne de Larrun, une redoute était en construction, près du hameau de Churitégny, mais elle était dominée de toutes parts, et à peine armée de deux pièces de canon, envoyées la veille du camp de Sarre.

Pas un poste, pas une patrouille n'avaient été disposés pour la sécurité de la garnison, qui comprenait

------

(1) Le 25 avril, les représentants du peuple Isabeau et Neveux avaient nommé généraux à titre provisoire La Chapelette, colonel du 80°, et Labadie, lieutenant-colonel du 7° bataillon de la Gironde ou de Bordeaux. La Tour d'Auvergne, dans cette promotion, avait été nommé colonel du 20° régiment ; mais, pour ne pas quitter ses grenadiers, il avait refusé cette nomination. (Archives du ministère de la guerre.)

cinq cents volontaires de la Haute-Garonne et un détachement de la légion des montagnes, et qui était commandée par le lieutenant-colonel Pinsun, chef de cette légion.

Entre cette redoute et le camp, sur la hauteur de Sainte-Barbe, qui barre le chemin d'Etchalar à Sarre, il n'y avait aucun ouvrage.

Le camp se trouvait à un kilomètre plus à l'est, face au village de Zugarramurdi.

C'était l'ensemble de cette position que le général Caro avait résolu d'attaquer, dans la nuit du 30 avril au 1ᵉʳ mai, par deux colonnes partant de Lesacca et de Béra.

Des obstacles imprévus retardèrent la colonne de Lesacca. L'autre, avec laquelle marchait le général en chef, était sous les ordres directs du marquis de La Romana ; elle arriva sans encombre dans un bois tout près de la redoute avant la pointe du jour ; là, elle attendit.

Cependant la colonne de droite, destinée à tourner l'ennemi par Etchalar, ne paraissait pas, et l'heure fixée pour l'attaque avait sonné. Il était près de 4 heures. La Romana lance sans plus tarder ses compagnies sur la redoute, et, par cette brusque attaque, surprend les volontaires, qui essayent en vain de défendre des retranchements inachevés.

Un des premiers tués est le colonel Pinsun, le chef, le seul qui aurait pu maintenir chacun dans le devoir. En outre, dès le début, dans le bruit de la fusillade, dans le désordre de la surprise, des cris de trahison, provoqués par une funeste méprise (1), se font entendre. Les offi-

---

(1) On avait distribué, la veille, des cartouches d'instruction pour des cartouches à balles.

ciers sont impuissants à rallier leurs soldats. Tous perdent la tête et s'enfuient vers le camp, abandonnant à l'ennemi, avec la redoute, les deux canons que, la veille, on leur avait confiés.

Heureusement, les vieilles troupes solides sont en arrière. LA TOUR D'AUVERGNE, avec sa compagnie de grenadiers, est le premier prêt. Il reçoit l'ordre, du général La Chapelette (1), « d'aller prendre une position vis-à-vis des ennemis, déjà maîtres de la redoute, et de s'efforcer d'arrêter leur marche s'ils la dirigeaient vers le camp ».

C'est à la chapelle Sainte-Barbe que se porte LA TOUR D'AUVERGNE, bientôt soutenu à droite par DESSEIN (2), capitaine au 80°, qui amène 50 fusiliers d'Angoumois. Il rallie à sa gauche à peu près autant de chasseurs de la légion des montagnes et quelques volontaires de la Haute-Garonne, commandés par Soubéran. Ces braves attendent de pied ferme le choc de la cavalerie espagnole, qui se montre au débouché de la gorge.

LA TOUR D'AUVERGNE a donné l'ordre de ne pas tirer, car la charge qui est dans les fusils est précieuse. Les jeunes soldats, qui n'ont pas compris l'ordre, sont surpris et prêts à lâcher pied ; mais les grenadiers d'Angoumois connaissent leur chef ; pas un ne bouge. Le fusil haut, ils regardent impassibles la cavalerie espagnole fondre sur eux. « Feu! » commande LA TOUR D'AUVERGNE lorsqu'elle est à vingt pas ; chaque coup porte, et cette cavalerie, l'instant d'avant si redoutable, maintenant décimée, fait demi-tour et va se reformer à l'abri du feu terrible des grenadiers.

---

(1) Lettre autographe de La Tour d'Auvergne (archives de la guerre).

(2) Général de division en 1795.

Mais d'autres dangers surviennent : à droite, c'est
l'infanterie espagnole, qui, après avoir pris la redoute,
coupe déjà les communications avec Saint-Jean-de-Luz
et entame un feu meurtrier sur les fusiliers de DESSEIN,
qui lui sont opposés. Ce capitaine, bien que blessé de
deux coups de feu, ne quitte pas son poste ; il reste sous
les yeux du général La Chapelette, qui, lui aussi, est là,
au premier rang, donnant l'exemple à ses jeunes troupes.

Sur la gauche, par le chemin d'Etchalar, la colonne
de Lesacca fait son apparition et progresse. Pendant
une heure et demie, LA TOUR D'AUVERGNE lui tient tête,
mais il ne reçoit pas de secours ; malgré tous leurs efforts, les chefs restés au camp n'ont pu rallier personne.

Là, Barbazan, Darnaud, Labeyrie, chefs des bataillons des Landes, des Hautes-Pyrénées et du Gers, sont
impuissants à se faire entendre ; les fuyards de la redoute de Churitégny ont apporté le désordre ; ils ont
crié à la trahison, ils ont montré les colonnes espagnoles qui menacent de couper la retraite. Il n'en faut
pas davantage pour que volontaires et jeunes recrues
abandonnent tentes, bagages et canons, se précipitent
sur la route d'Ustaritz, en semant dans tous les villages
qu'ils traversent la panique et l'épouvante (1).

Barbazan, craignant d'être cerné, était d'avis de battre en retraite. LA TOUR D'AUVERGNE, survenant à ce
moment, s'écria, indigné : « Reculer? N'avons-nous pas
des bras et des baïonnettes pour repousser l'ennemi? »

Cependant, nos grenadiers allaient être tournés ; leur
position, d'ailleurs, était couverte de mitraille par l'ar-

____

(1) Capitaine Gautron (manuscrit).

tillerie espagnole. La Chapelette donna l'ordre de la retraite, qui s'opéra pas à pas vers le camp. On y trouva quatre pièces d'artillerie et deux caissons, abandonnés par leurs conducteurs, qui, à cette époque, étaient civils. Malgré le feu violent des Espagnols, grenadiers et artilleurs, unissant leurs efforts, s'attellent à trois pièces, enclouent la quatrième, et, pendant onze heures, tout en combattant à l'arrière-garde, ils se retirèrent lentement, en disputant le terrain pied à pied et traînant leurs canons dans la boue, malgré toutes les difficultés d'un sol accidenté, jusqu'à Ustaritz, où ils n'arrivèrent qu'à 9 heures du soir.

Les Espagnols, après avoir pillé et brûlé le camp, reprirent leurs anciennes positions.

Cette journée coûta cher aux Français en officiers et soldats tués ou blessés.

Les représentants du peuple Projean, Baudot et Chaudron-Rousseau rendirent justice à la belle conduite de La Tour d'Auvergne dans tous leurs rapports :

Il a ménagé la retraite de nos troupes, dirent-ils au comité de Salut public, faisant à propos une décharge qui a assez tué de monde à l'ennemi pour faire un rempart de morts.

Ils écrivirent à la Convention, le 6 mai :

Un détachement de 100 hommes de nos troupes, commandé par le capitaine La Tour d'Auvergne, contint longtemps les Espagnols, arrêta leur cavalerie comme nous l'avons déjà mandé, et cependant nos soldats, par l'effet des suggestions perfides des agitateurs, et sans avoir tiré un coup de fusil, abandonnèrent le camp en criant à la trahison. Nous avons perdu tous les effets de campement de trois bataillons. Quoique l'ennemi eût pu tirer un parti très avantageux de cette déroute, à ce point qu'il eût pu s'emparer de Bayonne sans coup férir, tant l'alarme était générale, cependant il s'est contenté de piller quelques maisons de patriotes et s'est retiré. Notre camp même a plus souffert des dévastations de nos propres soldats et de ceux qui suivent l'armée que de nos ennemis.

Le même jour, une terreur panique se répandit dans le camp de Jolimont, et, sans qu'il fût inquiété par les Espagnols, des soldats crièrent aussi à la trahison et abandonnèrent leur poste, contre les ordres précis des généraux. La déroute devint complète, et le camp fut levé.

Les deux frères CHAPPEL, soldats du 80ᵉ régiment, eurent le courage de rester seuls, pour garder pendant la nuit deux pièces de canon qui avaient été enclouées et abandonnées par les fuyards, et parvinrent à les conserver et à les désenclouer.

Cette désorganisation tient à des causes de malveillance que nous cherchons à découvrir...

Le camp d'Hendaye s'est maintenu quoiqu'il ait été excité de la même manière et par les mêmes moyens que les deux autres.

Tous ces événements se sont passés le 2, et c'est le soir de cette journée que nous sommes arrivés à Bayonne. La consternation était générale. Les volontaires affluaient de toutes parts, sans ordre, sans armes, et avec une contenance qui annonçait le découragement. Nous nous sommes occupés à prendre une connaissance positive des faits, à mettre en activité une cour martiale et à faire juger sans délai ceux qui ont compromis le sort de nos armes.

L'insouciance et le désordre étant extrêmes, nous nous proposons, de concert avec les généraux, de faire publier un code pénal militaire qui sera exécuté prochainement.

Après cette défaite, le général Servan convoqua à Saint-Jean-de-Luz un conseil de guerre qui décida de ne former qu'un seul camp sur les hauteurs de Bidart, à deux lieues en avant de Bayonne, d'abandonner le fort d'Hendaye, les camps de la Croix-des-Bouquets et de Jolimont, enfin tout le terrain compris entre la Nivelle et la frontière, « mesure commandée par l'insuffisance des forces et la désorganisation presque générale ».

Le général Dubouquet, qui remplaçait depuis peu Duvergier (1), estimant qu'à la suite de cet insuccès Jo-

---

(1) Devenu suspect, ce général avait été arrêté le 2 mai et envoyé à la barre de la Convention pour y répondre aux accusations portées contre lui.

limont et Hendaye étaient trop exposés, avait, dès le 3 mai déjà, envoyé de Bayonne l'ordre d'évacuer ces camps.

Le 5 mai, l'armée était réunie et campait près de Bidart.

Le général Servan remit de l'ordre dans ses troupes, les exerça et évita toute rencontre, pour ne pas compromettre le succès d'une nouvelle campagne. Comme avant-postes, il envoya deux bataillons et cent dragons à Ciboure, puis les compagnies de grenadiers de l'armée, sous le commandement de LA TOUR D'AUVERGNE, à Saint-Pée, à quatre kilomètres en arrière de Sarre.

L'approche des grenadiers délivra cette dernière localité d'une contribution en troupeaux levée par les Espagnols, qui devaient venir en prendre livraison huit jours après, et qui n'osèrent se représenter.

Les douze compagnies, établies d'abord à Saint-Pée, furent poussées jusqu'à Sarre, pour mieux éclairer les débouchés d'Ascain, de Béra et d'Urugne.

Malgré l'importance de ce commandement d'avant-garde, Servan n'avait pas cru devoir le confier à un chef particulier. Il le laissa au plus ancien des capitaines de ces compagnies d'élite, qui possédait toute sa confiance. C'était LA TOUR D'AUVERGNE, dont la remarquable personnalité s'imposait à tous, et dont le général en chef utilisait ainsi les talents presque de force, puisqu'il refusait tous les grades. Lorsque, quelques mois auparavant, une première réorganisation de l'armée avait eu lieu, les services de LA TOUR D'AUVERGNE avaient été si remarqués par les représentants du peuple, qu'ils le nommèrent colonel au 20e régiment d'infanterie.

Cet avancement, en tous points justifié, fut néanmoins refusé par le modeste héros qui en était l'objet.

Il lui aurait fallu quitter ses hommes, ses chers grenadiers ; il ne put s'y résoudre. A l'avancement, aux honneurs, qui lui étaient indifférents, il préféra la satisfaction intime de guider ceux qu'il appelait ses enfants, de
leur apprendre le devoir, de les aimer.

Dans les circonstances critiques où se trouvait alors
l'armée des Pyrénées occidentales, le choix ne pouvait
être meilleur, et, malgré sa modestie, le capitaine
de grenadiers d'Angoumois ne chercha pas à se
soustraire à ce commandement, que son ancienneté
lui faisait un devoir d'accepter. Bien que malade (1),
il l'exerça avec son énergie et sa sollicitude accoutumées. La confiance qu'il sut inspirer aux soldats
fut un sûr garant de leur solidité, et les troupes
groupées en arrière purent, en toute sécurité, prendre
l'aplomb et le sang-froid dont elles avaient manqué jusqu'alors.

Le groupement de la division de droite au camp de
Bidart avait, en effet, non seulement pour but de couvrir Bayonne et de rassurer la population de cette ville,
mais encore il permettait de compléter l'instruction des
jeunes troupes, de les discipliner (2), en un mot, de
transformer en soldats ces bandes d'ouvriers et de paysans qui, jusqu'à ce moment, n'avaient fait preuve que
d'ignorance et de jactance indisciplinée.

----

(1) Voir pièces justificatives.

(2) Lettre de Servan aux représentants, 24 mars 1793 (archives de la guerre) : « Sur les seize bataillons et les quinze
compagnies que vous avez passés en revue, dix bataillons de
volontaires ne sont levés que depuis six mois et viennent de
recevoir environ 400 hommes de recrues depuis huit jours ;
six bataillons de ligne en ont reçu le même nombre et l'un
d'eux, celui de la légion des montagnes (le bataillon qui lâcha
pied à Churitégny), en recevra 700. »

Ce n'était pas d'ailleurs de ce côté des frontières seulement que les nouvelles levées se débandaient, en proie à des terreurs paniques injustifiées, c'était partout ; et les revers que ce peu de consistance des troupes occasionna furent pour la nation le stimulant terrible que ses représentants utilisèrent afin de produire le grand mouvement qui sauva la patrie en danger.

C'est l'époque des immortels décrets de la Convention :

Les jeunes gens iront au combat, ordonnait-elle, les hommes mariés forgeront les armes, les femmes feront des tentes, des habits et serviront dans les hôpitaux, les enfants mettront le vieux linge en charpie, les vieillards se feront porter sur les places publiques pour exciter le courage des guerriers, prêcher la haine des rois et l'amour de la République.

Déjà, pour activer les résultats de la levée de 300.000 hommes, des représentants du peuple avaient été envoyés à toutes les armées (1) ; leurs pouvoirs furent confirmés et étendus. Exercer la surveillance la plus active sur les opérations des agents du conseil exécutif; sur la conduite des généraux, officiers et soldats ; sur les dépenses, sur l'emploi des moyens décrétés ; telle fut la mission de ces mandataires, qu'on arma du droit d'arrestation, de suspension, de nomination provisoire, et qui vinrent imposer la victoire aux armées.

Certes, les abus, les excès, les crimes même de pareils dictateurs furent nombreux ; le mal était grand, le remède fut violent. Qu'importe! puisque la France fut sauvée. On ne pouvait, sans à-coups, sans désordres,

---

(1) Décret du 30 avril 1793. Ce décret mentionne onze armées, il stipule la formation immédiate de deux autres. Des représentants furent envoyés à chacune de ces armées.

Les commissaires près l'armée des Pyrénées occidentales furent : Féraud, Isabeau, Garrau et Chaudron-Rousseau.

secouer la vieille routine, susciter le courage des innovations hardies, transformer la guerre.

Au-dessus d'eux, régularisant l'impulsion, coordonnant tous les mouvements, subordonnant à un plan d'ensemble les opérations de chacune des armées, le vaste et sage esprit de Carnot dominait.

Il transmettait partout la volonté suprème du comité de Salut public. Cette volonté, c'était celle de vaincre à tout prix ; elle transporta la nation, elle transforma les armées, elle violenta la victoire! (1).

Dès ce moment, nous n'avons plus que de belles actions de guerre à raconter ; telle fut l'attaque de la montagne dite de Louis XIV.

### Attaque de la montagne de Louis XIV.

D'après les représentants du peuple, la totalité des forces espagnoles était d'environ 60 à 70.000 hommes.

Le gouvernement, écrivaient-ils, a fait dégarnir tout l'intérieur du royaume et même les côtes. Il reste seulement 6.000 hommes à Madrid. Rien ne serait si méprisable que cette armée si la tenue de la nôtre était bonne. Au rapport de tous les Français qui reviennent d'Espagne, les habitants ne veulent point la guerre et les troupes mêmes redoutent notre « enragerie républicaine », suivant leur expression. Il est certain que, si nous prenons une fois l'attitude qui convient à nos principes, les Espagnols rentreront sur leur sol sans plus songer à aucune tentative. Ils ne peuvent faire que la guerre des postes. Ils n'ont ni le courage ni l'audace nécessaires aux grandes entreprises.

L'armée française, soumise à une sévère discipline, ne tardera pas à avoir une contenance plus fière et un meil-

--------

(1) Capitaine Gautron.

leur esprit. Le 15 mai, La Tour d'Auvergne s'avança jusqu'à Sarre, où il posta ses grenadiers pour surveiller les gorges d'Ascain et d'Olette. Les représentants du peuple mandèrent au comité de Salut public, le 18 mai :

En passant la revue du poste de Sarre, commandé par le brave La Tour d'Auvergne, nous avons vu à découvert le camp ennemi qui n'est séparé du nôtre que par une vallée très étroite. Notre position est bonne. Notre armée prend enfin la consistance qui convient aux défenseurs de la République, et l'organisation en est presque achevée ; elle est remplie de courage patriotique et de cet amour de l'ordre et de la discipline qui assure la victoire. Depuis que tous les corps sont réunis en un seul camp, le zèle et le bon exemple ont tout fait. Le général Caro, dont le camp est à Pampelune, est atteint de la même maladie que Brunswick éprouva dans les plaines de la Champagne. Son armée est dans un état de misère et de maladie. La nôtre redouble de force et d'activité ; les recrues arrivent de toutes parts et, avec de la surveillance et de l'exactitude, tout sera bientôt réparé.

Ces conventionnels protestaient contre le remplacement du général en chef annoncé par les « papiers publics ».

Servan jouit de la confiance du soldat et de l'officier ; il mérite celle de l'un et de l'autre.

Le 6 juin, l'ennemi enleva le Château-Pignon, près de Saint-Jean-Pied-de-Port, et fit prisonnier le général de Lagénétière.

Depuis la fin du mois de mai, après la prise du fort de Hendaye (31 mai), dont les canons de Fontarabie et d'Irun avaient eu facilement raison, les Espagnols s'étaient installés sur notre territoire en plusieurs camps défendant la hauteur de la Croix-des-Bouquets. Cette position constituait pour eux, en avant du pas de Béhobie, où la grande route Bayonne-Madrid franchit la Bidassoa, une véritable tête de pont dont la montagne de

Louis XIV, plus en arrière et à l'est, formait le réduit sur la rive droite. Le camp de Saint-Martial, sur l'autre rive, dominait tout le pays et le couvrait du feu de ses batteries étagées.

De là, Ventura Caro menaçait fortement Saint-Jean-de-Luz ; il avait même poussé une reconnaissance jusque sur les hauteurs de Bourdagain et de Socoa, voisines de cette ville, ce qui fit craindre une attaque de ce côté. Pour y parer, dès les premiers jours de juin, Servan envoya le général La Chapelette installer la division de droite sur les hauteurs de Bourdagain, la gauche vers la gorge d'Olette, faisant retour sur Belchénéa ; on forma plusieurs camps où se rendirent successivement les deux bataillons du 80ᵉ d'Augoumois (1) et le 7ᵉ bataillon de la Gironde. Mais le danger du voisinage des Espagnols n'en persistait pas moins, et, pour le faire cesser, le général en chef résolut de les chasser du territoire français.

Le 22 juin au matin, cinq colonnes attaquèrent dans ce but la position de la Croix-des-Bouquets. A droite, le colonel Willot et l'adjudant général Darnaudot commandaient; au centre le 80ᵉ, sous les ordres de LASALLE, était précédé par la colonne des grenadiers de LA TOUR D'AUVERGNE. A gauche, le 7ᵉ bataillon de Bordeaux, celui des Hautes-Pyrénées, marchaient sous le commandement de Vigent et Tisson.

Les camps, couverts par des retranchements simultanément attaqués, furent rapidement enlevés, et on se trouva en face de la montagne de Louis XIV, dominée par les batteries de Saint-Martial, hérissées de canons.

---

(1) Sauf les grenadiers, qui avaient été momentanément envoyés à la division de gauche après l'affaire de Château-Pignon.

Tandis que les généraux hésitent devant ce formidable obstacle, l'armée demande à grands cris le signal de l'attaque : alors, Darnaudot place avec bonheur deux pièces d'artillerie, dont le feu enfile les retranchements espagnols. LA TOUR D'AUVERGNE entoure avec ses grenadiers un château crénelé défendant les approches de la montagne. Sur son ordre, nos intrépides grenadiers braquent les canons de leurs fusils dans les créneaux, pendant que lui-même, armé d'une hache, frappe à la porte à coups redoublés et crie dans leur langue aux défenseurs qu'il va les brûler vifs s'ils ne se rendent dans l'instant. Ce coup d'audace réussit, le château ouvre ses portes et les abords de la montagne sont libres.

C'est le moment décisif. Willot, Lasalle, Tisson, Vigent, entraînent leurs troupes à l'assaut ; le 22ᵉ, le 80ᵉ, le bataillon de Bordeaux, celui des Hautes-Pyrénées, le 2ᵉ de l'Aude gravissent les pentes sous le feu de l'artillerie ennemie, envahissent le camp et repoussent les Espagnols, la baïonnette dans les reins. La redoute est prise ; c'est le colonel Willot et un dragon du 18ᵉ, nommé Chauvin, qui y sont entrés les premiers.

LA TOUR D'AUVERGNE apparaît peu de temps après avec ses grenadiers, qui, dirigés par lui, sautent les fossés et gravissent les plongées. Les canonniers ennemis sont massacrés sur leurs pièces. Le camp est abandonné par les Espagnols, qui s'enfuient avec précipitation, en y oubliant un enfant. Les grenadiers le leur renvoyèrent après l'action.

A 10 heures du matin, il n'y avait plus un Espagnol sur notre territoire ; tous avaient repassé la Bidassoa en brûlant le pont. Il fallut renoncer à la poursuite, que, d'ailleurs, le feu des batteries de la montagne de Saint-Martial eût promptement arrêtée.

Ce jour-là, 22 juin, La Tour d'Auvergne se prodigua ;
on le vit partout ; il reçut cinq coups de feu dans ses
vêtements sans être blessé. « Il charme les balles », disaient les soldats en riant, stupéfaits du bonheur incon-
cevable de leur chef, qui, s'exposant plus que tous,
n'était jamais atteint.

D'ailleurs, La Tour d'Auvergne, malgré les nombreux combats auxquels il assista, ne reçut qu'une
seule blessure, mais elle causa sa mort.

Servan terminait ainsi le rapport de cette brillante
journée :

Le capitaine La Tour d'Auvergne, commandant les grenadiers de l'armée, qui s'était déjà si fort distingué à l'affaire
de Sarre, a soutenu dans celle-ci la réputation qu'il s'est
acquise depuis longtemps. Le colonel Lasalle, les lieutenants-
colonels Vigent et Tisson, aussi commandants de colonne,
ont fait exécuter les différentes manœuvres avec la plus
grande intelligence. Tous les corps d'infanterie se sont distingués. Jamais le feu le plus vif n'a fait cesser le refrain
chéri de *Ça ira*. Un grenadier d'Angoumois a son bras droit
emporté d'un coup de canon. L'adjudant général Darnaudot (1) s'approche pour lui témoigner sa sensibilité : « Ne
me plaignez pas, répond ce grenadier, j'ai encore un bras
pour servir ma patrie. »

Dans cette lutte d'une heure, officiers et soldats,
saisis d'émulation, rivalisèrent d'intrépidité. Un volontaire des chasseurs de la Haute-Garonne, grièvement
blessé par un éclat d'obus, dit à ses camarades, s'api-
toyant sur son état : « Vous avez tort de me plaindre »,
témoignant qu'il était heureux de ses blessures reçues
pour son pays. (*Moniteur* du 5 juillet 1793, séance de
la Convention.)

______________

(1) Blessé lui-même de deux coups de feu à cette affaire.

Félicité par le général de La Bourdonnaye, LA TOUR D'AUVERGNE lui répondit du « camp des grenadiers », le 24 juin 1793 :

CITOYEN,

Le général en chef ne devait aucuns remerciements aux grenadiers ou à leurs officiers pour la conduite qu'ils ont tenue dans la journée du 22 ; ils n'ont fait que leur devoir. Leur conduite a été conforme aux sentiments qu'ils n'ont cessé de montrer depuis le commencement de la Révolution pour le soutien de la cause glorieuse qu'ils ont embrassée.

L'on prend d'ailleurs aisément du goût pour toutes les vertus républicaines quand on en chérit le modèle dans le général en chef sous les ordres duquel nous avons eu le bonheur de servir. Je ressens, Citoyen, en mon particulier, une joie extrême de pouvoir être ici l'interprète des sentiments de nos braves grenadiers et de leurs officiers.

Salut et fraternité.

Le capitaine LA TOUR D'AUVERGNE-CORRET.

On voit que le temps passé au camp d'instruction n'avait pas été inutile. Le moral des troupes fut sensiblement rehaussé par ce succès.

Malheureusement, l'auteur principal de ce résultat, le général en chef Servan, n'allait pas en recueillir les fruits. L'ancien ministre girondin, qui avait cru se soustraire à la politique en venant organiser l'armée des Pyrénées, était devenu suspect ; il fut destitué, et, dans les premiers jours de juillet, il quitta l'armée pour aller répondre aux accusations des clubs.

La disgrâce fut la triste récompense de ses services.

Une période pénible va suivre, conséquence des troubles politiques. L'entente entre les représentants et le commandement sera longue à s'établir; les opérations vont être paralysées quelque temps encore. Malgré tout, l'élan avait été donné, les soldats avaient pris de

l'entrain et de l'audace, les courages s'étaient affirmés ;
c'est à Servan qu'en revient le mérite.

Le général de La Bourdonnaye, très malade, ne conserva le commandement en chef que jusqu'au 10 juillet;
il mourut le 6 octobre, aux eaux de Dax. Les guerres
de la Révolution consommèrent un nombre extraordinaire de généraux. Il fallait une force de résistance peu
commune pour supporter tant de fatigues, si l'on était
épargné dans les combats. Ce général en chef fut remplacé, le 11 juillet, par du Chambge, baron d'Ehlbeck,
qui mourut à Saint-Jean-de-Luz le 1ᵉʳ septembre. A
d'Ehlbeck succéda de Prez de Crassier, qui fut destitué
le 4 octobre. Les représentants du peuple Garrau et Isabeau, mécontents de la disgrâce de Servan, n'hésitèrent
pas à écrire au comité de Salut public :

Nous ignorons par quelle fatalité on nous envoie un citoyen
Delbecq, connu par ses sentiments royalistes. Un génie mal-
faisant semble présider aux nominations du conseil exécutif.
Citoyens nos collègues, notre petite armée est très unie, très
attachée à ses chefs. Nous vous prions de veiller à ce qu'on
ne les lui enlève pas.

Isabeau avait déjà dit le 19 juin :

La destitution des généraux justement aimés porte le
trouble et le mécontentement dans toute l'armée.

**Opérations sur la Bidassoa. — Combat de Biriatou.**

Les Espagnols firent trois tentatives pour s'établir
sur la rive droite de la Bidassoa, le 1ᵉʳ, le 4 et le 5 juillet. Le colonel Willot, avec un bataillon de la 5ᵉ demi-
brigade légère, quelques dragons et les compagnies de
grenadiers, commandées par La Tour d'Auvergne, les
repoussa chaque fois.

Le 13, les Espagnols revinrent à la charge et s'installèrent sur les hauteurs de la Croix-des-Bouquets. L'avant-garde les en délogea et les poursuivit jusqu'au bord de la Bidassoa. La Tour d'Auvergne entraîna le bataillon qu'il commandait, et qui était composé des grenadiers du 80ᵉ et des grenadiers des trois bataillons de volontaires des Landes, de l'Aude et du Tarn. Il l'emmena jusqu'à Biriatou, dernière localité de la rive droite occupée par l'ennemi, qui s'y était fortement retranché, et qui avait garni d'abatis les abords de la position.

La Tour d'Auvergne mit le sabre à la main, et, se frayant péniblement un passage à travers les obstacles accumulés, arriva le premier sur le grand retranchement qui protégeait l'entrée. Les Espagnols n'attendirent pas les coups de baïonnette des grenadiers, et reculèrent. Poursuivis dans les rues de Biriatou. 140 d'entre eux se réfugièrent à l'intérieur de l'église, qui avait été crénelée et disposée pour servir de dernier réduit. Indépendamment de ses moyens de défense. cet édifice avait la protection des batteries de la rive opposée.

Les grenadiers attaquèrent avec fureur, mais l'ennemi, bien abrité, les fusillait presque à bout portant. La Tour d'Auvergne s'élança sur la porte, une hache à la main, et essaya de l'enfoncer. Malgré ses coups redoublés, il ne put y parvenir. Les Espagnols faisaient un feu d'enfer. Vingt grenadiers tombèrent aux côtés du capitaine. La nuit vint. Tout espoir d'emporter ce réduit était perdu. Il fallut reculer. L'ennemi n'osa suivre.

L'infatigable général Caro prépara une attaque importante, qui se produisit le 23 juillet. Vers 3 heures de l'après-midi, 3.000 hommes d'infanterie et 400 cavaliers, soutenus par des pièces d'artillerie qui furent hissées sur la montagne de Louis XIV, passèrent la Bidassoa. Le général Willot, avec le 1er bataillon de la 5e demi-brigade légère et le bataillon de grenadiers de La Tour d'Auvergne, résista vigoureusement. La droite des Espagnols fut culbutée, ce qui entraîna la retraite de toute leur ligne. Leur gauche, comprenant le régiment de Léon-Infanterie et 400 cavaliers, protégea le mouvement rétrograde.

Le colonel Robert, avec 90 cavaliers du 18e régiment de dragons et 30 gendarmes, fondit à l'improviste sur cette gauche, la coupa, la sabra et la jeta dans une déroute complète.

Le maréchal de camp Rouffignac, le colonel du régiment de Léon, 12 officiers et 193 soldats furent faits prisonniers. Les Espagnols perdirent en outre 150 tués ou blessés et un grand nombre d'hommes qui se noyèrent dans la Bidassoa en s'écartant des gués. L'artillerie fut précipitée dans la rivière du haut de la montagne Louis XIV. Le général en chef don Ventura Caro reçut une blessure (1).

Les représentants du peuple Rafiot et Garrau donnèrent les renseignements suivants :

Caro a été renversé de son cheval et serait prisonnier sans les contrebandiers espagnols qui l'ont ramené à Irun. Le général s'est fait saigner le 24. Le lieutenant général Dumouillet est très grièvement blessé ; il en est de même du jeune Crillon et de plusieurs officiers de marque. Un autre officier général a péri sur le champ de bataille ; c'est sans doute celui dont nos braves soldats ont apporté l'uniforme. De notre côté, le nombre des morts ne s'élève qu'à 7 ou 8 et celui des blessés à 36. Le général de division Labourdonnaye a montré dans l'action beaucoup de sang-froid et de prévoyance. Il en est de même du citoyen La Tour d'Auvergne, capitaine de la 1re compagnie des grenadiers au 80e régiment

_______

(1) Capitaine Simond.

d'infanterie : cet officier joint à beaucoup de talents une intrépidité héroïque.

Le 29 août, la division de droite concentrait ses efforts contre Biriatou : mais la défense, supérieurement dirigée par le marquis de La Romana, eut raison de l'attaque, et Desprez-Crassier dut se retirer devant l'offensive espagnole.

Si j'ai à me plaindre, disait-il le lendemain, en rendant compte au ministre de cette malheureuse affaire, c'est de trop d'ardeur que manifestaient les aides de camp, les officiers et les soldats pour aller à l'ennemi.

Je vais m'occuper du soin bien imposant de leur persuader que l'obéissance devant l'ennemi doit être la première vertu d'un républicain et qu'une bravoure mal dirigée peut arracher le succès d'une journée heureuse (1).

Les représentants du peuple ne lui en laissèrent pas le temps : ils le destituèrent à la suite de cet échec, et lui donnèrent pour successeur le Suisse MULLER, alors chef d'état-major de l'armée : il avait conquis à Mayence et dans la Vendée les étoiles, et, à cette occasion, il fut promu général de division (14 octobre 1793).

Ce choix, que les représentants maintinrent malgré le comité de Salut public (2), eut d'heureuses conséquences. Nous les dirons plus loin. Mais auparavant, nous allons étudier l'importante modification qu'à cette époque on fit subir à l'organisation des troupes. Nous voulons parler de l'*amalgame*, qui consacra l'existence de la 148ᵉ demi-brigade, et de la cérémonie qui fut en quelque sorte le baptême du corps auquel nous avons l'honneur d'appartenir.

---

(1) Rapport du 30 août. (Archives de la guerre.)

(2) Le comité de Salut public avait nommé au commandement en chef de l'armée des Pyrénées occidentales Dumas, l'ancêtre du grand romancier.

# CHAPITRE III

## LE PREMIER AMALGAME

### Organisation de la 118ᵉ demi-brigade.

Au camp de gauche, devant Saint-Jean-de-Luz (Chauvin-Dragon pendant la Révolution), à Belchénéa, le 2ᵉ bataillon du 80ᵉ (1) régiment, ci-devant Angoumois, les 7ᵉ et 11ᵉ bataillons des volontaires de la Gironde, se trouvaient rassemblés, le 21 septembre 1793, sur la place de la Liberté.

Le général de brigade Castelvert, assisté du commissaire des guerres Feugère, avait reçu l'ordre de les amalgamer, conformément aux lois du 21 février et du 12 août 1791. Il allait procéder à cette opération.

D'après l'*Instruction sur l'embrigadement*, rédigée et présentée par Dubois-Crancé au nom du comité militaire, il devait être procédé de la façon suivante :

Il *(le représentant du peuple)* recevra des troupes le serment d'obéissance aux lois et à la discipline militaire, celui de maintenir la liberté, l'égalité, la constitution, ainsi que l'unité et l'indivisibilité de la République française ou de mourir. Après ce serment, il sera fait un roulement ; les chefs de corps feront poser les armes à terre ; les bataillons se rompront, se mêleront l'un dans l'autre ; officiers, soldats et représentants du peuple se donneront le baiser de fraternité.

(1) Le 1ᵉʳ bataillon d'Angoumois ne fut amalgamé que le 27 août 1795 ; il devint le noyau de la 147ᵉ demi-brigade.

A 8 heures du matin, la cérémonie commence par un **roulement** de tambours, et le général proclame, au nom de la République française, une et indivisible, que les trois bataillons vont être groupés en un seul et même corps, qui portera désormais le nom de *148ᵉ demi-brigade.*

Le commandement en est confié provisoirement (1) au citoyen DUMAS (Anne-Joseph), que son ancienneté désignait comme chef du 1ᵉʳ bataillon. Il commandait depuis le commencement de la campagne le 2ᵉ bataillon du 80ᵉ, où son expérience et ses mérites étaient fort appréciés ; il avait trente-deux ans de grade d'officier, et son patriotisme éclairé, son énergie, son âge inspiraient à tous la plus entière confiance ; son autorité s'imposait.

Le chef de brigade reconnu, c'est au tour des commandants de bataillon. Le 2ᵉ est confié à MALHUQUER, chef du 11ᵉ bataillon de la Gironde ; c'est aussi un ancien officier, mais qui a conquis ses grades au service de l'Espagne. Le commandement du 3ᵉ est donné au citoyen HARDEL, qui, lui, est au contraire d'une promotion récente. Il avait été élu adjudant-major à la formation du 7ᵉ bataillon de la Gironde.

Ces trois chefs désignés, le général range en bataille, suivant l'ancienneté de leurs capitaines, les vingt-sept compagnies qui doivent former la nouvelle demi-brigade : puis il les place dans chacun des bataillons, en se conformant aux tableaux publiés dans l'instruction sur

---

(1) Par suite d'une réclamation du citoyen Vigent, lieutenant-colonel du bataillon de Bordeaux, la nomination définitive de Dumas fut soumise à l'arbitrage des représentants du peuple et elle ne fut définitive que le 6 octobre 1793.

Voir aux pièces justificatives : procès-verbal de formation.

l'amalgame (1). C'est l'ancienneté seule qui règle la composition des cadres de compagnie : officiers, sous-officiers, caporaux, appointés, sont successivement désignés d'après les contrôles.

GRAVIER, qui s'illustra comme chef de bataillon dans la colonne infernale, PHILIPPON, qui passera bientôt adjudant-général, RENIÉ, commandent les trois compagnies de grenadiers.

LA TOUR D'AUVERGNE est placé à la première compagnie du 1ᵉʳ bataillon, où PEITAVY et MAUCUNE, que nous allons bientôt voir citer à l'ordre de l'armée, commandent aussi une compagnie.

MAZAS, le futur chef de brigade, est au 2ᵉ bataillon.

DESSEIN, qui, avant la fin de la campagne, sera général de division, et DUMAS (Jacques), commandant des compagnies au 3ᵉ.

Les cadres constitués, les compagnies groupées à raison d'une de grenadiers et de huit de fusiliers par bataillon, la compagnie des canonniers organisée à six pièces avec les canons de bataillon, on procède à l'amalgame par tiercement des escouades.

Chaque compagnie de grenadiers est formée de deux sections à deux escouades ; celles de fusiliers ont trois sections à trois escouades.

Tous les chefs ayant été reconnus par leurs unités respectives, la demi-brigade étant formée en bataille, le général ordonne aux officiers de se porter quatre pas en avant de leurs compagnies ; il fait alors battre un ban, et tous prononcent le serment d'obéissance aux lois et à la discipline militaire, celui de maintenir la liberté, l'égalité, la constitution, ainsi que l'unité et l'indivisibilité de la République française, ou de mourir.

_______________

(1) Voir pièces justificatives.

Puis, le ban étant fermé, les armes posées à terre, les bataillons se sont rompus, mêlés l'un dans l'autre, et officiers et soldats se sont donné le baiser de fraternité. Enfin, un rappel ayant remis chacun à son rang, un défilé en grande parade termina la cérémonie.

La 148ᵉ demi-brigade était donc régulièrement constituée. Elle comprenait 92 officiers et 2.265 hommes.

Le général Castelvert, qui était un consciencieux, établit la situation exacte de l'habillement, de l'équipement et de l'armement de la 148ᵉ. De l'état qu'il dressa, il résulte qu'il y avait 1.717 fusils bons, 200 à réparer, 72 hors de service, 92 manquaient. 255 habits étaient à réparer, 496 hors de service, 404 manquaient. 378 culottes étaient à réparer, 769 hors de service, 1.154 manquaient. 194 paires de souliers étaient à réparer, 601 hors de service; il en manquait 1.752 pour que tous les hommes en eussent deux paires. Nous voyons qu'il manquait encore 585 vestes, 1.000 bretelles de fusil, 1.350 chemises, 1.106 casques et 176 bonnets à poil.

Ces chiffres en disent long sur le triste état des vêtements de ces malheureux, qui bivouaquaient dans la boue.

Les hommes provenant du 80ᵉ avaient des habits blancs et des chapeaux, tandis que les volontaires avaient des habits bleus et des petits casques. Les 176 bonnets à poil réclamés étaient pour les grenadiers. Tous les chapeaux de l'ancienne armée devaient être remplacés par des casques.

La Tour d'Auvergne conserva toujours une compagnie de grenadiers dans la 148ᵉ demi-brigade, celle du premier bataillon.

La 148ᵉ fit partie de la division de droite de l'armée, où servaient auparavant les bataillons qui avaient composé la demi-brigade. Cette division était commandée par le général Frégeville. Elle campait en avant de Saint-Jean-de-Luz et sur les bords de la Nive, faisant face à une division espagnole qui occupait la rive gauche de la Bidassoa, ainsi que le poste fortifié de Biriatou, sur la rive droite.

Nous allons la suivre dans de nombreux et glorieux combats ; pour mieux les comprendre, pour en bien saisir la physionomie, écoutons une voix autorisée. Elle nous retrace les phases, les traits principaux de ces combats, qui transformèrent la vieille tactique.

On entamait l'action, dit le général Foy, avec des nuées de tirailleurs lancés suivant une idée générale plutôt que dirigés dans des détails des mouvements. Ils harcelaient l'ennemi, échappaient à leurs masses par leur vélocité, et à l'effet de son canon par leur éparpillement. On les relevait afin que le feu ne languît pas ; on les renforçait pour le rendre plus efficace.

Il est rare qu'une armée ait ses flancs appuyés d'une manière inexpugnable ; d'ailleurs toutes les positions renfermant en elles-mêmes ou dans l'arrangement des troupes qui les défendent quelques lacunes qui favorisent l'assaillant , les tirailleurs s'y précipitaient par inspiration ; et l'inspiration ne manquait point dans un pareil temps et avec de pareils soldats ! Le défaut de la cuirasse une fois saisi, c'était à qui porterait son effort, l'artillerie volante (on appelait ainsi des pièces servies par des canonniers à cheval) accourait au galop et mitraillait à brûle-pourpoint.

Le corps de bataille s'ébranlait dans le sens de l'impulsion indiquée ; l'infanterie en colonnes, car elle n'avait pas de feu à faire ; la cavalerie intercalée par régiments ou escadrons, afin d'être disponible partout et pour tout.

Quand la pluie de balles et de boulets de l'ennemi commençait à s'épaissir, un officier, un soldat, quelquefois un représentant du peuple, entonnait l'hymne de la Victoire.

Le général mettait, sur la pointe de son épée, son chapeau surmonté du panache tricolore, pour être vu de loin et pour servir de ralliement aux braves. Les soldats prenaient le pas de course, ceux des premiers rangs croisaient la baïonnette, les tambours battaient la charge, l'air retentissait des cris mille et mille fois répétés de : « En avant ! Vive la République ! », et les bataillons ennemis, débordés, lâchaient pied. Pour résister aux enfants de la patrie, il eût fallu être aussi passionné qu'eux-mêmes.

Cette passion, cet enthousiasme, c'était tout le secret de la victoire.

Et aussi, quelle admirable troupe que la nouvelle demi-brigade !

Les officiers (1) donnaient l'exemple du dévouement : le sac sur le dos, privés de solde, ils prenaient part aux distributions comme les soldats et recevaient des magasins les effets qui leur étaient indispensables. On leur donnait un bon pour toucher un habit ou une paire de bottes. Cependant aucun ne songeait à se plaindre dans cette détresse ni à détourner ses regards du service qui était la seule étude et l'unique sujet d'émulation. Dans tous les rangs on montrait le même zèle, le même empressement à aller au delà du devoir; si l'un se distinguait, l'autre cherchait à le surpasser par son courage et ses talents. C'était le seul moyen de parvenir ; la médiocrité ne trouvait point à se faire recommander.....

Dans les rangs des soldats, c'était le même dévouement, la même abnégation ; la discipline ne souffrait pas la plus légère atteinte ; jamais les armées n'ont été plus obéissantes ni animées de plus d'ardeur. C'est l'époque des guerres où il y a le plus de vertu parmi les troupes ; souvent les soldats refusaient avant le combat les distributions qu'on allait leur faire et s'écriaient : « Après la victoire on nous les donnera. »

Tels furent nos devanciers de la 148ᵉ !

### Le camp des Sans-Culottes (1793-1791).

Dans le courant du mois de septembre, de nouveaux représentants du peuple étaient arrivés à l'armée ; ils lui firent subir ce qu'ils appelaient une sérieuse épuration.

Nous avons vu la destitution du général Deprez-Cras-

---

(1) Appréciation du maréchal Soult.

sier, et son remplacement par Müller ; on nomma comme chef d'état-major Laroche, qui commandait la place
de Bayonne, et n'avait signalé son passage dans cette
ville que par l'organisation des clubs jacobins.

C'était un intrigant, que son style suffirait à nous
rendre suspect :

> Je vais m'occuper sans relâche à mériter la confiance qui
> m'a été accordée, écrivait-il au ministre d'alors, Bouchotte ;
> si je suis assez heureux que de m'en rendre digne, un sourire
> de ma chère patrie sera pour moi une récompense bien plus
> précieuse que tous les honneurs stériles des despotes.

Heureusement, les nouveaux représentants de l'armée des Pyrénées ne furent pas longtemps abusés par
un pareil zèle, qui fit cependant quelques victimes.

Le général Willot fut arrêté ; à la 148ᵉ demi-brigade,
les chefs de bataillon VIGENT et HARDEL furent destitués
et durent quitter l'armée.

Il se passa alors un fait bien caractéristique, et qui
montre jusqu'à quel point s'étendaient les pouvoirs de
ces représentants.

Alexandre DUMAS (1) avait été désigné par le comité
de Salut public comme général en chef de l'armée des
Pyrénées occidentales.

Lorsqu'il arriva, à la fin d'octobre, pour prendre
possession de son commandement, il dut s'incliner devant l'arrêté ci-après :

> Considérant que depuis la réforme opérée dans l'armée et
> l'élection provisoire du général Müller, l'ordre et la disci-
> pline, la concorde et la bonne union règnent plus vigoureu-
> sement et promettent des succès plus marqués, les représen-
> tants du peuple arrêtent, pour le meilleur service de la Ré-
> publique, que provisoirement et jusqu'au décret définitif de
> la Convention nationale, le général Müller retiendra le com-

------

(1) Père du grand romancier.

mandement en chef de l'armée ; arrêtent aussi qu'il demeurera libre au général Dumas d'être employé dans cette armée en qualité de divisionnaire.

Signé : PINET, MONESTIER, CAVAIGNAC, D'ARTIGOYTE et GARRAU.

La Convention ratifia cet arrêté, et Dumas fut envoyé commander en Vendée, avec 10.000 hommes prélevés sur l'armée, dont l'effectif fut encore diminué de deux demi-brigades (1) appelées à renforcer l'armée des Pyrénées orientales. Cette diminution d'effectif fut compensée, il est vrai, par l'arrivée d'un nombre à peu près équivalent de recrues, mais leur appoint était peu apprécié :

Nos avant-postes sont peuplés de recrues armés de bâtons, écrit Müller au ministre. Comment les armer ? Pas un fusil, leur donnerons-nous des piques ?

La plupart des soldats manquent de gibernes, écrivaient d'autre part, quelque temps auparavant, les représentants du peuple ; ils mettent les cartouches dans leurs poches, ce qui les gâte et augmente la consommation. On a absolument négligé l'habillement des volontaires, ils sont sans souliers, beaucoup sans habits et un grand nombre avec des culottes et une veste tombant en lambeaux. Nous en avons vu en sarrau de toile. Ils manquent aussi de guêtres. Il est impossible, Citoyens nos collègues, de vous dépeindre l'état misérable de nos braves héros. Nous leur avons promis que la Convention y pourvoira. Ils y comptent. Il faut s'occuper d'eux, mais s'en occuper avec célérité.

Malgré tous les efforts du général en chef et du commissaire des guerres, cet état précaire de l'armée ralentit les opérations offensives ; elles se bornèrent sur tout le front à une série d'escarmouches peu importantes, qui eurent du moins l'avantage d'aguerrir nos soldats et de perfectionner leur instruction (2). Leur soli-

---

(1) La 147e fut une de ces demi-brigades.

(2) 7, 8, 9, 22 octobre. Affaires d'avant-postes.

dité s'affirmait de plus en plus ; les représentants et
les généraux auraient bien voulu la mettre à l'épreuve,
mais des pluies continuelles et une température rigoureuse y mirent obstacle.

En pays de montagne plus qu'ailleurs, ces intempéries étaient sensibles ; on les combattit en baraquant
les troupes, qui progressaient lentement, mais sûre-
ment, entre la Nivelle et la Bidassoa ; elles s'établis-
saient et se fortifiaient de hauteurs en hauteurs, toutes
à demi-portée de canon, et toutes se soutenant mutuel-
lement.

On parvint ainsi à 1.600 toises de la Bidassoa, dans
la nuit du 20 au 21 brumaire an II (10 au 11 novembre),
sur une hauteur où se trouvait autrefois l'ermitage
Sainte-Anne ; trois bataillons s'y installèrent et construi-
sirent immédiatement deux redoutes pour se couvrir.

La position était avantageuse, elle défendait la route,
appuyant sa droite à la mer, et sa gauche à un ravin
profond qui débouchait sur les positions espagnoles ; on
l'appela le *camp des Sans-Culottes* ; il fut constamment
occupé pendant l'hiver par les bataillons de la 148ᵉ, qui
s'y relevaient à tour de rôle. LA TOUR D'AUVERGNE, avec
les grenadiers, gardait la droite sur les bords de la
mer.

Le général Frégeville, un bon sans-culottes, au dire
du représentant Garrau, avait présidé à l'établissement
de ce camp ; il commandait la division de droite depuis
le 30 octobre. Ce camp ne fut pas sérieusement inquiété. Cependant, le 23 frimaire (13 décembre 1893), les
Espagnols firent une tentative sur des avant-postes dé-
fendus par 40 chasseurs. Ceux-ci, pliant sous le nombre,
durent battre en retraite. Mais alors le capitaine LA
TOUR D'AUVERGNE accourt avec 150 de ses intrépides
grenadiers ; il ramène les chasseurs sur la première

position, puis il exécute une charge à la baïonnette sur les Espagnols, maîtres de la hauteur escarpée du Calvaire, et les culbute dans la Bidassoa, après leur avoir tué plus de cent hommes. Nous n'avions que six tués et douze blessés.

En rendant compte du succès de cette opération au comité de Salut public, les représentants Garrau, Pinet et Monestier écrivaient :

Devons-nous finir sans vous parler de la constance vraiment héroïque de nos braves frères d'armes? Exposés à toutes les intempéries d'une saison très rigoureuse, presque nus, sans souliers, sans habits, mal couchés, presque toujours sous les armes, ils sont gais et contents ; nous n'avons entendu ni plaintes ni murmures.

Les Espagnols ne tentèrent plus rien pendant la fin de décembre et le mois de janvier 1794. Leur division de droite (général Ossuna) était dans la vallée de Roncevaux; leur division du centre (général Urrutia), dans la vallée de Bastan, et leur division de gauche (général Gil), sur la Bidassoa inférieure.

Les armées continuèrent à s'observer, les Français perfectionnant leurs travaux de défense, instruisant leurs recrues, complétant leurs bataillons, resserrant de plus en plus la montagne de Louis XIV et Biriatou, seules positions que les Espagnols avaient conservées sur la rive droite.

Nos avant-postes de la Croix-des-Bouquets serraient de près la première de ces positions ; les postes fortifiés du Calvaire et de la montagne de Mendale tournaient presque la seconde, et menaçaient directement sa communication avec Béra.

Pour se dégager, le général Caro se décida à un coup de vigueur. Il rassembla 15.000 hommes à Biriatou, à la montagne de Louis XIV et au pas de Béhobie ; il les

divisa en cinq colonnes, et, le 17 pluviôse (5 février), à
la pointe du jour, il les lança contre les positions de
Saint-Jean-de-Luz.

A droite, deux colonnes espagnoles viennent se heurter aux postes du Rocher, de Mendale, du Calvaire,
d'Urugne et des mamelons en arrière. Elles sont fortes
d'au moins sept bataillons ; quatre canons et deux obusiers les soutiennent. C'est le chef de bataillon Jacob
Rouché qui commande dans Urugne, que ces deux colonnes menacent. Il a sous ses ordres son bataillon de
grenadiers, les 1ᵉʳ et 2ᵉ bataillons de la 5ᵉ demi-brigade
légère et les volontaires du Gers, avec trois pièces d'artillerie.

Les avant-postes forcés battent en retraite, mais Rouché les soutient si à propos, place son artillerie si avan-
tageusement, prend l'offensive avec une telle vigueur,
qu'il arrête net les Espagnols, les force à gauche à
rétrograder sur le Calvaire, et, par de vigoureuses charges, dégage son centre vers les mamelons d'Urugne et
repousse l'assaillant jusque sur le dos d'âne en avant
de Biriatou.

Au centre, le commandement est exercé par le chef
de bataillon des Landes, Digonet.

Moncey est là, avec ses chasseurs, ainsi qu'un détachement de la 148ᵉ demi-brigade ; ils ont affaire à une
colonne qui descend de la montagne de Louis XIV et
qui progresse sur la hauteur de la Croix-des-Bouquets,
tendant vers les redoutes du camp des Sans-Culottes,
que l'artillerie couvre de projectiles.

Les fortifications du camp se composent de trois redoutes liées entre elles par des lignes avec des places
d'armes intermédiaires : en avant, se trouvent des redans ou de simples épaulements formant échelons.

Ces premières lignes sont forcées successivement, et

Lespinasse, qui commande en chef en l'absence de Frégeville, laisse les troupes qui les défendent se replier
lentement, préférant les concentrer dans les redoutes
plutôt que de s'affaiblir à renforcer des postes avancés,
dont la masse attaquante aurait eu facilement raison.

Mais c'est à la droite que se porte le principal effort,
car c'est au camp des Sans-Culottes que les Espagnols
en veulent. Castelvert, général de brigade, commande ;
Dessein, nouvellement promu chef du 1er bataillon de la
148e, est officier supérieur de jour ; son bataillon soutient le premier choc et fait face partout. Comme la
colonne espagnole de gauche, venant d'Hendaye, a
chassé devant elle nos avant-postes, La Tour d'Auvergne se porte à sa rencontre, prend position sur une
hauteur, se couvre par des tirailleurs qui recueillent
les troupes refoulées et se maintient immuable à notre
droite, appuyé à une maison qu'il a fait occuper, couvert à gauche par un peloton de la 2e compagnie, que
commande le capitaine Doberboc ; Bessaguet, capitaine de la 7e, Maucune, de la 4e, soutiennent de ce côté
l'effort des Espagnols et les bonnes dispositions qu'ils
prennent, au fur et à mesure des circonstances, donnent
le temps aux troupes en arrière de se rallier, pour fournir bientôt après de vigoureuses charges qui arrêtent
l'ennemi.

La 3e compagnie, capitaine Peitavy, sous-lieutenant
Hostains, est envoyée soutenir l'artillerie qui se trouve
dans les retranchements avoisinant la route. A la faveur
d'un bois, les Espagnols gagnent du terrain et parvien-
nent à une portée de pistolet des canonniers ; une des
pièces est renversée, les autres ne peuvent plus tirer,
l'ennemi est trop près :

« Allons, les camarades, c'est maintenant à vous »,
crient les artilleurs.

Aussitôt, la 3e fait un feu de file si bien nourri que
l'ennemi est obligé de se retirer. Alors le capitaine PEI-
TAVY entraîne ses hommes, que soutient une compagnie
de chasseurs, et tous les retranchements sont repris,
avec quatre caissons de munitions amenés dans le bois
par l'ennemi.

Sur ces entrefaites, le général Frégeville est accouru;
Lespinasse veut lui remettre le commandement : « Non,
non, dit-il, tu en as trop bien usé ; achève ton ouvrage,
et que la France te doive cette belle journée tout entière. »

Deux fois, les Espagnols se sont rués sur la redoute
de la Liberté, deux fois ils sont repoussés ; d'admirables
traits de courage se produisent. DUGOYEN, fusilier au
bataillon des Landes, est atteint d'une balle au commencement du combat ; il ne quitte pas son poste, et, dans
le cours de l'action, il reçoit une seconde balle au bras.
Son capitaine veut le faire retirer. DUGOYEN secoue son
bras : « Il n'est pas coupé, dit-il ; je veux me venger et
renvoyer à ces jean-foutre la balle que j'ai reçue. » Il
continue à se battre.

DUFOUR, caporal au 1er bataillon de la 3e demi-brigade, est cerné par quatre Espagnols qui l'emmènent ; il
saute sur la baïonnette de l'un d'eux, s'en saisit, en tue
trois, prend le quatrième au collet et l'amène prisonnier (1).

Cependant, cinq régiments espagnols sont venus se
fondre sur les redoutes ; le combat dure depuis sept
heures, acharné de part et d'autre ; il faut en finir. Les
Français font un dernier effort, et reprennent toutes
leurs positions.

Le général Caro ordonne la retraite, qui s'opère en

______________

(1) Archives de la guerre. *Rapport de Frégeville.*

bon ordre, car nous sommes trop faibles pour poursuivre. Les pertes montèrent des deux côtés à 200 morts et 800 blessés. Cependant, l'avantage obtenu était considérable. Les nouvelles levées se sont aguerries, on ne craignait plus les Espagnols, qui, d'ailleurs, de longtemps ne firent plus de tentatives sur cette partie de la frontière.

Les chefs de bataillon DESSEIN et MONCEY furent nommés généraux de brigade sur le champ de bataille. La récompense de LA TOUR D'AUVERGNE fut tout autre.

Le général en chef Müller lui écrivit :

*Müller, général en chef, au citoyen La Tour d'Auvergne,*
*capitaine commandant les grenadiers.*

Je sais, mon camarade, que ton âme fière n'ambitionne pas d'éloges et qu'elle est assez satisfaite quand elle peut se dire à elle-même : « Tu as bien fait, tu as bien servi la République. » Aussi je ne prends la plume que pour satisfaire à un besoin invincible de mon cœur, qui me porte à te dire la joie inexprimable que m'inspire ta conduite dans l'affaire du 17 courant (1), où tu as rallié nos troupes avec ta sublime bravoure et une intelligence rare, enfin, où tu as contribué d'une manière bien immédiate au succès sur nos ennemis. Ce sont là les sentiments de l'armée dont je ne suis que l'écho dans cette circonstance.

Salut et estime.

MULLER.

Admirable témoignage du désintéressement et de la simplicité héroïque des hommes de cette grande époque! (2).

---

(1) 17 pluviôse an II (5 février 1794).
(2) Capitaine Gautron.

## Conquête de la vallée de Bastan.

### Préliminaires.

Je t'envoie, Citoyen Ministre, un état des besoins de l'armée des Pyrénées occidentales, tel qu'il m'a été adressé par mon collègue Garrau. Il est essentiel que cette armée soit très promptement en état d'agir offensivement. Je t'invite donc à t'occuper essentiellement et sans retard des besoins urgents de cette armée, l'une de celles qui ont le plus souffert pendant la dernière campagne par l'abandon où elle a été laissée. La bonne discipline et la vigueur où elle s'est maintenue malgré sa faiblesse méritent une grande considération, car lorsqu'on a un bon noyau, c'est celui-là qu'il faut renforcer.

J'insiste donc pour que cette armée soit mise le plus promptement possible sur le meilleur pied ; le comité de Salut public a manifesté à cet égard ces mêmes intentions que je te transmets. Tu voudras donc bien lui faire part des mesures que tu auras prises, et tu dois t'attendre qu'ayant cette affaire particulièrement à cœur, je te presserai sans cesse de la terminer.

Salut et fraternité.

CARNOT (1).

Cette lettre nous dispense d'insister sur la valeur des troupes qui composaient ce « bon noyau » dont parle celui que la postérité a appelé l'*organisateur de la victoire*. Elle nous montre de quelle manière simple, énergique et toute-puissante, sa volonté s'étendait sur toutes nos frontières.

Là est tout le secret des victoires de la période révolutionnaire.

Donc, l'offensive était décidée.

L'armée, par suite des renforts envoyés en Vendée et en Roussillon, ne comptait guère plus de 40 bataillons

______

(1) Archives de la guerre.

ayant leurs effectifs à moitié comblés par des recrues dont nous avons vu plus haut l'armement. L'hiver et le printemps furent employés à les mettre en état d'entrer en ligne, résultat qui ne fut obtenu que dans le mois de juin.

Ces bataillons étaient répartis en quatre divisions ; les trois premières, qui en comprenaient vingt-six, formaient l'élite de l'armée. C'étaient :

La division de droite, aux ordres du général Frégeville (1) (quartier général à Saint-Jean-de-Luz); la 148° en faisait partie, ayant deux de ses bataillons au camp des Sans-Culottes, et l'autre à Belchénéa ;

La division du centre, commandée par le général Delaborde (quartier général à Saint-Pée) ;

La division de gauche, général Manco (quartier général à Saint-Jean-Pied-de-Port).

La quatrième division, dite des vallées, sous les ordres du général Robert, n'était composée que de bataillons de réquisition, à peine instruits et mal équipés.

L'armée espagnole avait sa droite appuyée aux bois de l'Irati, sous les ordres du duc d'Ossuna, qui gardait, à Burguette, la tête de la vallée de Roncevaux et du val Carlos.

Le centre, commandé par le général Urrutia, s'étendait dans la vallée de Bastan ; les montagnes de Maya et d'Etchalar en étaient les points forts et les communi-

------

(1) A la suite d'une nouvelle épuration faite par les représentants, un grand nombre d'officiers avaient été destitués et les cadres de l'armée bouleversés. Mais le général Müller eut le courage de résister à cette mesure ; il gagna du temps et parvint à en atténuer les tristes effets. Frégeville, qui avait été destitué et remplacé par le général Robert, reprit le commandement de sa division à la fin de mai.

cations y étaient si difficiles que don Ventura Caro n'y
avait laissé que des postes.

La gauche, confiée au général Gil, bordait les rives
de la Bidassoa inférieure, et avait pour réduit, en arrière d'Irun et de Biriatou, la montagne de Saint-Martial, où commandait le marquis La Romana.

Avant de prendre l'offensive, le général Müller voulait
attendre l'arrivée des renforts qu'on lui envoyait de
Vendée, mais les représentants le pressaient d'agir, et
il se décida, pour resserrer sa ligne de défense, à attaquer le poste de la montagne de Saint-Martial.

Cette montagne, sorte de vigie que les Espagnols occupaient sur notre territoire, et d'où ils découvraient
tout le pays compris entre la Bidassoa et Bayonne, fut
attaquée le 5 germinal (26 mars), mais vainement.

Les mois d'avril et de mai ne furent marqués que par
des opérations partielles, en représailles les unes des
autres, qui se firent en avant de Saint-Jean-Pied-de-Port
et n'eurent pour résultats que des incendies de fermes
et de villages. Ce fut l'attaque de la fonderie d'Orbaïcette, le 17 germinal an II (6 avril) ; puis une incursion
des Espagnols qui se produisit vingt jours après dans
les vallées d'Arnéguy et des Aldudes, où la légion des
émigrés du duc de Saint-Simon acquit une triste renommée en s'avançant jusqu'à la montagne Arquinzun,
près de Saint-Jean-Pied-de-Port, brûlant et détruisant
tout sur son passage. Enfin, le 27 floréal (17 mai),
les Français tentèrent d'incendier les établissements de
mâture de la marine espagnole, situés dans la vallée
de l'Irati ; ils échouèrent.

Le plan offensif de Müller était depuis longtemps approuvé par le comité de Salut public. Il consistait dans
une attaque de la vallée de Bastan, qui permettrait, si
elle réussissait, de prendre à revers les positions d'Irun

et de Biriatou, trop formidables pour être attaquées de front.

La frontière française, en effet, entoure au nord et à l'est la vallée de Bastan. Par la tête de cette vallée, on menace directement Pampelune, en évitant le col de Roncevaux ; par la partie inférieure, du côté opposé, on accède à Béra, dont la possession fait inévitablement tomber Irun et Saint-Martial, qui barrent la grande route de Madrid.

L'occupation de cette vallée amenait donc un résultat décisif ; tous les efforts des Français allaient s'y concentrer.

Les opérations offensives commencèrent le 15 prairial (3 juin). Tandis que le général Manco tenait en échec les Espagnols d'Orbaïcette, avec le gros de sa division sur la montagne d'Altobiscar, les chefs de brigade Lefranc et Harispe, sous les ordres de Moncey (1), s'emparaient du col de Berderitz ; le général La Victoire prenait celui d'Ispéguy, et la brigade Castelvert, de la division du centre, forçait le col de Maya (18 prairial, 6 juin).

Ce mouvement refoula les Espagnols sur leur seconde ligne, Erazun, Ariscun, Arquinzun.

Pendant ce temps, la division de droite sortit de ses camps, pour attirer de son côté l'attention de l'ennemi ; elle se maintint toute la journée sur les positions avancées des Espagnols, et ne les abandonna qu'après avoir eu connaissance du succès des autres divisions. Sa perte ne fut que de 2 tués et 7 blessés ; celle de l'ennemi s'éleva à une trentaine d'hommes.

Les débouchés de la vallée de Bastan étaient ouverts ;

______

(1) Promu général de brigade dans la division Manco le 28 février 1794 (16 ventôse an II).

118ᵉ DEMI-BRIGADE. AN II. III. IV

rien n'empêchait plus d'y descendre, mais le général Müller, poussant quelquefois la prudence jusqu'à la timidité, n'allait pas si vite en besogne ; il perdit du temps.

Ventura Caro, au contraire, pénétré des avantages que donne l'initiative dans l'attaque, voulut le prévenir et l'empêcher de mettre à exécution le projet de défensive dans les vallées de Bastan et de Roncevaux.

Mais ses ressources étaient précaires ; il dispersa d'ailleurs ses forces en trois attaques différentes ; une sur la montagne de Mendale, une sur la Croix-des-Bouquets, la troisième sur le camp des Sans-Culottes. Toutes furent repoussées. La 148ᵉ contribua puissamment au succès de cette journée du 5 messidor (23 juin).

LA TOUR D'AUVERGNE, qui, avec ses grenadiers, gardait la Croix-des-Bouquets, soutint l'effort du marquis de la Romana avec l'aide du général Merle, qui lui amena du camp des Sans-Culottes 400 hommes de la 148ᵉ.

Le reste de la demi-brigade, qui était dans les redoutes, fit une brillante sortie et rejeta le général Gil sur Irun, après lui avoir infligé une perte de 500 hommes mis hors de combat.

Quant au marquis d'Escalante, il attaquait le poste du Rocher de Mendale, et, lorsqu'il vit la manière dont les républicains du général Rouché montaient à lui, il piqua des deux vers les redoutes de Béra (1).

Rouché le poursuivit et s'empara du dos d'âne de Biriatou, qu'il garda.

Cet échec fut cause du rappel du général Ventura Caro. Dans les premiers jours de juillet, il fut remplacé par le vieux comte de Coloméra, vice-roi de Navarre,

---

(1) Rapport du général Müller. (Archives de la guerre.)

vétéran de la guerre de Sept ans, qui, au dire de Jomini, n'était pas fait pour arrêter l'invasion qu'on préparait.

L'âge avait glacé ses facultés, et il ne possédait aucune des grandes qualités qui distinguaient son prédécesseur. Il faut le reconnaître cependant, les moyens dont il disposait étaient inférieurs à ceux que les Français mirent en œuvre.

Les Espagnols n'avaient pas reçu de renforts, et ils allaient être attaqués par une armée qui, au commencement de juillet 1794, comptait 60.000 hommes.

### Combat de la montagne d'Arquinzun.

Des changements étaient survenus dans notre demi-brigade : Joseph Dumas avait reçu en récompense de ses services les étoiles de général : « Le corps perdait en lui un chef qui lui était cher et précieux; mais il se félicitait de son avancement, bien persuadé que le bien général devait y gagner infiniment » (1).

Jacques Dumas l'avait remplacé ; c'était un vétéran d'Angoumois, passé officier en 1792 ; nous le verrons bientôt à l'œuvre.

Le chef du 1er bataillon était Gravier, lui aussi, un ancien d'Angoumois, qui avait succédé au commandant Dessein, promu général de brigade à la suite de sa belle défense du camp des Sans-Culottes.

Dalein commandait le 2e bataillon depuis le 18 ven-

---

(1) Termes du certificat de civisme donné par le conseil d'administration du corps. (Archives administratives de la guerre.)

tôse an II (9 mars 1794), MALHUQUER (1) ayant été destitué pour incapacité.

Enfin, MAZAS était chef du 3ᵉ bataillon, par suite de la nomination de Jacques DUMAS au commandement de la demi-brigade.

Elle comptait à cette époque 2.209 baïonnettes ; mais les bataillons allaient être séparés et détachés momentanément de la division Frégeville. Le premier fut envoyé à la division de gauche, vers Saint-Jean-Pied-de-Port, qu'on appelait alors Nivefranche, et où Moncey commandait depuis le 30 prairial (19 juin) (2). LA TOUR D'AUVERGNE s'y trouvait déjà, détaché à la tête de seize compagnies de grenadiers, au nombre desquelles on comptait celle de la 148ᵉ demi-brigade.

Les deux autres bataillons allèrent renforcer la division du centre, général Delaborde. Ces renforcements avaient été ordonnés pour mettre à exécution les projets offensifs qu'un conseil de guerre, réuni par Müller, avait décidé de ne pas différer plus longtemps.

Moncey, le 22 messidor (10 juillet), préluda par un coup de main à l'invasion de la vallée de Bastan. Le marquis de Saint-Simon, avec sa légion d'émigrés et le régiment de Zamora, 7.000 hommes environ, couvrait la fonderie royale d'Eguy et reliait le centre à la gauche espagnole, que le duc d'Ossuna commandait dans la vallée de Roncevaux.

Le poste que Saint-Simon occupait sur la montagne d'Arquinzun, non loin de Berdaritz, était fort en l'air, trop loin des lignes espagnoles ; il n'en pouvait recevoir aucun secours en temps utile, et sa situation aventurée avait frappé le général Moncey, qui s'était résolu à le faire enlever par une de ses brigades.

_______

(1) Arrêté du représentant du peuple Pinet aîné.
(2) Décret du comité de Salut public du 20 prairial (9 juin).

L'attaque eut lieu avec 4.000 hommes, divisés en trois colonnes.

Les grenadiers de LA TOUR D'AUVERGNE participèrent à cette action ; arrivés le 21 messidor (9 juillet 1794) au soir à Nivefranche, après onze heures d'une marche pénible dans la montagne, ils avaient appris le coup de main projeté, et, sans tenir compte de leur fatigue, ces vaillants avaient demandé et obtenu la faveur d'y participer.

Moncey leur confia un mouvement tournant qui, par le poste de Mispira, les porta sur les derrières du *Camp des émigrés*, que la brigade Digonet attaqua de front. La surprise aurait pleinement réussi, pas un homme de Saint-Simon n'aurait échappé, si Digonet avait été patient. Il n'attendit pas l'achèvement du mouvement tournant des grenadiers ; il fit attaquer le rocher. La colonne française, accueillie par une vive fusillade, s'élance à la baïonnette, arrive sur les retranchements et force Saint-Simon à se retirer en désordre. Mais, à ce moment, les Espagnols se heurtent à LA TOUR D'AUVERGNE, qui, avec sa colonne infernale, avait gravi les sentiers presque à pic.

Les grenadiers montaient à l'aide des saillies de rochers en s'aidant des pieds et des mains et, malgré les difficultés qui semblaient insurmontables, ils parvinrent à hisser avec eux du canon. C'est là que la colonne infernale foudroya soudain l'ennemi pris en flanc. « Ce sont des démons ! » criaient les Espagnols en voyant arriver nos grenadiers sur des cimes où les chèvres seules avaient mis le pied (1).

L'ennemi n'eut que le temps de se retirer en désordre sur Irurita ; il laissa sur le terrain tout son campement, ses bagages, la caisse du corps ; il avait perdu 150 lé-

----

(1) Lieutenant Pineau. *Histoire de la Tour d'Auvergne.*

gionnaires, parmi lesquels le major « ci-devant » baron de Hyne, et 95 soldats du régiment de Zamora.

Le marquis de Saint-Simon, quoique grièvement blessé par une balle qui lui avait traversé la poitrine, soutint courageusement la retraite. Un officier français l'ayant approché, cria à ses soldats :

— Ne tirez pas ! Nous le tenons !

Le marquis répondit :

— Pas encore ! Viens me chercher, si tu l'oses !

En effet, il parvint à s'échapper.

« La légion de Saint-Simon, écrivit Moncey au général en chef, devait être toute prisonnière d'après nos dispositions, et elle l'eût été sans une circonstance qui tient à la nature du pays et à la fatigue que doivent éprouver les troupes par une marche de dix heures. Une des trois colonnes est arrivée à sa destination un quart d'heure trop tard. Arrivée un peu plus tôt, elle cernait l'ennemi entièrement et lui coupait le seul point de retraite dont il ait pu profiter. »

C'est à la colonne LA TOUR D'AUVERGNE qu'il imputait ce retard d'un quart d'heure. Cependant, il lui rendit justice : « Je dois, ajoutait-il dans son rapport, des éloges aux chefs de colonne : les chefs de brigade Lefranc, Harispe et Philippon se sont conduits avec bravoure et intelligence. LA TOUR D'AUVERGNE a soutenu sa réputation (dix-sept heures de marche et se bat en arrivant). »

Le val de Bastan nous était ouvert ; il restait encore à le conquérir, mais ce succès était de bon augure pour les opérations offensives qui allaient commencer.

La date fixée pour le mouvement était le 6 thermidor (24 juillet).

La division de gauche (général Moncey) devait, le premier jour, s'emparer de la vallée de Bastan ; en cas de réussite, la division du centre (général Delaborde) attaquerait, le 25, les retranchements de la montagne du Commissari ; enfin, la division de droite (général Frégeville) était chargée de bombarder en même temps Fontarabie.

Dans la nuit du 5 au 6, Moncey se mit en mouvement sur trois colonnes ; la première, forte de deux bataillons, passa par le col d'Ispéguy et se porta sur Erazun ; la deuxième, composée des cinq bataillons des chefs de brigade Lefranc et Harispe, passa par le col de Berdaritz, marcha sur Ariscun, força les gorges qui précèdent ce village et rejeta les Espagnols sur Almandos. Ces deux colonnes se réunirent à Alizondo.

Le 1ᵉʳ bataillon de la 148ᵉ demi-brigade, auquel appartenait LA TOUR D'AUVERGNE, fut envoyé, le 23, au col de Maya, pour renforcer la division du général Moncey, et fut placé dans la troisième colonne, sous les ordres du général Castelvert.

LA TOUR D'AUVERGNE, avec ses grenadiers, forma l'avant-garde. Il marcha directement sur le fort de Maya, défendu par trois cents hommes, avec quatre pièces de canon.

En voyant arriver ces hommes résolus qui, malgré un feu meurtrier, se contentaient d'accélérer leur marche, en laissant derrière eux les morts et les blessés, la garnison, effrayée, n'attendit pas le choc à la baïonnette et s'enfuit dans la montagne, abandonnant ses pièces d'artillerie, un magasin d'armes et de munitions de guerre.

La troisième colonne se dirigea sur Ariscun, où elle rejoignit les deux autres colonnes, qui venaient de s'emparer de ce village. La division de gauche réunie poursuivit les Espagnols jusqu'à Elisondo. Deux cents prisonniers, quatre canons, six mille fusils, furent les trophées de cette victoire.

La division campa sur les positions conquises, le 25 et le 26, attendant des nouvelles du centre et de la droite.

La colonne Moncey s'était arrêtée à San-Estévan, dont le pont sur la Bidassoa ne put être forcé. Les émigrés de Saint-Simon, en s'y cramponnant, sauvèrent les Espagnols; leur artillerie, leurs bagages eurent le temps de passer ; lorsqu'ils se retirèrent, il était trop tard pour les poursuivre.

La vallée de Bastan était en notre pouvoir. Tous les passages qui y donnent accès avaient heureusement été forcés par la division de gauche ; mais le plus difficile restait à exécuter. Il fallait faire tomber les défenses qui couvraient le cours inférieur de la Bidassoa.

C'était la tâche qui était dévolue à la division du centre (Delaborde) ; nous allons voir comment elle sut s'en acquitter.


### La redoute de la Baïonnette.


Un ensemble de quatre redoutes couvrait le pays rude et montueux qu'on nomme *Cinco-Villas*, et constituait une position très forte, qui barrait d'une part la communication entre Biriatou et Béra par les redoutes du Commissari et du Rocher, d'autre part la gorge d'Ohlette par la redoute Marie-Louise, protégeant le camp des Emigrés ; enfin, le chemin de Sarre, par la redoute Sainte-Barbe, sur les pentes qui regardent la Rhune.

Trois colonnes eurent chacune pour objectif ces différentes redoutes :

Delaborde, par la gorge d'Ohlette, marcha contre la redoute Marie-Louise.

Le général Cambrai eut pour objectif le fort de Sainte-Barbe.

Enfin, la 148ᵉ demi-brigade, sous les ordres du général Dessein, reçut la mission d'attaquer de front les redoutes de Commissari et du Rocher, en partant de la montagne de Mendale.

La tâche était rude.

Le roc de Commissari présente deux mamelons élevés et d'un accès très difficile, surtout du côté de la France : ces mamelons, qui dominent la chaîne au centre de laquelle ils sont placés, se trouvaient couronnés par deux redoutes, dont l'une, celle de gauche, était étoilée, entourée d'un fossé profond, garnie sur son pourtour extérieur de chevaux de frise ; six rangées de puits ou trous de loup, avec pieux et planches, hérissées de gros clous, défendaient les approches du fossé.

La redoute de droite, dite du Rocher, fortifiée avec soin, n'était défendue à la gorge que par une traverse.

Ces deux redoutes étaient reliées entre elles par un retranchement à redans, derrière lequel on avait construit des baraques pour le logement des défenseurs, au nombre de huit cents, sous les ordres du brigadier Cagigal.

A 9 heures du soir, le 6 thermidor (24 juillet), on se met en route et, après des difficultés de marche très grandes, puisqu'il fallait passer homme par homme, file par file, en pleine nuit, sur le sommet de la montagne de Mendale, bordée à droite et à gauche de gorges impraticables, on arriva à portée de pistolet, en face de l'intervalle des deux redoutes, à 3 heures du matin.

Les postes avancés avaient été facilement enlevés,

mais l'éveil était donné, et la mitraille, la mousqueterie,
les boulets faisaient rage déjà, car les deux redoutes
croisaient leur feu sur le point de rassemblement. Là,
les bataillons se groupent, la colonne d'assaut se forme
en silence ; et, lorsque le pas de charge retentit, tête
baissée, baïonnette basse, en masse comme la phalan-
ge, on fonce sur le centre du retranchement, entre les
deux redoutes.

On est repoussé, les pertes sont énormes, on hésite ;
mais Dessein connaît son monde ; il appelle à sa suite
les plus braves ; tous les combattants sont ses camarades, il a conquis ses grades au milieu d'eux; il crie leurs
noms, il excite les courages. Dumas, quoique blessé, se
multiplie ; on remonte à l'assaut, et on franchit de nouveau les retranchements, qui, cette fois, restent en notre pouvoir.

La baïonnette a fait merveille, et l'Espagnol se retire
dans les redoutes. Dessein s'aperçoit que la gorge de
celle du Rocher est ouverte ; il franchit la traverse qui
en défend l'entrée, on le suit et on éventre les défenseurs sur leurs pièces, qu'on tourne immédiatement contre la redoute étoilée.

Ce succès réchauffe l'enthousiasme, le *Ça ira!* retentit, les blessés eux-mêmes crient victoire, on se préci-
pite sur cette dernière redoute, la plus forte. Des fasci-
nes, des échelles, les planches de baraques sont jetées
sur les trous de loup ; on marche sur les pointes de
clous, on arrache les chevaux de frise, et, sous les balles, les boulets, la mitraille, on franchit tous les obstacles : dans le fossé on reprend haleine, l'escalade du
talus n'est plus rien ; tous sautent bientôt dans la redoute, et, de nouveau, la terrible baïonnette fait son
œuvre.

Mais voilà que de l'autre côté, par l'est, la colonne

Delaborde monte aussi à l'assaut. Egarée pendant la nuit dans la gorge d'Ohlette, le bruit de la fusillade l'a remise sur le bon chemin. Elle veut participer aussi à la victoire et court directement à la redoute étoilée, passant entre la redoute Marie-Louise et le camp des Emigrés, qu'elle néglige.

Alors Cagigal, le vaillant défenseur, cerné de toutes parts, ne songe plus qu'à sauver les derniers survivants de ses soldats. Il se décide à se rendre et tend son épée.

Mais les républicains, surexcités, se précipitent sur lui et vont le tuer.

Il est blond, jeune, beau, on le prenait pour un émigré, et il aurait été victime de cette méprise si Dessein n'était arrivé à temps pour le couvrir de son corps et de son autorité reconnue par tous (1).

Les Espagnols se rendent : il n'en reste plus que 320, avec 12 officiers ; la baïonnette, l'arme terrible des Français, a eu raison des autres.

Aussi Garrau, le représentant du peuple, qui est entré dans la redoute avec les colonnes d'assaut, veut que ce magnifique fait d'armes reste à jamais mémorable. Il proclame devant tous que la redoute conquise s'appellera désormais la *redoute de la Baïonnette.*

500 hommes, 33 officiers manquaient après ce combat dans les rangs de la 148e.

Les représentants du peuple écrivirent :

A l'attaque de la vallée de Bastan, l'infanterie légère était commandée par le brave LA TOUR D'AUVERGNE. Il a donné des preuves de cette intelligence, de ce sang-froid, de ce courage, de cette audace républicaine, de cet amour de la patrie qui assurent nos succès.

----

(1) Un tableau rappelant cet épisode orne les murs de la salle des rapports du 148e, actuellement en garnison à Givet.

A notre demi-brigade revient toute la gloire de cette brillante victoire ; revendiquons-le fièrement.

En suivant le sentier qui, de Jolimont, conduit en Espagne, à Béra, juste sur la frontière, on rencontre une sépulture : c'est là que reposent les braves de la 148ᵉ demi-brigade. Honneur à eux !

## Enlèvement de la montagne Saint-Martial.

### Prise de Fontarabie et de Saint-Sébastien.

Les combats glorieux des 24, 26 et 27 juillet 1794 amenèrent l'évacuation immédiate de Béra, Lesacca et Biriatou ; il se produisit ainsi un trou dans la ligne de défense espagnole ; les débouchés des vallées de Lérins sur Erazun, et de Lanz sur Pampelune, furent ouverts à l'invasion.

Néanmoins, le comte de Coloméra ne se décida point encore à la retraite : confiant dans la force du camp de Saint-Martial, dont les Espagnols perfectionnaient les fortifications depuis quinze mois, il donna l'ordre au lieutenant général Gil d'y tenir jusqu'à la dernière extrémité, tandis qu'Urrutia garnirait de ses troupes les défenses qui bordaient la rive gauche de la Bidassoa depuis Biriatou jusqu'à Béhobie.

Cette position était très forte : des feux croisés balayaient tout le cours de la rivière, dont le milieu était barré par une double rangée de palissades. De forts retranchements défendaient les lieux guéables, et, au pas de Béhobie, sur la grande route de Madrid, six batteries étagées couvraient le flanc de la montagne Saint-Martial, dont le camp retranché occupait le sommet. 12.000 Espagnols étaient chargés de la défense.

_________

(1) Capitaine Gautron.

La 148e allait bientôt se mesurer avec eux, car, après le rude coup de main donné à la division du centre, Dessein avait ramené la demi-brigade à la division de droite, dont elle faisait toujours partie.

C'était au tour de cette division à agir. Il fallait, pour être maître du cours entier de la Bidassoa et des deux rives, faire tomber la formidable position qu'elle avait devant elle.

Ce fut l'objet de la décision prise par le conseil de guerre que Müller réunit le 10 thermidor (28 juillet) an II, à Lesacca.

Après son succès, la division Delaborde avait passé la rivière, et était arrivée le 9 mars dans cette ville. Elle y avait rejoint le général Moncey, qui, toujours avec les grenadiers de LA TOUR D'AUVERGNE, les compagnies basques et deux bataillons, dont le 1er de la 148e avec GRAVIER, avait traversé la montagne d'Atchiola par d'affreux chemins, et était arrivé, non sans peine, à Lesacca, pour prendre part à l'attaque qui se préparait.

Le conseil de guerre, en effet, avait décidé que cette attaque aurait lieu le 14 thermidor (1er août 1794) ; que Frégeville, avec la division de droite, attaquerait le camp de front, tandis que Moncey et Delaborde, escaladant le versant nord de la montagne de Haya, se porteraient sur Saint-Martial ou sur Irun, suivant les circonstances.

Donc, le 1er août, tandis que Frégeville se présentait au pas de Béhobie avec deux bataillons, Dessein amenait la 148e et deux autres bataillons, par une gorge presque inaccessible, jusqu'à Biriatou ; là, ses hommes se jetèrent résolument à l'eau, arrachèrent les palissades sous le feu croisé de deux batteries, et gravirent en combattant le revers de la montagne de Saint-Martial. Pris ainsi par son côté faible, le camp se trouvait tourné, ses défenseurs n'y restèrent pas. Les quatre bataillons de Dessein suffirent à mettre en fuite les 12.000 Espagnols qui s'y trouvaient.

Bel exemple de l'ascendant moral!

Ce fut une vraie déroute, dont le désordre se trouva encore augmenté par de formidables explosions de magasins de munitions ; l'ordre de les faire sauter ayant été exécuté prématurément, les fuyards furent décimés.

Les régiments de Réding, d'Ultiona, les gardes wallonnes soutinrent cependant la retraite avec courage ; ils formèrent l'arrière-garde et se retirèrent sur la position d'Ernani, où l'armée espagnole fut ralliée.

Pendant ce temps, le général Frégeville et Garrau, le représentant du peuple, avaient couru à Fontarabie avec trois cents hommes d'élite. Ils s'emparèrent de la redoute du Capucin, sur une hauteur voisine de la ville, puis poussèrent jusqu'aux portes.

Mais, là, une décharge à mitraille, qui tua trois hommes à leurs côtés, les arrêta. Ils parlementèrent.

Nollet, capitaine au 1er hussards; Lamarque, capitaine de grenadiers, adjoint à l'état-major, furent envoyés au commandant de Fontarabie pour lui annoncer la défaite des Espagnols et le sommer de rendre la place.

Trois heures après, c'était chose faite ; les huit cents hommes de garnison déposaient leurs armes sur les glacis et restaient prisonniers de guerre.

200 bouches à feu, 1.600 tentes, 2.000 prisonniers, d'abondantes munitions de guerre et de bouche, 10.000 fusils, 4.000 obus et six drapeaux furent les trophées de cette journée du 1er août.

Ils auraient été bien plus considérables si les divisions Moncey et Delaborde avaient pu parvenir en temps opportun sur la montagne de Haya. Mais le brouillard les arrêta un jour entier ; des chemins affreux, dans des défilés impraticables, les ralentirent ; lorsque Moncey arriva à Oyarzun, les Espagnols étaient passés. Leur parc et leurs bagages seuls restèrent aux mains des républicains.

Quelle victoire que celle que nous venons de remporter : trente redoutes hérissées de canon, une ville de guerre, dite pucelle, devant laquelle Berwick faillit perdre sa gloire et son armée ! 12.000 hommes pour soutenir et défendre tous ces ouvrages, une rivière à passer sous des batteries nombreuses et supérieurement placées ! Eh bien, tout cela a été pris et enlevé dans l'espace de dix à douze jours. Les soldats de cette armée ne sont pas des hommes, mais des démons et des dieux !

Telle fut la lettre enthousiaste par laquelle le représentant du peuple Garrau annonçait nos victoires à la Convention. En même temps Lamarque, adjudant général, lui apportait les drapeaux conquis.

La Convention nationale, après avoir entendu le rapport du comité de Salut public, décréta :

Article premier. — L'armée des Pyrénées occidentales a bien mérité de la patrie, principalement dans la journée du 14 thermidor.

Art. 2. — Les nouvelles officielles de cette armée sur la prise de Fontarabie, de Saint-Martial et d'Irun seront imprimées et envoyées sur-le-champ aux autres armées de la République.

Digne récompense, à laquelle, nous l'avons vu, la 148ᵉ demi-brigade avait sa grande part.

Mais là seulement ne se bornaient pas nos succès ; Saint-Sébastien venait de tomber en notre pouvoir.

D'Irun à Saint-Sébastien, par la grande route, il y a quatre lieues, mais la traverse qui borde la mer est plus courte : elle passe par la fonderie de Renteria et gagne le petit port du Passage, dont le bourg forme une seule rue, serrée entre les montagnes et la baie.

L'entrée de ce petit port de pêcheurs est une gorge

étroite entre deux rochers, qui ne livre passage qu'à
un seul bateau ; de là son nom.

Il faut ensuite traverser la baie, ce qui est possible
à marée basse ; puis, par un pont jeté sur l'Urruméra,
on atteint Saint-Sébastien.

Quant à la grande route, elle se détache de celle de
Madrid à Ernani, où se trouve, sur les hauteurs entre
l'Urruméra et l'Arrézo (1), une position essentielle, que
le général Caro avait désignée aux Espagnols en cas de
malheur.

Là, en effet, se rallièrent tous les défenseurs de la
vallée de Bastan, les troupes de Biriatou et Béra, les
fuyards de la montagne Saint-Martial. C'est contre eux
que le général Müller dirigea, le 3 août, les divisions
Frégeville et Delaborde.

Mais suivons d'abord Moncey ; sa division passa la
traverse, s'empara de Renteria, refoula les Espagnols,
qui tentèrent une résistance énergique pour barrer le
passage, et, le 17 thermidor (4 août), couronna les hauteurs voisines de Saint-Sébastien.

Cette division, nous l'avons vu, se composait des
grenadiers et des compagnies basques.

Une seule pièce de 8 avait pu être amenée.

La ville, située au pied d'un rocher que couronne la
citadelle, est réunie à la côte par une étroite bande de
sable ; elle n'est défendue, du côté de la terre, que par
un ouvrage à cornes, et, de plus, les hauteurs voisines
à l'est et au sud sont dominantes ; aussi la citadelle,
plutôt prison qu'ouvrage défensif, n'avait pas de valeur.

La garnison était forte de 2.000 hommes qui voulaient
se défendre, mais les habitants étaient divisés. Leur al-

_______________

(1) Ou le Leizarun, qui sont les deux noms de cette rivière.

cade, nommé Michelena, penchait, dit-on, vers les idées républicaines ; les horreurs de la guerre l'effrayaient ; la résistance était donc douteuse.

Moncey, l'ayant appris, résolut d'en profiter. Il dépêcha LA TOUR D'AUVERGNE pour haranguer les Espagnols et les intimider. Le chef des grenadiers se présente aux portes tout seul ; on l'entoure, on le mène au gouverneur, et, en pleine place publique, il raconte dans leur langue aux Espagnols la défaite de leurs troupes ; il montre les Français couronnant les hauteurs ; il menace.

L'alcade, les habitants interviennent ; alors le gouverneur hésite :

— Mais, seigneur capitaine, vous n'avez pas tiré un seul coup de canon sur la citadelle ; faites-moi au moins l'honneur de la saluer ; sans cela, vous sentez bien que je ne puis vous la livrer.

— Qu'à cela ne tienne ! répondit LA TOUR D'AUVERGNE.

Il retourne au camp et fait tirer sur Saint-Sébastien la seule pièce que possède Moncey.

Tous les canons de la place, il y en avait cent trente, répondent aussitôt ; satisfaction était donnée au gouverneur !

La capitulation fut signée le même jour ; en voici les termes :

Au nom de la République française :

ARTICLE PREMIER. — Le gouverneur de la ville et de la citadelle de Saint-Sébastien les livrera aux troupes de la République dès qu'elles se présenteront.

ART. 2. — Le garnison sortira de la citadelle ou de la place tambour battant, drapeaux déployés, ira se former en bataille sur le glacis ; arrivée là, elle déposera les armes et sera prisonnière de guerre.

ART. 3. — Il sera accordé six chariots découverts pour le transport des équipages de la garnison seulement ; ces équi-

OFFICIER DE LA 11ᵉ DEMI-BRIGADE

pages seront vérifiés en sortant de la place par un commissaire des guerres.

ART. 4. — Les magistrats de la ville en remettront les clefs.

ART. 5. — Les vaisseaux de guerre ou autres bâtiments actuellement en rade ou dans le port, ainsi que leurs cargaisons, appartiendront à la République, excepté ceux dont les habitants justifieront être propriétaires.

ART. 6. — Les décrets de la Convention nationale ayant consacré la liberté des cultes, l'arrêté des représentants du peuple près cette armée du 30 messidor en ayant assuré aux habitants du pays conquis le libre exercice, le général croirait faire naître un doute injurieux sur l'exécution des lois de la République que d'en faire un article exprès de capitulation.

ART. 7. — Quant aux autres demandes, relatives à des intérêts particuliers, le général prévient les habitants qu'ils pourront adresser leurs mémoires sur ces différents objets à la Convention nationale, et aux représentants du peuple près cette armée, qui s'empresseront de faire droit à leurs réclamations, si elles sont justes.

Les prisonniers espagnols fruent envoyés à Oyarzun.

La capitulation de Saint-Sébastien nous ouvrait un port riche en approvisionnements considérables en munitions de guerre, en froment, en riz, étoffes, chanvre, en cuivre, fer, poudre et plomb.

La population reçut nos soldats avec des démonstrations de joie.

La garde de la ville et de toutes ses richesses fut confiée à notre demi-brigade, fort éprouvée par les derniers combats.

Le 5 août, le général en chef Müller forma quatre divisions avec les trois qui avaient pénétré en Espagne. Ces divisions prirent des numéros, pour se conformer au nouveau règlement sur le service en campagne. Les trois bataillons de la 148ᵉ demi-brigade furent réunis et placés dans la 1ʳᵉ brigade de la 1ʳᵉ division (général Frégeville), qui était chargée de la défense de Saint-Sébastien, du Port-de-Passage et d'Ernani (1).

Les deux premiers bataillons de la 148ᵉ eurent Saint-Sébastien pour garnison ! le troisième occupa le Port-de-Passage.

Ces postes étaient voisins, et placés sous le commandement du général Dessein, qui, avec sa brigade, gardait la droite de la ligne française, depuis Ernani jusqu'à la Zumaya.

D'ailleurs, le mouvement offensif était arrêté.

Sur la grande route de Madrid, d'autre part, les Espagnols n'avaient pas tenu devant les divisions Frégeville et Delaborde ; ils s'étaient retirés à Tolosa et les Français les avaient remplacés dans leur position d'Ernani, abandonnée sans combat. Quelques jours après, 22 thermidor (9 août), Tolosa, capitale du Guipuzcoa, tombait en notre pouvoir.

Sur ces entrefaites, le général en chef Müller, sans cesse en lutte ou en discussion avec les représentants du peuple, préféra se retirer.

Voici la lettre, modeste et digne, qu'il adressa à cette occasion à la Convention nationale :

C'est ici le moment, Citoyens Représentants, de vous parler avec la franchise d'un vrai républicain, d'un vieux soldat qui, étranger à tout esprit d'intrigue et de cabale, n'a et n'aura d'autre ambition que celle de bien servir sa patrie. Oui, vous ne devez pas me laisser plus longtemps à la tête de cette armée, et l'époque où j'ai peut-être eu quelque part aux succès étonnants qui viennent de couronner ses généreux efforts est celle où vous devez vous occuper de nommer mon successeur. Le bien de cette même armée le veut et l'intérêt l'exige.....

Le chef se trouverait dans l'armée même si vous croyez devoir y faire un choix ; il a fait preuve de capacité, de zèle

______

(1) Capitaine E. Simond. *Le capitaine La Tour d'Auvergne.*

et de valeur; il jouit, ainsi que moi, de la confiance du soldat ; c'est le général Moncey, duquel vos collègues, qui l'ont accompagné dans son invasion de la vallée de Bastan, vous ont certainement rendu un compte avantageux.

Bien que Moncey eût cru devoir refuser ce commandement, le comité de Salut puplic passa outre ; par décret du 30 thermidor (17 août), il fut nommé général en chef, et Müller, emportant les sympathies de tous, ainsi que leurs regrets, rejoignit l'armée des Alpes, dans laquelle il avait demandé à servir comme simple divisionnaire.

## Invasion de l'Espagne.

### Conquéte de la vallée de Roncevaux.

La dictature de Robespierre venait de prendre fin au 9 thermidor (27 juillet) ; nos armées débordaient sur toutes les frontières. Dans le Midi, les Pyrénées forcées, Fontarabie, Saint-Sébastien ouvrent la Péninsule.

C'est Moncey qui conduit nos troupes à l'invasion de l'Espagne. Il est maintenant général en chef.

La tâche qu'on lui a imposée est lourde.

Le général Müller, malgré ses qualités militaires, paralysées par une grande indécision de caractère, y avait usé toute sa patience et son crédit, non seulement à combattre l'Espagnol, mais à lutter contre les représentants en mission, qui discutaient, désapprouvaient ses projets et voulaient imposer leurs vues. Il fallait recourir au comité de Salut public pour trancher les différends ; autant de retards préjudiciables aux opérations.

Cet état de choses, aux Pyrénées, ne fut cependant pas trop nuisible aux opérations projetées, car on attendait des renforts de la Vendée. Ils n'arrivèrent qu'à la fin de septembre ; jusqu'à ce moment, rien d'important n'eut lieu.

Une expédition (1) sur Oudaroa, petit port du golfe de Biscaye, est cependant à signaler. Elle réussit parfaitement et fut exécutée par 600 chasseurs et 300 hommes de la 148ᵉ, sous les ordres du général Schilt. Après une marche forcée et un combat de sept heures, ils culbutèrent 4.000 Espagnols, et jetèrent dans la mer onze pièces de canon qui armaient leurs retranchements.

Moncey, jugeant que l'armée, appuyant sa droite à Tolosa, prêtait le flanc aux Espagnols, voulut sagement la retirer derrière l'Orio, à Ernani. Mais Garrau s'y opposa. Il estimait que la conquête de Tolosa avait fait trop de bruit pour qu'on l'abandonnât sans y être contraint. En conséquence, l'armée dut y rester, élevant des retranchements sur la route de Madrid, qu'heureusement les Espagnols ne nous disputèrent pas.

Ils s'organisaient pendant ce temps, à la suite d'une habile proclamation où le duc de la Alendia, le futur prince de la Paix, faisait appel à leur patriotisme et à leur relignon ; le comte de Coloméra, général en chef, avait obtenu ce que les Guipuzcoains avaient jadis refusé à son prédécesseur Ventura Caro : toutes les provinces limitrophes de Castille se levèrent en masse (2) ; les autres apportèrent l'appoint de leurs richesses.

La Biscaye, dont le contingent s'éleva à plus de 30.000 hommes, en envoya 4.000 dans les montagnes d'Elosna, autant à Bergara, pour couvrir Pancorvo, boulevard de la Castille. Les gorges de Lecumberry et le port d'Arraïz, qui mènent à Pampelune, furent barrés, coupés.

_______

(1) Rapport du général **Schilt.**

(2) Rapport du général Schilt au général en chef **Moncey.** (Archives de la guerre.)

Plus à l'est, à Lanz, 2.000 hommes fermèrent le col de Belate ; 12.000 défendirent les débouchés de la vallée de Roncevaux.

De notre côté, Moncey avait fait approuver en conseil de guerre, le 22 fructidor (7 septembre), un projet d'attaque générale. Il fallut un long mois pour obtenir l'assentiment du comité. Ce ne fut qu'en vendémiaire (milieu d'octobre) qu'on put l'exécuter.

Entre temps, les bataillons de la Vendée, des Mayençais, étaient arrivés. On les laissa se reposer ; on les pourvut du nécessaire dont ils manquaient ; quelques mouvements de concentration furent exécutés, et, le 25 vendémiaire (15 octobre), l'attaque se prononça.

Par le col de Belate et Lanz, on menace directement Pampelune, et, si on atteint à l'est Çubiri et Viscarette, on coupe la route qui vient de Roncevaux par Burguette, la vieille chaussée de Charlemagne.

C'était la tâche réservée à la *colonne infernale* (1).

Cette troupe d'élite, forte de 12.000 hommes, comprenait, outre les trois compagnies de grenadiers de la 148ᵉ, parties le 11 octobre de Tolosa, sous le commandement de LA TOUR D'AUVERGNE, pour aller à Saint-Estevan se mettre sous les ordres du général Delaborde, les troupes qui venaient de Vendée et de Mayence.

Le 16 et le 17, la colonne infernale attaqua la fonderie royale d'Eguy, défendue par un corps de 4.000 Espagnols sous les ordres du général Filanghieri, dont le quartier général était à Lanz. LA TOUR D'AUVERGNE, à la tête de ses grenadiers et d'une compagnie de chasseurs basques, attaqua la redoute d'Eguy, l'emporta à

---

(1) Cette colonne, qui prit le nom de colonne infernale à cause de l'excellence des troupes qui la formèrent, ne resta pas longtemps constituée ; la légende en a d'ailleurs exagéré les exploits.

la baïonnette et mit en fuite l'ennemi, qui laissa entre ses mains de nombreux prisonniers, 10 chevaux, 16 mulets, 2 pièces de canon de 8 et deux caissons d'artillerie.

Le général Filanghieri, essayant de faire un retour offensif, vint prendre position sur les hauteurs de Mesquiritz, avec 6.000 hommes ; mais les grenadiers de la 148e se ruèrent sur les Espagnols, qui, mis en déroute, ne parvinrent qu'avec peine à rejoindre la division du duc d'Ossuna à Burguette. Le représentant du peuple Garrau chargea vigoureusement avec la cavalerie. La Tour d'Auvergne fit 730 prisonniers.

De ce côté, Mendizabal et Saint-Simon avaient été chassés par le général Manco du camp de Cruchespil, tandis que Moncey, d'autre part, du plateau de Yéropil, d'où on descend dans la vallée de l'Irati, avait marché de front contre Orbaïcette, que Marbot, parti d'Otchagavia, était venu attaquer à revers. Cette importante fonderie de cuivre était défendue par 2.500 Espagnols, mais ceux-ci purent échapper par le pas de Navato et décamper sur Aoyz, seul refuge qu'avait trouvé le duc d'Ossuna, enveloppé de toutes parts, et qu'un retard de la colonne infernale sauva d'une perte certaine.

Cette colonne, qui avait été égarée par de mauvais guides, marcha quarante-trois heures sur quarante-huit par un temps affreux, mais ne put arriver à Burguette que le 18 au matin, au lieu de s'y trouver le 17, comme elle en avait reçu l'ordre. En signalant ce remarquable effort, Moncey ajoutait dans son compte rendu :

La colonne de Tardetz, après quatre jours de marche dans des montagnes presque inaccessibles, n'ayant eu pour toute subsistance que trois biscuits, ne s'est pas plainte et s'est contentée de crier : « Vive la République ! » lorsque, arri véo à Orbaïcette, je n'ai pu lui faire donner du pain qu'elle m'était venue demander.

Les résultats, dit Jomini, furent 40 pièces d'artillerie, 1.500 prisonniers ; la mâture d'Irati (1), les fonderies d'Eguy et d'Orbaïcette, estimées 32 millions, avaient été détruites par les Espagnols.

La conquête de la vallée de Roncevaux eut un grand retentissement et fut célébrée par la Convention. L'armée détruisit une pyramide commémorative de l'échec éprouvé par Charlemagne, et Moncey écrivit au comité de Salut public :

Ce monument honteux qui, depuis mille ans, attestait dans la plaine de Roncevaux la défaite de nos pères, a été abattu par les mains triomphantes de leurs fils républicains.

Les conventionnels Baudot et Garrau tinrent à rendre compte également de la destruction de cette pyramide :

Le drapeau de la République flotte aujourd'hui où était le drapeau de l'orgueil des rois, et l'arbre nourricier de la liberté a remplacé la massue destructive du tyran. Une musique touchante et guerrière a suivi cette inauguration ; les mânes de nos pères ont été consolés, et l'armée de la République a juré de vaincre pour la gloire du nom français de tous les âges et pour le bonheur de la postérité.

Moncey faisait ainsi allusion à une massue qui se trouvait à l'antique monastère de Roncevaux, et qui, d'après la tradition, avait appartenu à Roland. Les Espagnols, en battant en retraite, incendièrent le village de Burguette, et mirent aussi accidentellement le feu à ce monastère, où se trouvait une paire de sandales que l'archevêque Turpin perdit en s'enfuyant, d'après la même tradition.

LA TOUR D'AUVERGNE, quoique malade, avait à cœur cependant de ne pas abandonner ses compagnons d'ar-

_______________

(1) Importante fabrique de mâts pour la marine.

mes ; il resta donc à sa compagnie de grenadiers, heureux de participer encore aux succès de l'armée des Pyrénées, qu'il ne quitta qu'à la fin de la campagne de 1794.

Il ne sera sans doute pas inutile de citer une lettre du général Moncey, qui donne assez exactement la mesure de l'action personnelle de La Tour d'Auvergne dans les opérations qui ont signalé la conquête de la vallée de Roncevaux, le 4 thermidor an II et le 25 vendémiaire an III.

Le général Moncey croit qu'il est de la justice de rectifier une erreur qui s'est glissée dans l'état de services du citoyen La Tour d'Auvergne-Corret ; on a oublié de dire qu'à l'attaque du fort de Maya, défendu par 300 hommes et 4 pièces de canon, La Tour d'Auvergne-Corret s'empara de ce poste important, des deux magasins, dont un d'armes et un de munitions de guerre, à la tête de la colonne des grenadiers qu'il commandait ; qu'à l'affaire du 25 vendémiaire, il attaqua, avec les grenadiers de la colonne infernale et une compagnie de chasseurs basques, l'arrière-garde d'un corps considérable d'infanterie et de cavalerie de l'armée espagnole. L'ennemi, dans cette affaire, laissa sur la place nombre de cavaliers et de fantassins, 10 chevaux, 16 mulets d'équipages, 2 pièces de canon qui protégeaient sa retraite et 2 caissons d'artillerie ;

Que le même jour, les grenadiers, commandés par La Tour d'Auvergne-Corret, attaquèrent et contribuèrent puissamment à la défaite entière d'un corps de 5 à 6.000 Espagnols retranchés sur les hauteurs de Biscarret et Guerendain : dans les deux actions, il fut fait 730 prisonniers.

C'est pour réparer cet oubli que je donne la présente attestation au citoyen La Tour d'Auvergne-Corret.

Paris, le 30 germinal an IV de la République.

*Le général en chef,*

Moncey.

Beylac, dans son mémoire sur la campagne des Pyrénées occidentales, nous renseigne sur la façon de combattre des grenadiers de la colonne infernale. Peut-être sera-t-il intéressant de lui emprunter les lignes suivantes :

Les grenadiers formèrent un corps distinct et séparé..... C'était un corps d'élite aussi formidable par sa vigueur et son invincible courage que par le choix de ses chefs. La Tour d'Auvergne, guerrier illustre, formait des héros de tous ceux qui le suivaient..... Quoique, comme les autres corps de ligne, les grenadiers manœuvrassent sur trois rangs, ils furent employés néanmoins fort longtemps en troupes légères. Vers la fin de la campagne, le général en chef Moncey, par son ordre du 13 floréal an III, ordonna que les grenadiers combattraient en ligne et jamais en tirailleurs. On conçoit qu'exposer sans relâche aux fatigues et aux hasards meurtriers des escarmouches la plus robuste portion de l'armée, c'était la détruire en détail, c'était énerver la ligne qui décide des batailles.

A la fin de la guerre, les compagnies de grenadiers étaient fort affaiblies, et renfermaient beaucoup de postiches, c'està-dire des hommes tirés prématurément des compagnies du centre, pour remplacer les grenadiers tués ou absents.

Pour rendre notre victoire décisive, il eût fallu poursuivre l'ennemi, ne lui donner aucun repos et lui livrer bataille sous les murs de Pampelune avant qu'il ait eu le temps de revenir de sa première stupeur.

Telle était bien l'intention de Moncey, mais un ouragan épouvantable vint l'arrêter au milieu de ses succès ; une pluie battante accompagnée de grêle et de vent, qui dura plusieurs jours sans discontinuer et reprit encore avec là même fureur après un moment de relâche, refroidit l'ardeur des troupes. On dut s'arrêter et endurer de cruelles souffrances, car le transport des vivres et des malades fut rendu impossible, et la dysenterie causait de jour en jour des ravages plus grands dans l'armée exténuée par des froids anormaux.

De ce côté, nous n'avions eu que les trois compagnies de grenadiers, avec La Tour d'Auvergne dans la colonne infernale,

Le 3ᵉ bataillon de la demi-brigade était resté à Saint-Sébastien, le 2ᵉ avait été envoyé à Ernani ; le 1ᵉʳ bataillon seul avait pris une part active aux opérations, en secondant les attaques de la division Frégeville sur Lecumbery.

C'était une diversion que Moncey avait ordonnée, afin d'empêcher les troupes campées sous Pampelune de secourir celles attaquées dans la vallée de Roncevaux. Le col de Goritty, défendu par 2.000 Espagnols, les gorges et le village de Lecumbery, où s'étaient retranchés 6.000 hommes et 800 paysans, furent emportés de vive force. Moncey, dans un ordre du jour du 22 vendémiaire (12 octobre), avait donné la manière de procéder :

Votre courage se lassait de son inaction, avait-il dit à ses troupes ; il est arrivé le moment où vous devez le déployer tout entier..... Point de coups de fusil ; l'arme au bras, au pas de charge, gagnez du terrain, et vous serez vainqueurs.

C'est ainsi qu'on avait procédé, et, de toutes parts, on entourait Pampelune. Mais on resta là dans l'inaction, car le général en chef jugeait la saison trop avancée pour permettre, dans les montagnes, le transport d'un matériel de siège, et il ne voulait pas, dans ces conditions, courir la chance d'une défaite. En conséquence, il jugea nécessaire de se retirer, pour faire prendre à ses troupes leurs quartiers d'hiver. Mais les représentants, qui, eux, opinaient pour le siège, s'y refusèrent.

Un mois se passa, et lorsque le comité de Salut public eut tranché la question en autorisant la retraite, celle-ci était devenue délicate. Elle commença néanmoins à la fin de novembre. Moncey, qui, par sa droite, s'appuyait à la rivière Déba, avait résolu, pour se ménager un débouché en Biscaye, l'année suivante, de se maintenir dans cette province et d'abriter son centre derrière l'Orio, en retirant sa gauche dans la vallée de Bastan.

Cette retraite de la gauche et du centre fut heureusement masquée par une vive attaque de notre droite, qui eut lieu les 7 et 8 thermidor an III (27 et 28 novembre).

Les Espagnols avaient mis à profit le temps écoulé, ils s'étaient renforcés. Ils avaient même remporté quelques avantages dans des affaires de postes, qui, heureusement, n'avaient pas eu de conséquences. A leur gauche, le marquis de Ruby, avec 4.000 hommes, se trouvait dans les montagnes d'Elosna, couvrant Bergara et gardant la rive droite de la Déba, que le lieutenant général Gil, posté plus au nord, défendait aussi.

La brigade Schilt marcha de Guétaria contre ce dernier.

La brigade Laroche comprenait les 1er et 2e bataillons de la 148e et onze compagnies de grenadiers, sous les ordres du chef de bataillon GRAVIER, ancien sergent-major de LA TOUR D'AUVERGNE en 1792, ce qui n'empêcha pas le vieux capitaine, commandé par son sous-officier de la veille, de marcher avec autant de zèle que d'ordinaire. Cette brigade partit de Tolosa pour attaquer de front Ruby, auquel la disivion Frégeville devait venir couper la retraite à Mondragon.

L'attaque du côté de notre demi-brigade par Elosna ne fut ni longue ni meurtrière. En un instant, les Espagnols, mis en pleine déroute, laissèrent 300 morts sur le champ de bataille, 200 prisonniers, 4 drapeaux, 5.000 fusils, un canon et la caisse militaire. Le général Ruby lui-même dut passer la Déba à la nage, laissant, pour s'échapper, son habit brodé aux mains d'un tambour qui le poursuivait.

Les Français trouvèrent à Bergara des magasins considérables de vivres et de munitions de guerre, ainsi que beaucoup de matières d'or et d'argent provenant de vases et de décorations d'églises, « que le pieux général avait dévotement pillées lui-même, pour éviter la profanation des Français ». (Rapport des représentants du peuple.)

Malheureusement, Frégeville, égaré par ses guides, n'arriva pas en temps utile à Mondragon. Pendant que le reste de l'armée se retirait, il avait culbuté à Irurzun l'avant-garde du général Urrutia, et tourné à droite pour remonter l'Arga, mais il subit des retards dans les montagnes, vers les sources de la Déba; le marquis de Ruby put s'échapper, ainsi que Gil, battu à Plasencia par le général Schilt.

Ce fut la fin des opérations de la campagne de 1794.

Quelques jours après, à Tolosa, capitale du Guipuzcoa, les bataillons victorieux formèrent un immense carré, renfermant au centre, pour trophées, les prisonniers, les drapeaux, les canons conquis. Le général en chef, en présence des représentants du peuple Garrau, Baudot et Delcher, fit déployer un étendard envoyé par la Convention nationale.

Ces mots y reluisaient en lettres d'or :

A L'ARMÉE DES PYRÉNÉES OCCIDENTALES
LE PEUPLE FRANÇAIS RECONNAISSANT

Une couronne de chêne était jointe à l'envoi ; Moncey la suspendit à la lance du drapeau, puis il dit à ses compagnons d'armes :

Citoyens, la patrie honore vos premiers efforts, en vous offrant cet étendard. Vous y répondrez par de nouveaux succès. Elle vous décerne la couronne civique, répondez-y par des vertus, dont le bienfait est la dette des vainqueurs et le droit des vaincus.

Les drapeaux espagnols furent apportés, foulés aux pieds, puis envoyés à la Convention.

Le lendemain, les deux premiers bataillons de la 148ᵉ demi-brigade rejoignirent à Saint-Sébastien le troisième, qui n'avait pas quitté cette ville.

### Hiver de l'an III (1). — Epidémie.

#### Reprise des hostilités. — Paix de Bâle.

Les opérations militaires ne reprirent pas leur cours avant la fin du printemps de 1795. Floréal et prairial se passèrent aux Pyrénées sans événement important.

Au commencement de l'année 1795, une terrible disette s'était fait sentir presque partout ; à l'armée des Pyrénées occidentales, le manque de moyens de transport l'avait encore aggravée. Le 15 mars, le pain fit défaut, et, pendant vingt-huit jours, les soldats durent se contenter de six onces de riz et de deux onces de légumes secs par ration. Néanmoins, la résignation la plus exemplaire et une exacte discipline ne cessèrent de régner.

Que de privations de tout genre l'armée des Pyrénées occidentales n'a-t-elle pas endurées ! disait Moncey dans son rapport. Elle a vu, faute de fourrage, périr toute sa cavalerie, tous ses chevaux d'artillerie et de transport ; elle a été pendant vingt-trois jours, dans la saison la plus rude, sans pain..... Il n'a rien moins fallu que le républicanisme des braves soldats pour ne pas la voir entièrement désorganisée.

Bailas, commissaire des guerres, acteur et narrateur de cette campagne, cite la garnison de Saint-Sébastien comme ayant donné un exemple rare de patience et de dévouement :

_____

(1) D'après le manuscrit de M. le capitaine Gautron et l'*Historique des nouveaux régiments*, par le capitaine E. Simond.

Quoique tourmentée par la faim, dit-il, cette garnison n'attenta jamais à la propriété des vaincus, pour qui des pains blancs, de la plus grande beauté, étaient étalés chaque jour dans toutes les boutiques.

Cet hommage était rendu à la discipline de la 148ᵉ demi-brigade, qui tenait garnison à Saint-Sébastien. Une grave épidémie avait, pendant l'hiver, décimé ses rangs, et, par suite des congés de convalescence, son effectif se trouvait affaibli de moitié, comme d'ailleurs celui des autres corps. Les bataillons avaient à peine 200 hommes, et l'effectif de l'armée était descendu de 64.000 à 33.732 hommes. Pour les mettre en état de rentrer en campagne, dès que le cours de la maladie fut enrayé, on constitua avec tous les hommes valides de chaque demi-brigade (1) deux bataillons de campagne ; les malingres ou convalescents, versés dans le troisième bataillon, dit de réserve, servirent à constituer les garnisons de seconde ligne.

Les bataillons de campagne de la 148ᵉ quittèrent Saint-Sébastien, où restait le troisième bataillon, dans les premiers jours de germinal (avril 95), et rejoignirent la première division à la droite de l'armée. Le premier bataillon, fort de 604 hommes, fut détaché, le 18 mars, à Aspeytia, à la première brigade du général Laroche ; la deuxième, comptant 641 hommes, rejoignit à Ascoytia, le 5 avril, la deuxième brigade du général Schilt.

De fréquents pourparlers avaient eu lieu entre Servan, envoyé à Bayonne comme inspecteur général par le comité de Salut public, et le marquis d'Yranda, délégué du gouvernement espagnol ; on crut un moment à la paix, et les opérations en furent ralenties, mais (2) l'or-

_________

(1) Les corps qui n'étaient pas encore embrigadés le furent à cette époque dans l'armée des Pyrénées.

(2) Jomini, *Histoire des guerres de la Révolution*, tome 7.

gueil du ministre espagnol, duc de la Alcudia, vint y mettre obstacle ; les négociations furent rompues.

De notre côté, Moncey, qui jusqu'alors avait habilement masqué le dénuement de son armée par de petites affaires d'avant-postes, avait reçu les renforts qu'il attendait de Vendée ; il ne différa plus ses attaques contre l'armée espagnole, au commandement de laquelle le prince Castel-Franco avait été nommé, en remplacement du vieux Coloméra.

Considérablement renforcée par les levées qui s'étaient organisées pendant l'hiver, cette armée était répartie en deux masses : l'une sur la Déba, commandée par le lieutenant général Crespo, couvrait la Biscaye ; l'autre, sous les ordres de Filanghieri, défendait la position de Lecumberry, à la rencontre des routes de Vitoria et de Pampelune, aux portes de la Navarre.

La campagne débuta, le 9 mai, par l'enlèvement de la montagne de Marquineschu, avant-ligne que les Espagnols occupaient sur la rive droite de la Déba, pour lier Elosna avec Elgoïbar, position du général Crespo.

Un brouillard intense avait d'abord favorisé la brigade Schilt, chargée de l'opération ; mais il faillit lui devenir funeste, car, au lieu de rentrer dans nos lignes, la brigade s'égara jusqu'à Elgoïbar, où elle fut presque enveloppée. Le général Schilt se dégagea avec vigueur et rejoignit Ascoytia sans trop de pertes.

Le 20 mai, le chef de bataillon Mazas fut nommé chef de la 148ᵉ demi-brigade, qu'il commanda jusqu'à l'amalgame dans la 34ᵉ de deuxième formation.

Le général Willot fut promu général de division.

Dans le plan d'ensemble des opérations conçu par le comité de Salut public pour forcer l'Espagne à la paix, le rôle offensif était dévolu au général Moncey. Donc, tandis que le général Marescot préparait les attaques contre Pampelune, les quatrième et cinquième divisions prirent, dès le 9 messidor (28 juin), des positions menaçantes contre les troupes qui couvraient cette place, et en même temps, à la droite, la brigade Raoul, de la première division, passa la Déba à Sassiola, vers l'embouchure.

Sous le feu à mitraille de deux batteries espagnoles, avec de l'eau jusqu'au cou, les troupes du général Raoul forcèrent ce passage, s'emparèrent de Montrico, sur le bord de la mer, puis se rabattirent au sud, remontant la rivière, pour prendre position sur la montagne d'Urréarégui, d'où elles menacèrent le flanc gauche de Crespo.

C'était le 10 messidor (29 juin) : les généraux Willot et Schilt, avec dix bataillons, au nombre desquels se trouvait la 148e demi-brigade, attaquèrent sur deux colonnes le front et la droite des Espagnols, à Elosna, tandis qu'une troisième colonne, tirée de la deuxième division, et commandée par le général Merle, marchait sur Villaréal, menaçant la droite du général espagnol.

On comptait le surprendre, et, du même coup, pénétrer en Biscaye, mais, prévenu probablement, Crespo ne tint que par son arrière-garde, qui résista au port Descarga le temps nécessaire pour lui permettre de s'établir plus en arrière, à Mondragon et à Salinas, à cheval sur la Déba supérieure.

Les troupes de la première division, placées sous les ordres de Schilt, et avec elles les deux bataillons de campagne de la 148e, occupèrent Bergara, en face de cette deuxième position de la gauche espagnole. Elles maintinrent le général Crespo, tandis que Willot et Merle, par Villafranca, se rabattirent sur l'armée de Filanghieri qui, nous l'avons vu, était établie à Lecumberry, et contre laquelle une attaque générale s'exécutait.

Outre les troupes des généraux Merle et Willot, trois colonnes devaient assaillir en même temps cette position, par Arraïz, Gorritty et la grande route.

Mais, le 2 juillet, Filanghieri, de même que Crespo, fut prévenu en temps utile, et il put décamper avant l'attaque.

Il s'établit à Irurzun. Le général Willot le poursuivit, et, dans un rude combat, qui ne dura pas moins de douze heures (19 messidor-6 juillet), nos troupes séparèrent définitivement les deux corps espagnols ; Filanghieri se retira sur Pampelune, Crespo fut rejeté sur la Castille.

Les pertes de l'ennemi s'élevèrent à 500 morts et 200 prisonniers. Les Français n'eurent que 80 hommes tués ou blessés.

Moncey confia la poursuite de Crespo à celui de ses lieutenants qui se trouvait le plus à même de la mener à bien, à son chef d'état-major, le général Dessein. Nous le connaissons, c'est le même que nous avons vu conduire avec tant d'audace et de succès notre demi-brigade à l'assaut des redoutes de la Baïonnette. La 148ᵉ demi-brigade fut encore placée sous ses ordres pour cette expédition ; nous en retrouvons le compte rendu dans les états de services du général Dessein; le voici :

Le général, alors chef d'état-major général, s'étant rendu à Tolosa avec le général en chef, le 20 messidor an III, fut chargé du commandement des troupes de la première division pour cette expédition majeure. Ces troupes furent pourvues, au milieu des plus grandes difficultés, des munitions et objets indispensables ; elles se réunirent dans la nuit du 23 au 24 à Elgoïbar ; les vivres y furent transportés et distribués de suite.

Le 24 messidor au matin (11 juillet), la colonne se mit en marche. A la sortie d'Elgoïbar, elle rencontra l'ennemi dans l'embranchement des routes qui conduisent à Placentia et Durango. Il occupait une position qui paraissait inexpugnable, au front de laquelle se réunissaient deux rivières. La tête de l'avant-garde les passa à gué pour tourner l'ennemi, et après un feu très vif de sa part, auquel on ne répondait que par le pas de charge, il s'enfuit en laissant ses morts et beaucoup de fusils sur le champ de bataille. Le passage était libre. La colonne se remit en marche ; arrivée à hauteur des redoutes qui couvraient Ermua, l'ennemi canonna fortement ; mais bientôt tourné par l'avant-garde, il abandonna ses redoutes, les 13 pièces qu'elles contenaient et ses magasins.

La marche fut continuée sur Durango où l'on trouva 12 autres pièces de canon, 280 caissons de cartouches d'infanterie, 50 barils de poudre, 6.000 gargousses à mitraille et près de 2.000 fusils.

Devant faire une marche précipitée, n'ayant aucun moyen de transport, et laissant l'armée de Crespo sur ses derrières, le général Dessein fut obligé de faire détruire tout ce matériel.

Le 25, la colonne se porta sur Villaréal d'Alava ; le lendemain, ayant repris sa marche à 9 heures du matin, elle rencontra les avant-postes ennemis et quelque cavalerie que la tête de l'avant-garde fit promptement replier. Le village d'Ayorrabe fut bientôt emporté. Les avant-postes qui couvraient le front d'Ullibari-Gamboa furent aussi forcés. Le reste de la colonne, harassée par une marche forcée sous une pluie battante, qui depuis 48 heures n'avait pas cessé, prit position à Ayorrabe et Mendibil. C'est là qu'elle devait se réunir avec celle du général Willot, venant d'Irurzun.

En attendant, Dessein, prévenu que l'ennemi évacuait ses magasins de Vittoria, y fit marcher son avant-garde, qui somma la ville de se rendre, et prescrivit aux autorités de préparer des vivres pour le lendemain.

Ses autres troupes continrent l'armée de Crespo, plus forte qu'elles des deux tiers.

Les Espagnols, couverts par la Zadora, occupaient Ullibari-Gamboa et la plaine jusqu'aux hauteurs de Salinas.

Willot, qui débouchait à ce moment, bouscula l'arrière-garde espagnole, occupa la position de Salinas, tandis que Dessein rejoignit son avant-garde et entra dans Vittoria, capitale de l'Alava.

Informés que Crespo dirigeait sa marche sur Bilbao, et présumant qu'il voudrait défendre cette ville de commerce très importante, Dessein et Willot se réunirent dans la nuit du 29 messidor, atteignirent le même jour par une marche forcée Urdugne (1), capitale de la Biscaye, puis, le 30, Miravailles. Le 1ᵉʳ thermidor, ils arrivèrent à Bilbao et à Portugalette, qu'ils trouvèrent évacués ; 60 pièces de canon et des magasins considérables tombèrent néanmoins en leur pouvoir, et Crespo, réduit à rien, abandonné par tous les bataillons qu'avaient fournis les provinces conquises, fut obligé de se retirer, par les montagnes, sur Pancorvo.

Nous tenions la Puébla et Miranda, que Dessein avait fait occuper, et nous allions forcer ce dernier boulevard de la Castille, lorsque Moncey reçut, le 3 août, la nouvelle que la paix venait d'être signée (paix de Bâle, 22 juillet 1795).

La campagne se trouvait terminée par cette course hardie à travers les montagnes du Guipuzcoa et de la Biscaye. Ce fut un véritable raid d'infanterie, et la 148ᵉ demi-brigade y trouva l'occasion d'ajouter à sa grande renommée de courage la réputation d'intrépide marcheuse.

Les bataillons de campagne de la 148ᵉ demi-brigade restèrent jusqu'au 13 août sur les hauteurs d'Arminon, où ils étaient campés. Ils en partirent pour se rendre à Saint-Sébastien, que le 3ᵉ bataillon (de réserve) n'avait pas quitté. Ils y arrivèrent le 18, et toute la demi-brigade tint garnison dans cette place.

_______________

(1) Orduna.

Un arrêté du comité de Salut public, en date du 13 août, notifié le 25, réduisit l'armée des Pyrénées occidentales, et la 148e demi-brigade reçut l'ordre d'aller rejoindre l'armée de l'Ouest, en Vendée.

Ce n'était pas encore le repos pour notre demi-brigade, et cependant elle l'avait bien gagné : depuis trois ans qu'elle guerroyait dans les montagnes, elle avait pris part à 26 combats ou batailles ; elle avait enduré souffrances, privations, marches pénibles, épidémie, disette; elle avait tout supporté stoïquement.

# CHAPITRE IV

## LA 148ᵉ DEMI-BRIGADE EN VENDÉE (1)

Les troupes de l'armée des Pyrénées, rendues disponibles par la paix de Bâle, reçurent diverses destinations. La 148ᵉ demi-brigade, comptant 1.940 hommes présents sous les armes, fit partie d'une division que le général Dessein devait conduire à l'armée de l'Ouest, commandée par Hoche, en Vendée.

Partie de Bordeaux le 6 vendémiaire (27 septembre), la 148ᵉ demi-brigade, fort réduite, puisqu'elle ne comptait que 629 hommes présents, arriva le 15 octobre à Luçon, et fut placée à la 3ᵉ division, commandée par le général Willot, qui avait sous ses ordrès les généraux de brigade Gilibert, Montet, Schilt et Merle.

Le 11 novembre, la 148ᵉ était à La Claye; pendant le mois de décembre, elle resta à Saint-Cyr, puis à La Motte-Frélon et Saint-Vincent-sur-Craon.

Hoche élaborait alors son plan de pacification, pour terminer la malheureuse guerre en Vendée, qui, en cette fin de 1795, durait encore.

Le débarquement tenté par les régiments d'émigrés que l'Angleterre avait équipés, soldés et jetés dans la presqu'île de Quiberon venait d'échouer, en juillet ; et, de nouveau, le comte d'Artois, frère du roi, menaçait la côte vendéenne avec une seconde flotte anglaise, installée à l'île d'Yeu.

En Bretagne, Puisaye préparait tout pour un redoublement d'hostilités.

---

(1) D'après le manuscrit de M. le capitaine Gautron.

Le chevalier de Charette, nommé récemment commandant en chef des catholiques, guettait de son quartier général de Belleville, au centre de la Vendée, l'instant et l'endroit favorables pour seconder la descente du prince.

Entre la Sèvre et la Loire, Stofflet et l'abbé Bernier préparaient une nouvelle prise d'armes. Tous les chefs sollicitaient le comte d'Artois de se hâter :

Sa présence, disaient-ils, vaudrait à elle seule une **armée** ; sa vue ranimerait le zèle qui commençait à languir ; l'unité dans le commandement donnerait à l'insurrection une puissance irrésistible.

Les troupes des **Pyrénées**, après trois années de **guerres** pénibles et sans intervalle de repos, n'ont trouvé dans cette armée ni quartier, ni rafraîchissements, pour se remettre de leurs fatigues ; le vin qu'elles avaient, les légumes secs qui leur étaient donnés manquent ici. L'administration insouciante, malgré mes réclamations réitérées, n'a pu procurer aux soldats de la paille sous la tente et dans les baraques... Les officiers ayant épuisé toutes leurs ressources sont nus et ont en vain réclamé l'habillement que la loi leur accorde...

Voilà ce qu'écrivait le commandant de la 3<sup>e</sup> division au général en chef, qui lui-même suppliait les représentants de venir à son secours :

Depuis deux jours, l'armée est sans pain, nos besoins sont extrêmes, le défaut de subsistances m'entrave singulièrement (1).....

Et, de fait, l'armée, vêtue de lambeaux, mal équipée, toujours en marche et au bivouac, souffrait beaucoup ; les distributions n'étaient point régulières, et la solde se faisait en papier, que les habitants refusaient (2).

---

(1) Lettre de Hoche aux représentants du peuple du 12 vendémiaire an IV. (Archives de la guerre.)

(2) « Vous ne m'avez pas laissé de numéraire. J'ai donné deux louis à Digonet, autant à Schilt (généraux de l'arméo

Malgré cela, le dévouement des troupes était sans bornes, et le jeune général qui les commandait exigeait beaucoup d'elles. Il venait de faire une expédition sur Belleville, quartier général de Charette, mais sans succès, car le chef vendéen, dans le même temps, s'était porté, avec 8.000 des siens, contre le poste de Saint-Cyr, vers Luçon. Charette avait brusquement attaqué ce poste, dont la possession lui aurait ouvert la route des Sables-d'Olonne, en face de l'île d'Yeu, d'où le comte d'Artois et les Anglais guettaient la côte. Mais la petite garnison républicaine de Saint-Cyr avait vaillamment résisté, et sa belle défense dans une église avait donné le temps aux troupes de Luçon d'accourir pour repousser Charette.

C'est dans ces lieux mêmes, au poste de Saint-Cyr, que, quelques jours après, la 148ᵉ demi-brigade fut placée ; elle eut pour mission de garder cette importante position, qui, avec les postes de Port-la-Claye, Mareuil et Sainte-Hermine, barrait les abords de la rivière Lay, limite naturelle entre le Marais et le Bocage.

Pendant plusieurs mois, de novembre à la fin de mai, notre demi-brigade resta là, gardant les défilés, points essentiels du cordon de postes qui enserrait progressivement le dernier refuge de Charette ; comme nous le verrons bientôt, elle participa aux colonnes mobiles qui sillonnèrent le pays et finirent par s'emparer du redoutable chef vendéen.

Entre temps, le 18 novembre, le comte d'Artois avait abandonné son projet de descente ; il était retourné en Angleterre sans avoir écouté les objurgations de ses

_de l'Ouest), et votre départ m'a ruiné, parce que j'ai été forcé de dépenser et que tous mes moyens de m'en dédommager sont contre mes principes. » (Hoche, nivôse an IV : Archives de la guerre.)_

partisans, n'ayant fait autre chose que de voir de loin le pays où depuis si longtemps déjà on mourait pour lui.

Hoche pouvait désormais consacrer tous ses soins à son œuvre de pacification. Par ses proclamations, il avait montré aux paysans les raisons qui pouvaient les désintéresser d'une lutte dont les étrangers, les émigrés, les anciens seigneurs devaient être les seuls à profiter ; il leur avait promis la liberté du culte, et il les avait, par l'intérêt, détachés peu à peu du groupe, tous les jours plus mince, des rebelles.

Des patrouilles, fournies par une ligne très dense, des postes qui se resserraient de plus en plus, les avaient rigoureusement désarmés ; et cependant, les résultats attendus de ces sages mesures, appliquées avec modération, s'étaient trouvés illusoires.

En voulant tout garder, nous avons failli tout perdre, écrivait le général Hoche (1) ; et en maintenant les cantonnements, non seulement nous perdrions tout le pays, mais encore nos troupes y croupissent, y sont affamées, intimidées ou corrompues.

Il fallait, dans ces conditions, changer de système, et le problème était, certes, difficile à résoudre ; des soldats pesamment armés, obligés de porter tout avec eux, étrangers au pays, ne pouvaient égaler la rapidité de paysans qui ne portaient rien que leur fusil, qui étaient assurés de trouver des vivres partout, et qui connaissaient les moindres ravins et bruyères. Jamais

---

(1) Lettre du général Hoche au Directoire (8 janvier 1896). (Archives de la guerre.) Napoléon rappelle ces quelques mots de Hoche : « En voulant tout garder, nous avons failli tout perdre », dans les conseils qu'il donne au prince Eugène à propos de la défense du bas Elbe en 1813.

ceux-ci n'éprouvaient d'entières défaites ; au premier choc d'un ennemi trop supérieur, ils se dispersaient, disparaissaient, et, leurs armes cachées, redevenaient paysans inoffensifs.

Leur manière de combattre, à la vérité, pourrait étonner les plus braves troupes de l'Europe; une déroute est souvent un avantage pour Charette : hommes du métier, ne prenez pas cela pour un sophisme, Charette en déroute assigne un rendez-vous à ses fuyards. Le lieu est quelquefois à dix ou douze lieues derrière son ennemi qui le cherche en vain, dans un pays dévasté, et avec la rapidité de l'éclair, il se porte sur ses convois, il les intercepte ou au moins les détourne de leur destination, et, par cette manœuvre, contraint son adversaire qui croit avoir obtenu un avantage pour avoir tué quelques hommes de rentrer dans ses cantonnements.

J'ai cru remédier à cet inconvénient par l'emploi des colonnes mobiles (1).

Le service était rude ; il y avait six colonnes à effectif fixe (2.500 fantassins, 50 cavaliers, 6 guides du pays (2); elles se partageaient le pays, et chacune d'elles, sans trêve ni repos, parcourait la même région. C'était toujours le même chef qui commandait, mais les troupes n'auraient pu résister à cette continuité de marches et de fatigues excessives ; tous les quinze jours, elles étaient remplacées et relevées par d'autres troupes, prises dans les cantonnements du pays parcouru.

La 148ᵉ demi-brigade prenait donc ainsi part aux opérations de la première colonne, opérant dans les districts des Sables et de Challans, sous les ordres de l'adjudant général Travot. C'est à celle-ci que revient l'honneur de la capture du chevalier Charette.

------

(1) Lettre de Hoche au Directoire. (Archives de la guerre.)

(2) La colonne du Loroux n'était que de 1.000 hommes, celle de Nantes de 600 parce qu'elles parcouraient des pays déjà couverts de postes.

Deux mois d'une poursuite acharnée avaient mis ce chef aux abois, l'avaient réduit à menacer de mort ses partisans qui ne répondraient pas à son appel (1) ; aussi n'avait-il plus autour de lui que quelques serviteurs, lorsqu'il fut cerné à La Prélinière, entre Saint-Sulpice et Saint-Christophe, par la colonne Travot ; malgré sa résistance, il fut pris par le capitaine Vergès, des chasseurs de montagne, le 23 mars 1796.

On le fusilla six jours après à Nantes ; Stofflet avait subi la même peine à Chemillé, un mois avant. L'âme de la résistance s'était éteinte avec la vie de ces deux chefs redoutables ; aussi le désarmement, mené avec fermeté, s'effectua-t-il dès lors régulièrement, et Hoche put bientôt déclarer la Vendée pacifiée. L'état de siège levé permit au général d'envoyer dix-huit bataillons, dont ceux de la 148ᵉ demi-brigade, dans l'Anjou et la Normandie, où s'agitaient encore Scépeaux, d'Audigné, Rochecotte et Louis de Frotté. Ces troupes constituèrent la division dite de l'Ouest, commandée par le général La Barollière.

Ces chefs de la chouanerie faisaient des courses jusqu'aux portes d'Angers, attaquaient tous les détachements et les escortes qui passaient à portée de leurs armes, mais ils n'avaient ni l'envergure, ni l'autorité de ceux que la République venait de fusiller.

---

(1) « Le chevalier de Charette ordonne sous peine de mort à tous les hommes en état de porter les armes de marcher, de se rassembler et de le rejoindre de suite.

» Il rend responsables les commandants de paroisse et les conseils civils de l'exécution et de la publication de cet ordre sur leur tête.

» Le chevalier de Charette, 21 février 1796. »

L'original de cette note de la main même de Charette est aux archives de la guerre.

Hoche en eut facilement raison.

En prairial, nous trouvons la 148ᵉ demi-brigade, forte de 47 officiers et 962 hommes, à Candé, puis à Bécon, sur la rive droite de la Loire, près du château de Bourmont, repaire de Scépeaux. En trois combats, à Auvernay, Ancenis et Saint-Sulpice, les derniers chouans furent dispersés.

Scépeaux et ses officiers accompagnèrent le général Hoche à Angers, pour faire leur soumission.

Louis de Frotté, en Normandie, voulut tenter une résistance qu'il jugea bientôt inutile ; il fut contraint de passer en Angleterre. Georges Cadoudal lui-même, le chouan breton, consentit à rester sous la surveillance des autorités militaires. Ce fut la fin, et la 148ᵉ demi-brigade, devenue disponible, fut envoyée tenir garnison à Tours.

Le 18 nivôse an IV (8 janvier 1796), une nouvelle constitution de l'infanterie, appelée *second amalgame*, fit disparaître une première fois le numéro 148.

Le second amalgame eut pour but d'embrigader les bataillons qui n'avaient pu l'être, de porter au complet l'effectif, considérablement réduit, des demi-brigades dont on conservait le numéro ; enfin, de constituer une infanterie homogène.

Le 21 décembre 1796, la 148ᵉ demi-brigade fut amalgamée avec la 85ᵉ demi-brigade, les 1ᵉʳ et 2ᵉ bataillons de l'ancien 67ᵉ, le 3ᵉ bataillon de Seine-et-Oise, le 3ᵉ bataillon d'Arras et le 2ᵉ de Paris (3ᵉ formation). Ces différents éléments constituèrent la nouvelle 34ᵉ demi-brigade de 2ᵉ formation, qu'on envoya tenir garnison en Italie, sous le commandement de Mazas, pour y remplacer les troupes avec lesquelles Bonaparte était allé à Vienne conclure la paix.

L'existence de la 148ᵉ demi-brigade avait pris fin.

# II<sup>E</sup> PARTIE

## 1813

### 148<sup>e</sup> RÉGIMENT D'INFANTERIE DE LIGNE

#### CAMPAGNE DE SAXE

### Constitution du 148' de ligne.

Les malheureux débris de la grande Armée étaient
sortis des neiges de la Russie aux derniers jours de
l'année 1812 ; ils avaient péniblement atteint la Pologne
ou la Prusse orientale, et s'étaient groupés dans quelques places, sur les bords de la Vistule.

Murat, et après lui le prince Eugène, avaient tenté de
reconstituer ces débris, pour les opposer à la marche
des Russes ; mais à peine douze mille hommes s'étaient
trouvés en état de porter les armes. Le prince Eugène
ne put que les former en trois divisions, et rétrograder
lentement de la Vistule à l'Oder, puis sur Berlin, et enfin
derrière l'Elbe, à Leipzig, où il établit, le 9 mars 1813,
son quartier général.

Napoléon, qui avait appris brusquement à la France
les désastres de la campagne de Russie, par le fameux
29<sup>e</sup> bulletin, était accouru en toute hâte à Paris pour en
atténuer les effets. Il s'était immédiatement occupé de
la réorganisation des forces nationales.

Malgré l'épuisement de la France, il ne voulait pas
songer à la paix ; il fallait de nouvelles victoires pour
répondre à la défection de la Prusse, pour raffermir l'al-

liance de plus en plus incertaine de l'Autriche, pour conserver ses conquêtes. Il fallait aussi une nouvelle armée.

L'empereur dut en créer de toutes pièces les éléments; il y consacra le commencement de l'année 1813.

De tous les contingents qu'avait fournis la conscription, un des meilleurs fut celui qu'apporta le premier ban de la garde nationale, organisé en 100 cohortes par le décret du 14 mars 1812. C'était une réserve à laquelle Napoléon, partant pour l'inconnu de la campagne de Russie, avait confié la garde de l'empire ; il l'avait constituée avec la portion, non appelée au service actif, des classes les plus vigoureuses de la population, celles de 1807 à 1812. Ces cohortes prirent les noms des départements qui les avaient organisées ; elles avaient déjà neuf mois d'instruction lorsque l'empereur songea à les faire entrer dans l'armée active.

Ce fut le vœu de l'une d'elles, la 87ᵉ, formée dans les départements hollandais, qui provoqua le sénatus-consulte du 11 janvier 1813, par lequel les cohortes du premier ban, cessant de faire partie de la garde nationale, étaient groupées par quatre, devenaient par ce fait régiment de ligne, et prenaient rang dans l'armée active, qu'elles devaient incessamment rejoindre.

Vingt-deux régiments furent ainsi créés et numérotés, de 135 à 156.

Le 148ᵉ était un de ceux-là.

Il fut organisé le 1ᵉʳ février 1813, à Wesel, sur le Rhin, dans la 25ᵉ division militaire, en présence de M. le général de division Arrighi, duc de Padoue, par les soins du sieur Jean-Baptiste Meslier, chevalier de Rocan, inspecteur aux revues.

La 72ᵉ cohorte du département de l'Escaut, la 73ᵉ cohorte des départements de l'Escaut et de Jemmapes, la 74ᵉ cohorte du département de Jemmapes, la 75ᵉ cohorte du département des Deux-Nèthes, furent dissoutes, et formèrent les quatre bataillons du 148ᵉ régiment de ligne, qui eut pour chef le colonel OBERT, ancien major du 9ᵉ léger.

Ces cohortes (1) avaient été formées, en 1812, avec les contingents suivants des classes de 1807 à 1812 :

72ᵉ, avec 888 hommes du département de l'Escaut;

73ᵉ, avec 444 hommes du département de l'Escaut et 444 de celui de Jemmapes;

74ᵉ, avec 888 hommes du département de Jemmapes ;

75ᵉ, avec 888 hommes du département des Deux-Nèthes et de l'arrondissement de Breda.

Le 148ᵉ n'avait donc que des soldats étrangers.

Les premiers officiers supérieurs furent le major en 1ᵉʳ VIVIER et les chefs de bataillon ROUGELIN, PELEVAUX, qui avait eu le bras droit emporté, ROUSSELOT et GAY, baron de Vernon (2).

Les compagnies étaient au nombre de six par bataillon, dont une de grenadiers et une de voltigeurs ; le complet de ces compagnies s'élevait à 137 hommes et 3 officiers, mais, en comptant les hommes à l'hôpital et en détachement, l'effectif moyen ne dépassait guère en réalité 110 hommes.

Les quatre compagnies de dépôt furent réunies pour former le 5ᵉ bataillon de dépôt, organisé le 20 mars à Anvers ; ce bataillon fut d'abord commandé par le capi-

______

(1) La 72ᵉ cohorte ne fut incorporée que le 4 février, jour de son arrivée à Wesel.

(2) Ancien profeseur de fortification à l'Ecole polytechnique; il ne put rester à cause de sa santé et il fut remplacé par le chef de bataillon GALVAGNON.

taine RAMOND, qui rejoignit les bataillons de guerre à la fin de mars, puis par le major en second CHARRAS. Il comptait 110 officiers et 553 hommes présents, dont 330 détachés à Utrecht.Les compagnies d'artillerie furent versées dans les régiments d'artillerie à pied. Chaque régiment fut pourvu d'une musique, et n'eut provisoirement qu'un fanion par bataillon ; les aigles ne leur furent remises que pendant l'armistice.

La cohorte, dont l'uniforme était celui de l'infanterie, portait avec un numéro d'ordre le nom de son département ou des départements voisins qui avaient coopéré à sa formation. Les boutons d'uniforme étaient en métal blanc, timbrés d'un aigle, avec ces mots : « Premier ban de la garde nationale. »

Le 1<sup>er</sup> février, le régiment comptait 72 officiers et 2.835 hommes.

Le conseil d'administration fut constitué ce jour-là ; il eut pour président le colonel, et pour membres deux chefs de bataillon, un capitaine et un sous-officier.

Le régiment devait faire partie de la 2<sup>e</sup> brigade (général Pastol) de la 2<sup>e</sup> division (général Puthod) du corps d'observation de l'Elbe, dont le commandement en chef avait été confié au général comte de Lauriston, qui se trouvait à Wesel pour surveiller l'organisation de ses troupes.

Le général en chef, ancien aide de camp de l'empereur, écrivait à la date du 3 février :

Le 148<sup>e</sup> est très faible en officiers et en sous-officiers, sa discipline a besoin d'être surveillée. Le chef de ce régiment est arrivé, c'est M. Obert, qui était major dans la 9<sup>e</sup> d'infanterie légère ; il me paraît intelligent et bon officier. Je lui ai recommandé beaucoup de fermeté. Le chef de la 73<sup>e</sup> cohorte est un chef de bataillon nommé Pelezaux qui a le bras droit emporté; on le dit assez bon. Celui de la 72<sup>e</sup> cohorte, nommé Rougelin, est un très bon officier; aussi il y a une grande différence de son bataillon aux autres. Celui de la 75<sup>e</sup> cohorte

est le colonel baron Gay Vernon. Cet officier n'est pas en
état de faire une campagne active, et comme il a d'ailleurs
de l'instruction, du zèle, il serait bon, comme chef d'état-
major de division militaire ou comme commandant de place ;
il doit savoir les défendre puisqu'il a été professeur de fortification à l'Ecole polytechnique.

Le 148ᵉ pèche essentiellement par les officiers et sous-officiers. En officiers, il n'y en a pas la moitié en tout, et, sur
cette moitié, les deux tiers sont incapables de servir. En
sous-officiers, il n'y en a pas trois qui aient fait la guerre.
Le reste est composé de soldats du temps de l'organisation
des cohortes. Malgré ce dernier choix, on n'a pas trouvé un
nombre suffisant pour le complet.

Sans doute, ces nouveaux corps étaient loin de valoir
les vieux régiments de l'empire, mais le peu qui restait
de ceux-là étaient occupés en Espagne, et, à tout prendre, les corps constitués de cohortes, comprenant des
hommes robustes, ayant pour la plupart neuf mois d'instruction, présentaient les meilleures garanties. Ils
étaient beaucoup supérieurs, par exemple, à ceux qu'a-
vaient formés les conscriptions de 1813 et 1814, dont
les soldats, à peine adultes, n'avaient aucune instruction militaire.

En traversant leur dépôt, ils avaient reçu un fusil, un
fourniment, et c'est au cours des longues journées de
marche entre le Rhin et l'Elbe qu'on leur avait appris
la charge.

Certes, les cadres, formés à l'origine d'officiers ou de
sous-officiers en retraite ou en réforme, étaient insuffi-
sants ; mais Napoléon y pourvut :

Vous parlez des mauvais officiers des cohortes, répondait-il
le 8 février au général en chef ; j'ai ordonné la réunion à
Magdebourg d'un grand nombre de généraux, officiers supérieurs et officiers de tous grades. Une partie sera à votre
disposition et vous pourrez vous en servir pour remplacer
les officiers dont vous ne serez pas content.

Moyennant ces changements, votre armée sera belle (1).

_______

(1) **Paris**, 8 février 1813, *Correspondance*, tome XXIV.

Et, en effet, nous verrons bientôt, sur la situation au 1er avril de la 2e division, la mention suivante : « 16 officiers venus, nommés tant par le prince vice-roi que par le ministre ; 21 officiers rentrés dans leurs foyers rayés des contrôles. »

Sur ces entrefaites, dans le voisinage de Wesel, des ouvriers renvoyés des manufactures firent éclater une insurrection dans le bassin houiller de la Ruhr, partie intégrante du grand-duché de Berg, où commandait le général Lemarois ; le régiment fut momentanément employé à la réprimer, et les bataillons cantonnèrent : le premier à Essen, le deuxième à Dortmund, le troisième à Duisbourg, le quatrième à Mulheim.

Dès le 7 février, les corps mis à la disposition du général Puthod, commandant la division, purent se livrer entièrement à leur instruction  et se préparer au départ pour Magdebourg, qui devait avoir lieu le 15 février.

### Défense du bas Elbe.

Magdebourg, placé en aval de tous les affluents considérables de l'Elbe, sur la voie directe qui mène de Cologne à Berlin, était la forteresse centrale de l'Allemagne ; établie au milieu de la région des sables  qui s'incline vers les rivages de la Baltique, entre les contreforts du Harz à l'ouest, et la zone des lacs et de vastes forêts à l'est, elle en est le point fort, car elle garde le cours de l'Elbe, qui porte au nord-ouest, vers la mer du Nord, les produits allemands.

Hambourg, le grand marché maritime de la Germanie, ouvre son port, le plus fréquenté de l'Europe centrale, à l'embouchure  du grand fleuve. Berlin s'est développé sur la Sprée,  la vraie rivière  prussienne, à moins de vingt lieues à l'est de l'Elbe moyen.

Le prince Eugène, arrivé sur l'Elbe le 5 mars, y commandait les troupes françaises, les organisait peu à peu et en formait un noyau destiné à devenir l'aile gauche de la grande Armée.

La défense de l'Elbe, qui devait couvrir la concentration qui s'opérait sur le Mein, était la principale préoccupation de l'empereur, qui écrivait à ce sujet au prince vice-roi (1) :

Je vous ai toujours dit que vous deviez vous retirer sur Magdebourg ; en vous retirant sur Wittemberg, en prenant votre ligne de défense sur Mayence, non seulement vous compromettez la 32e division militaire, mais même vous compromettez la Hollande et mon escadre sur l'Escaut.....

Il faut mettre en principe que l'ennemi passera l'Elbe où et comme il voudra; jamais une rivière n'a été considérée comme un obstacle de plus de quelques jours. Rien n'est donc plus dangereux que d'essayer de défendre sérieusement une rivière en bordant la rive opposée ; car une fois que l'ennemi a surpris le passage, et il le surprend toujours, il trouve l'armée sur un ordre défensif très étendu et l'empêche de se rallier.

Tous ces inconvénients sont encore bien plus grands dans la situation actuelle des choses, quand l'ennemi a tant de cavalerie et tant d'habitude de ses mouvements......

Il faut en conséquence prendre une position qui vous mette à l'abri des volontés de l'ennemi et que vous puissiez occuper quelque chose qu'il fasse, d'où vous puissiez maîtriser ses mouvements en l'obligeant à vous bloquer. Ce ne peut être que le résultat d'une position offensive..... Réunissez en avant de Magdebourg 60.000 hommes d'infanterie, 250 pièces de canon et bientôt 10.000 de cavalerie ; couvrez votre camp de quelques lunettes, faites-y baraquer vos troupes, envoyez tous les jours dans les différentes directions des avant-gardes de 1.500 chevaux et d'une division d'infanterie ; l'alarme sera aussitôt dans Berlin; la crainte que vous ne preniez l'offensive en vous portant sur Stettin retiendra l'ennemi, et c'est le moyen le plus puissant de venir au secours de Dresde qui, en même temps, vous rendra certain d'empêcher toute opération sur Hambourg.....

(1) Trianon, 9 mars.

Obligé d'opter entre la défense du bas Elbe et celui du haut, je désire défendre le bas, la ligne de communication de l'armée devant passer par la Westphalie et Wesel.

Placez le prince d'Eckmühl sur votre gauche ; il y sera fort bien. Il connaît Hambourg et y est connu.

Il écrivait encore le 17 mars, quelques jours après la réception de mauvaises nouvelles de Hambourg :

Vous verrez que 200 cosaques vont s'emparer de toute la 32ᵉ division militaire et porter l'insurrection sur tous les derrières de la ligne de l'Elbe.....

Et, le 18 mars :

La 32ᵉ division militaire et la Westphalie sont les principaux objets de ma sollicitude. L'évacuation de Hambourg me coûte bien des millions et plus de dix pièces de canon et elle occasionne à notre cavalerie un grand retard dans son organisation.

Cette 32ᵉ division militaire, qui préoccupait si fort l'empereur, était alors en pleine insurrection.

C'était le territoire des anciennes villes hanséatiques, qu'on avait réuni à l'empire en 1810 pour compléter le blocus continental. Cette mesure avait ruiné le commerce et rendu odieux aux *Libres-Frisons*, habitants du littoral, le joug de l'empereur. Aussi, lors des désastres si rapides et si imprévus de 1812, ils exultèrent, et, quand les cosaques apparurent, le bas Elbe ayant été dégarni par le prince Eugène, tout le pays se souleva, les flottilles anglaises forcèrent les embouchures de l'Elbe, et, aussitôt, on débarqua armes, munitions, marchandises accumulées au préalable dans le voisinage, à l'île d'Héligoland.

Le prince d'Eckmühl avait été choisi par l'empereur pour rétablir dans ces pays notre autorité méconnue. C'est à l'école de ce chef inflexible que le 148ᵉ allait faire ses débuts.

La division Puthod, en effet, détachée le 29 mars du

corps Lauriston, fut placée sous les ordres du général Davoust, pour coopérer à la défense du bas Elbe.

Jusqu'à cette date aucun incident remarquable ne s'est produit.

Parti le 15 février du grand-duché de Berg, le régiment, suivi à un jour d'intervalle par les autres régiments de la division, les 146ᵉ et 147ᵉ, avait séjourné, le 20 à Munster, le 1ᵉʳ mars à Brunswick, et était parvenu, le 8 du même mois, à Magdebourg. Arrivé dans cette ville, le colonel du 148ᵉ renvoya 1 chef de bataillon, 12 capitaines, 5 lieutenants et 1 sous-lieutenant, autorisés à se retirer dans leurs foyers, étant hors d'état de commander ou de faire campagne.

Le régiment eut à ce moment 23 vacances d'officiers.

Le 148ᵉ, ne faisant que passer dans cette place déjà encombrée, fut immédiatement dirigé sur Stendal, dans le district d'Altmarck (Vieille-Marche), pour prendre des postes d'observation sur la rive gauche de l'Elbe, là où les débouchés des canaux de Plauen et de la Havel faisaient craindre que l'ennemi n'amenât des moyens de passage (1).

Le 148ᵉ tenait la droite de la division, qui, depuis Verben jusqu'à Plauen, surveillait le fleuve, ayant le gros de ses régiments à Stendal et à Osterbourg (2).

C'est à cette formation que l'empereur faisait allusion dans la lettre précédemment citée, lorsqu'il signalait

---

(1) Lettre du général Davoust au vice-roi du 17 mars : « J'ignore si le général Lauriston a fait encombrer les embouchures du canal de Plauen et de la Havel. Ce n'est que sur ces points que l'ennemi a des facilités de passage ; il faut vis-à-vis de ces points et surtout de la Havel de l'artillerie, de l'infanterie et de la cavalerie, et même des ouvrages pour battre le passage. »

(2) Lauriston au ministre de la guerre. (Archives de la guerre.)

comme dangereuse cette manière de border la rivière
d'un fleuve qu'on veut défendre. C'est aussi pour obéir
aux ordres contenus dans la même lettre que le vice-roi
prescrivit, peu de temps après, une concentration sur
Magdebourg.

Le 148ᵉ vint camper à Rüderitz, où il resta jusqu'au
29 mars, pour, de là, être détaché avec la division Puthod  sous les ordres du prince d'Eckmühl (1).

Voici quelle était, à la date du 12 mars 1813, la composition du 5ᵉ corps, commandé par le général Lauriston :

### 16ᵉ DIVISION
#### (Général Maison, commandant.)

1ʳᵉ brigade (Avril) : 151ᵉ de ligne.
2ᵉ brigade (Fézensac) : 152ᵉ.
3ᵉ brigade (Penne) : 153ᵉ.

### 17ᵉ DIVISION
#### (Général Puthod, commandant.)

1ʳᵉ brigade (Vachot) : 146ᵉ et 147ᵉ de ligne.
2ᵉ brigade (Pastol) : 148ᵉ.

### 18ᵉ DIVISION
#### (Général Lagrange, commandant.)

1ʳᵉ brigade (Charrière) : 134ᵉ et 154ᵉ de ligne.
2ᵉ brigade (Suden) : 155ᵉ.
2 bataillons d'élite du 3ᵉ étranger.

### 19ᵉ DIVISION
#### (Général Rochambeau, commandant.)

1ʳᵉ brigade : 135ᵉ de ligne.
2ᵉ brigade (Lacroix) : 149ᵉ.
3ᵉ brigade (Laffitte) : 150ᵉ.

---

(1) Le corps Lauriston était devenu le 5ᵉ corps à la date
du 31 mars ; la division Puthod prit le numéro 17 dans
l'ordre de bataille.

37ᵉ DIVISION

(Général Hammerstein.)

8 bataillons westphaliens (1).

Les opérations actives commencèrent à cette date par des marches, des reconnaissances et quelques escarmouches, qu'on peut suivre dans le journal historique de la 17ᵉ division, malheureusement trop sommaire. Pour mieux les comprendre, sans entrer dans le détail, nous en chercherons le but et la raison dans la correspondance du général Davoust, en prenant pour guide le journal de marche de notre division.

Les corps de partisans russes avaient profité sans retard de l'évacuation de Hambourg, à laquelle s'était vu contraint le général Carra Saint-Cyr, trop faible pour résister à l'insurrection ; Tettenborn, avec ses cosaques et quelque infanterie, était accouru révolutionner la ville, que les autorités françaises avaient dû quitter, puis il avait pénétré en Hanovre, et laissé de nombreux postes cosaques pour soulever tout le pays.

Dornberg et Beckendorf, d'un autre côté, avaient été assez heureux pour surprendre, à Lunebourg, le général Morand, qui ramenait sur Hambourg 2.000 Français des garnisons de Poméranie. Ce n'était pas le célèbre Morand, du corps de Davoust, mais un général vieux et infirme, qui, blessé mortellement, fut enveloppé par des forces très supérieures et fait prisonnier, avec tout son monde, aux portes de la ville, dont les habitants lui avaient refusé l'entrée.

Enfin, Czernicheff avait passé l'Elbe aux environs de Lenzen, et menaçait Brunswick. Il s'agissait donc, pour le maréchal Davoust, de nettoyer toute la rive gauche

---

(1) La 37ᵉ division passa du 5ᵉ corps au 6ᵉ corps par ordre du 4 mai, et du 6ᵉ au 11ᵉ corps par ordre du 7 juin.

de l'Elbe, la Vieille-Marche et les landes de Lunebourg, et de chasser de l'autre côté du fleuve tous ces partis cosaques, qui agitaient un pays déjà hostile, et menaçaient les communications de l'armée du vice-roi.

Le maréchal réunit à Stendal les deux brigades de cavalerie légère des généraux Montbrun et Maurin, la grosse cavalerie du général Sébastiani, la division Puthod avec 16 bouches à feu, et, le 31 mars, il partit avec ses troupes pour une reconnaissance offensive sur Lunebourg, où on croyait que le général Morand résistait aux partis ennemis signalés dans les environs de cette ville.

Stendal, ancienne résidence impériale, chef-lieu de la Vieille-Marche, était entouré de murailles et à l'abri d'un coup de main ; le maréchal y laissa deux bataillons (1) pour assurer ses communications, puis il se mit en marche sur Osterbourg, où les Russes avaient été signalés. Les nouvelles de l'ennemi étaient incertaines, le pays hostile ; les renseignements recueillis seuls pouvaient guider le prince d'Eckmühl ; aussi le voyons-nous déployer une activité incroyable ; non seulement il interroge sur les lieux mêmes les habitants, les maires, les prisonniers, mais encore il apparaît dans la même journée aux points les plus opposés, et adresse au vice-roi jusqu'à trois rapports par jour, disant ses projets et traçant au prince Eugène la conduite à tenir suivant les éventualités (2).

Une très forte avant-garde, de la moitié de la division Puthod avec la cavalerie du général Montbrun, atteignit Osterbourg le 31 mars. Le 148e, qui avait dû attendre

----

(1) De la brigade Poinsot, du 1er corps chargé de la surveillance de l'Elbe, depuis Verben jusqu'à Engermünde.

(2) *Correspondance du maréchal Davoust*, par Ch. de Mazade, tome IV.

le maréchal et la cavalerie Sébastiani, ne quitta Stendal que dans le milieu de la journée, et coucha à moitié route.

Au 1ᵉʳ avril, l'armée du prince Eugène se trouvait rassemblée derrière la Saale. Les 3ᵉ, 5ᵉ et 11ᵉ corps s'avancèrent et franchirent l'Elbe. La division Puthod s'établit à Walisch. Le but du mouvement était d'attirer l'ennemi sur Magdebourg.

A la même date, la cavalerie du général Montbrun avait signalé Czernicheff à Seehausen, sur la droite, près de l'Elbe ; on annonçait en outre de l'artillerie et de l'infanterie prussienne. Serait-ce l'avant-garde du gros de l'armée ennemie qui débouchait par le bas Elbe?

Davoust se porte de ce côté, toujours couvert par la cavalerie Montbrun, et reconnaît que les renseignements sont exagérés, qu'il n'a affaire qu'au parti Czernicheff, passé à Lenzen, et se portant, par Luchow et Salzwerdel, sur Uelzen ou Lunebourg.

Le 2, réunion à Salzwedel de toutes les troupes, qui, le 3, marchent sur Luchow, et, le 4, sur le château de Göhrde, à la poursuite des Russes.

De là, le 148ᵉ est envoyé à Uelzen, le 5 avril, tandis que le reste de la division pousse jusqu'à l'Elbe et force les cosaques à repasser sur la rive droite, partie à Blackède, partie à Boïtzenbourg.

Le 6 et le 7, le 148ᵉ reste à Lunebourg, où le maréchal avait l'intention de se rendre.

Il écrivait en effet au vice-roi à ce sujet, le 3 avril :

Quant à Lunebourg, ville française où les habitants ont fermé leurs portes aux Français et les ont maltraités, j'y déploierai une grande sévérité, et je ferai ce que me prescrit mon devoir envers mon souverain.

Ce projet ne put être mis à exécution, car, se trouvant à Dalhenbourg, le 6, au retour d'une reconnaissance sur Blackède, où il prescrivit des travaux de défense, Davoust apprit que Dannenberg, sur sa droite, avait été sommé par des troupes passées à Dömitz.

Aussitôt, il s'était rendu de ce côté, mais, comme le parti signalé avait été jugé insignifiant, le maréchal avait repris sa route jusqu'à Lunebourg, lorsqu'à Médingen, sur l'Ilmenau, une grave nouvelle l'arrêta.

Le vice-roi rappelait sur Magdebourg les dix bataillons du général Poinsot, qui surveillaient la rive gauche de l'Elbe et maintenaient les communications. C'était un intervalle de 32 lieues de pays, dans les points les plus favorables au passage, qui devenait libre par cette retraite, conséquence d'un mouvement rétrograde du vice-roi, que le bruit d'un passage de l'ennemi vers Dessau avait provoqué.

Le maréchal ne pouvait ainsi exposer ses communications, et, surtout, il voulait couvrir Brunswick et Hanovre, où s'organisait notre cavalerie ; il fit donc rétrograder le 148ᵉ à Uelzen, pour servir de repli à ses autres troupes, qu'il dirigea sur Gifhorn, au coude formé par l'Aller et l'Ocker, rivières qui, dans son esprit, formaient la nouvelle ligne de défense.

La lettre au vice-roi, du 9 mars, nous montre ses intentions.

Il me semble que la position que j'aurai à prendre et celle que je prendrai sous 48 heures, si je ne reçois pas de nouveaux ordres, sera de diriger à Celle le corps qui est à Uelzen et d'aller à Gifhorn avec tout ce que j'ai ici occupant Worsfelde. Alors tous les établissements de cavalerie seront couverts, on aura le temps de les évacuer, et en supposant que Votre Altesse Impériale, comme elle en a le projet, s'établisse sur l'Ocker, je flanque sa gauche avec les troupes du général Vandamme.

Je me permettrai d'ajouter que, si l'intention de l'empereur est que vous évitiez un engagement général, ce que le mouvement de Magdebourg fait supposer, il faut faire le plus

tôt possible votre mouvement sur l'Ocker, car avec un ennemi qui a une cavalerie bien supérieure, on ne peut se
flatter de pouvoir défendre le terrain pied à pied et l'on se
trouverait entraîné malgré soi dans une affaire générale et
dans une mauvaise position.

La prudence veut qu'on profite, pour prendre une ligne raisonnée, du temps où l'on n'est pas pressé : celle de l'Ocker
est raisonnée, car il est peu vraisemblable que l'ennemi osât
se mettre entre Magdebourg et nous ; elle est raisonnée, car
nous couvrons réellement le pays du Hanovre, puisque le bon
pays est sur la rive gauche de l'Aller et de l'Ocker et que sur
la rive droite ce ne sont que des bruyères et un pays inculte ;
elle est encore raisonnée, en ce qu'on a sa droite appuyée au
Harz et que sur ce point on couvre Cassel ; je le suppose
couvert du côté d'Erfurt par les troupes de la grande Armée
qui ont passé le Rhin à Mayence.

En conséquence, après être restés deux jours à Uelzen, trois bataillons du régiment se rendirent à Celle,
sous les ordres du général Maurin, qui avait en outre
500 chevaux et 4 pièces de canon. Le 2ᵉ bataillon du
148ᵉ suivit le reste de la division à Gifhorn, et ne rejoignit le régiment que le 16 avril.

Celle, centre manufacturier considérable, seule ville
qu'on rencontre sur l'Aller, entre Brunswick et Brême,
était une station fluviale importante ; aussi le général
Maurin avait reçu l'ordre d'y tenir, dans une position
assez mauvaise, il est vrai, mais en arrière de laquelle
se trouvaient des points forts sur la route de Hanovre,
où l'on pouvait tenir avec peu de monde, à cause des
bois et des marais (1). Du 11 au 17, le régiment fut occupé à des travaux dans la ville de Celle ; on coupa le
pont sur l'Aller, qui fut remplacé par un pont mobile ;
puis on retrancha les faubourgs. On exécuta, en un
mot, les travaux de défense les plus urgents.

----

(1) Lettre du 13 avril. (Ch. de Mazade, *Correspondance du
maréchal Davoust*.)

Mais ce fut peine perdue, car, le 17, le général Maurin, attaqué du nord par des ennemis venant de Lunebourg, informé que, vers l'est, 8.000 hommes rassemblés à Werben menaçaient sa droite, ne crut pas pouvoir résister dans la ville de Celle, et il résolut de l'évacuer.

Ce général se retira sur la route du Hanovre, vers ces positions que lui avait indiquées le maréchal Davoust, mais, le lendemain, ayant reçu l'ordre de se reporter en avant, il attaqua 7 ou 800 cavaliers ennemis qui se trouvaient en avant de la ville, les rejeta au delà, en leur infligeant une perte de 60 hommes, et pénétra dans Celle après un court engagement qui nous coûta 3 tués et 19 blessés. Le régiment retrouva ses anciens cantonnements, et il y resta jusqu'au 25 avril sans autre événement.

C'était le général Sébastiani qui, maintenant, commandait aux troupes de notre division, car le maréchal Davoust avait quitté Gifhorn le 17 avril, pour rejoindre le général Vandamme, qui opérait vers Brême et Hambourg, toujours dans la 32e division militaire.

A partir du 25 avril, le général Sébastiani, concertant ses mouvements avec le général Davoust, se reporta vers l'Elbe.

La division pénétra dans Uelzen après un engagement avec les cosaques, où elle perdit 10 hommes. Le lendemain, tandis qu'un bataillon du 148e restait à Uelzen, le reste de la division poussa jusqu'à Lunebourg, et y resta jusqu'au 1er mai. Cependant, le vice-roi, sur les ordres de l'empereur, rappelait à lui toutes les troupes détachées, parmi lesquelles se trouvaient la cavalerie Sébastiani et la division Puthod. Ces troupes, relevées par celles du corps de Vandamme, regagnèrent Salzwedel le 5 mai, et en partirent le 8, pour rejoindre la grande

Armée. La 17e division, marchant avec la cavalerie Sébastiani, rejoignit, le 21 mai, le 5e corps, auquel elle appartenait. Passant par Gardelegen, Vansleben, Kothen, Dessau, Wittemberg et Dahme, la division exécuta en douze jours, sans aucun repos, une route de près de cinq cents kilomètres.

Le 148e arriva à la grande Armée le soir d'une victoire, à la fin de la deuxième journée de la bataille de Bautzen.

## LE 148e A LA GRANDE ARMÉE

### Bataille de Bautzen.

Cent mille Russes et Prussiens, après avoir franchi l'Elbe à Dresde et Meissen, s'étaient avancés dans les vastes plaines qu'arrosent la Saale et l'Elster, où Napoléon venait de réunir, aux environs de Leipzig, les armées de l'Elbe et du Mein. Le choc, annoncé par le brillant combat de Weissenfels, du 29 avril, s'était produit le 2 mai à Lutzen, et la jeune infanterie française, sans se laisser entamer par la cavalerie si redoutée des alliés, avait victorieusement culbuté leur infanterie.

Rejetés au delà de l'Elbe, les Prussiens et les Russes s'étaient retirés vers Bautzen, poursuivis par Macdonald, que successivement Marmont, Oudinot et Bertrand étaient venus renforcer.

Napoléon, pour porter ses corps en ligne, voir plus clair dans les projets des alliés et réinstaller le roi de Saxe dans ses Etats, s'était arrêté quelques jours à Dresde, et avait détaché Ney vers Berlin, par Torgau et Luckau.

La mission du prince de la Moskowa était de rallier sur sa route Reynier, qui commandait les Saxons.

Lauriston et le 5ᵉ corps, Sébastiani avec sa cavalerie, et enfin la division Puthod, en tout 60.000 hommes, devaient suivre les Prussiens du fougueux Blücher et pénétrer avec eux dans Berlin, si ceux-ci, pour couvrir leur capitale, commettaient la faute d'abandonner l'armée russe et de la livrer aux coups de Napoléon.

Le 18 mai seulement, en quittant Dresde, l'empereur avait acquis la certitude que les alliés restaient groupés dans leurs positions de Bautzen, formidablement retranchées.

En effet, avant d'être séparés des confins de l'Autriche, leur future alliée, avant de se laisser rejeter sur l'Oder, le roi de Prusse et l'empereur de Russie voulaient tenter le sort des armes, qui, dans ces mêmes lieux, à Hochkirsch, avait déjà favorisé les Russes contre le grand Frédéric. Ils avaient appuyé leur armée, vers la droite, aux derniers contreforts des Riesen-Gebirge, et, vers la gauche, à des marais ; ils l'avaient installée en arrière de la Sprée, résolus à attendre l'attaque des Français sur deux lignes hérissées de fortifications.

Voulant rendre le choc irrésistible, l'empereur avait aussitôt rappelé vers lui, sur Hoyerswerda, le maréchal Ney et ses 60.000 hommes, pour les jeter sur le flanc droit des alliés, et les tourner en passant la Sprée à Klix, à quatre lieues au-dessous de Bautzen.

Ney, hors de ligne, ne pouvait intervenir avant le 21 mai ; l'action, en conséquence, commencée le 20 à midi seulement, se borna sur le front, à forcer la première ligne. La Sprée fut franchie, Bautzen conquis et le point d'appui de la droite ennemie, la montagne de Tronberg, enlevée aux Russes par Oudinot.

Blücher, à droite, s'était maintenu sur des mamelons boisés, très forts ; tout fier, il les avait appelés les Thermopyles de l'Allemagne.

Il n'y tint pas longtemps, car c'est en arrière de ces mamelons que, le lendemain, Ney vint porter ses coups. Blücher, assailli de front par Bertrand et Marmont, pris à dos par Ney, dut faire tête, et, successivement, dégarnir le centre pour porter toutes les réserves sur le village de Preititz, qu'avec acharnement on se disputa tout le jour.

C'était le moment attendu par Napoléon, qui poussa sur le centre dégarni Bertrand, Morand et les Wurtembergeois, et rejeta les Prussiens sur Würschen, les Russes sur Hochkirch.

Tels furent, à grands traits, les événements de cette bataille de deux jours, au canon de laquelle accouraient la 17ᵉ division et le 148ᵉ.

A 7 heures du soir, après quatorze heures de marche, ils rejoignirent le corps Lauriston aux environs de Würschen, à l'extrême gauche de notre armée.

Que s'était-il passé de ce côté? Ce jour-là, le 21, dès 6 heures du matin, Lauriston, devançant les corps de Ney et de Reynier, avait passé la Sprée à Klix (division Maison), à Eidenau (divisions Lagrange et Rochambeau); il s'était heurté à Barklay de Tolly, posté à l'extrême droite ennemie, pour barrer l'accès du champ de bataille au 5ᵉ corps, qu'on savait détaché. On ignorait que ce corps était suivi par Ney et par Reynier ; aussi, les 20.000 hommes de Barklay avaient-ils paru suffisants.

Le maréchal Ney fut à peine arrêté ; il rejeta les Russes, partie sur Preititz, partie sur Gleine, puis il s'acharna sur Preititz, tandis que Lauriston marchait sur Gleine.

Le commandant du 5ᵉ corps se laissa même entraîner,

avec deux de ses divisions, hors de l'action générale, sur Baruth, où les Russes se retirèrent pour couvrir la route de Würschen, ligne de retraite. Impérieusement rappelé sur Preititz, Lauriston revint sur ses pas et contribua à la reprise de ce village, puis, vers la fin de la journée, à la poursuite des Prussiens sur Würschen.

Je me suis porté, écrit Lauriston, contre la hauteur qui couvre Würschen, où il y a encore le tracé d'une redoute du temps de Frédéric. L'ennemi y avait placé de l'artillerie. Nous nous canonnâmes quelque temps ; enfin le 7e corps (Reynier) arriva, la division Puthod me rejoignit, l'attaque devint générale avec l'ordre de se porter sur Würschen. Je déployai alors 38 bouches à feu, m'emparai du village de Canevitz et portai au pas de course et aux cris de : « Vive l'empereur ! » les 134e et 154e sur la hauteur couronnée d'une redoute, tandis que la division Puthod cherchait à la tourner et que le 7e corps s'avançait par la grande route sur Würschen. L'ennemi ne put tenir, il quitta précipitamment cette position ; nous eûmes le temps de la couronner et de le poursuivre au delà de Würschen, où nous prîmes position.

Le détachement de la division Puthod avait donc pris fin. Le 148e se trouvait maintenant à sa place de bataille dans la grande Armée : 2e régiment de la 2e brigade, 17e division, 5e corps d'armée.

La poursuite, peu féconde en résultats, à cause du manque de cavalerie, fut néanmoins entamée dès le lendemain : le corps Lauriston marcha à la gauche du maréchal Ney. La 17e division franchit la Neisse le 23 mai, au-dessous de Görlitz ; le 24, elle traversa la Queiss, et, le 25, elle passa à Bunzlau les deux bras de la Bober, dont l'ennemi avait tenté d'incendier les ponts.

Tous ces passages se faisaient de vive force, mais la résistance n'était pas sérieuse ; de simples déploiements et quelques salves d'artillerie suffisaient à débusquer les arrière-gardes qui cherchaient à retarder la poursuite. La cavalerie alliée, parfois, chargeait nos tirail-

leurs ; mais ceux-ci avaient pris confiance, trop grande
même, ce qui leur attira le lendemain une sévère leçon.
Les plus grandes difficultés, dans cette poursuite de
l'ennemi, provenaient des subsistances :

> Je dois appeler l'attention de Votre Altesse, écrivait le
> général Lauriston au major général, sur la marche des trou-
> pes ; la privation des distributions depuis plusieurs jours
> porte le soldat à oser tout pour se procurer des vivres ; il y
> a bien moins de traînards que de gens qui vont en avant, du
> moment que l'on aperçoit quelques villes et villages. Les
> généraux font tous leurs efforts pour arrêter le désordre,
> mais le petit nombre d'officiers paralyse ces mesures d'au-
> tant plus que ces officiers eux-mêmes cherchent des vivres.....

Cet état de choses suffit à expliquer la fâcheuse surprise qu'eut à subir, le 26 mai, la 16ᵉ division (général
Maison).

On était arrivé près de Hainau, et, dans la matinée,
on avait débusqué une arrière-garde ennemie, qui s'était
lentement retirée sur Liegnitz.

La division Maison, après s'être emparée du village
de Michelsdorf, avait pris position en avant de l'artillerie.

La division Puthod, plus près de Hainau, s'était établie dans un bois en avant du village de Conradsdorf. La
cavalerie, une brigade légère, que le général en chef,
croyant rester tranquille en position, avait rappelée à
lui, s'était installée au bivouac de l'autre côté de la
ville de Hainau ; les autres divisions se trouvaient plus
en arrière.

Les troupes étaient probablement dispersées à la re-
cherche de leurs subsistances, lorsque, vers 4 heures,
3.000 cavaliers prussiens, 30 canons, débouchèrent
dans la plaine et tombèrent sur les positions de la
16ᵉ division. Un régiment se débanda, l'artillerie fut
entourée, et les canonniers, sabrés, ne purent empêcher

l'ennemi d'emmener onze de nos canons. Le colonel prussien de Bucholz, qui commandait ce hourra, fut tué.

C'est alors qu'intervint la 17ᵉ division, rassemblée à la hâte. Le premier régiment que le général en chef trouva prête fut le 148ᵉ, dont les bataillons furent lancés au secours des carrés qui tenaient encore. Pris entre deux feux, les Prussiens disparurent et notre régiment fut assez heureux pour leur arracher six canons sur les onze qu'ils avaient enlevés (1).

Le lendemain, à Sprottau, la cavalerie du général Sébastiani enleva un convoi de vingt-deux pièces de canon, de quatre-vingts caissons et de cinq cents prisonniers.

La poursuite continua, le 27, sur Liegnitz ; le 28, il y eut repos ; le corps d'armée, couvert par la Kasbach, bivouaqua en carrés ; puis la direction fut reprise sur Breslau, l'ennemi se laissant acculer à la Bohême et à la Silésie autrichienne. Le 30 se passa sans mouvement à Neumarck, mais la journée du 31 fut tout à l'honneur de notre division.

Laissons le général en chef rendre compte de ce beau combat de Neukirchen (31 mai) :

Hier à 6 heures du soir, M. le maréchal prince de la Moskowa me transmit l'ordre de me porter sur Breslau et de faire en sorte d'y arriver le jour même ; dans ce moment, on réparait les ponts sur la Vestritz (2) : ils ne purent être prêts pour le passage des troupes et de l'artillerie qu'à 7 heures.

N'ayant que très peu d'heures de jour, je m'empressai d'arriver à Neukirchen pour m'emparer du pont sur le Lohe. La cavalerie, ayant été retardée par le passage des ponts, n'est arrivée à Neukirchen qu'après l'affaire, ce qui m'a em-

----

(1) Rapport du général Lauriston sur les opérations du 5ᵉ corps. (Archives de la guerre.)

(2) Affluent gauche de l'Oder.

pêché d'avoir le résultat que j'espérais. La division Puthod
se trouvant en tête lors de l'arrivée à Neukirchen et présentant des tirailleurs, des compagnies de voltigeurs furent poussées sur Neukirchen et s'emparèrent du village. L'ennemi se
retira, mais il établit une batterie, d'abord de 3 pièces et
ensuite de 12, parmi lesquelles se trouvaient quatre obusiers,
qui eurent bientôt mis le feu au village de Neukirchen; ces
pièces battaient en outre le débouché. Nonobstant ce feu de
boulets et de mitraille auquel nous ne pûmes répondre dans le
principe, par l'absence de notre artillerie, retardée par les
ponts (1), je fis pousser l'infanterie afin de ne pas donner le
temps à l'ennemi de brûler le pont. Cette brave infanterie
marcha malgré la mitraille et un feu de mousqueterie fort
soutenu. Elle s'empara du pont, culbuta l'ennemi, et le
poussa vivement au delà des villages de Schmiedelfeld et de
Höffichen. Notre artillerie était arrivée, mais elle ne put
tirer à cause de la nuit.

Des prisonniers que j'avais faits m'ayant rapporté que
j'avais devant moi 7.000 Prussiens avec 15 pièces de canon
et 15.000 Russes avec 20 pièces, les rapports se trouvant con-
formes, je n'ai pas voulu engager une affaire de nuit et me
suis contenté de la possession du pont sur le Lohe et du village de Neukirchen. Je fis cesser le feu et je plaçai mes postes.

Je n'ai engagé que la division Puthod.

Les 146e, 147e, 148e régiments ont montré une fermeté peu
ordinaire. La mitraille, qui était heureusement mal dirigée,
ne les arrêtait pas.

Le général Puthod a montré beaucoup de vigueur et d'intelligence dans l'attaque ; il a été parfaitement secondé par
les généraux Pastol et Vachot.

Notre perte consiste en 180 blessés et 7 ou 8 tués.

Nous avons à regretter le général Pastol, qui mérite les
regrets des chefs, de l'officier et du soldat. Il a été atteint
d'une balle à la poitrine. L'ennemi a eu plus de 60 tués et
le nombre de ses blessés a dû être considérable ; il a été mis
en déroute. Si nous eussions eu de la cavalerie, nous eussions
pris hommes et pièces de canon (2).....

Le général Pastol avait été atteint d'une balle en pleine

---

(1) Ceux de la Vestritz.

(2) Rapport du général comte de Lauriston au major général, 31 mai. (Archives de la guerre.)

poitrine. Le capitaine KESSELER, le lieutenant PRÉVOST
et le sous-lieutenant HEUDE furent tués. Ce régiment fut
le plus éprouvé de la division. C'était la première fois
qu'il était engagé d'une façon sérieuse.

Le lendemain, de bonne heure, les troupes françaises
entrèrent dans Breslau, où se trouvaient encore l'avant-
veille les princes, princesses de Prusse, enfants du roi.
La 17ᵉ division traversa la ville et s'établit dans le faubourg de Schweidnitz. Elle avait reçu l'ordre de marcher dans la direction de cette ville, lorsque, le 2 juin
au matin, on apprit la cessation des hostilités. Un armistice allait être signé.

Le quartier général du 5ᵉ corps resta à Breslau jusqu'au 8 juin, où arriva l'ordre pour le corps d'armée de
prendre ses cantonnements dans le cercle de Goldberg.

La 17ᵉ division partit de Breslau le 9 juin, et arriva le
11 au camp de Neudorff, en avant de Goldberg ; réparties dans les villages, les troupes s'occupèrent immédiatement des travaux de leurs camps.

Le 16 juin, l'installation était terminée.


### Armistice de Pleiswitz.

L'armistice fut signé au château de Pleiswitz le 4
juin. En dehors des considérations politiques, Napoléon
craignait la fatigue et la lassitude remarquées chez ses
jeunes soldats ; il voulait une cavalerie plus forte, pour
tirer meilleur parti de ses victoires ; il attendait les immenses renforts que des levées extraordinaires, consen-
ties par le pays, lui fournissaient, et qui étaient en marche pour le rejoindre. Aussi se décida-t-il à accepter
une suspension d'hostilités qui devait durer six semaines, et que l'on prolongea plus tard d'un mois.

Sans vouloir juger l'empereur en cette circonstance,

il nous a paru intéressant de citer l'opinion d'un de ses
ennemis, d'un Français, le comte de Langeron, que
malheureusement nous retrouverons dans le camp opposé, chef précisément du corps russe qui mettra bientôt fin aux destinées de notre régiment.

On a reproché à Napoléon (1) beaucoup de fautes dans ses
campagnes d'Espagne et de Russie. On l'a même jugé souvent avec trop de rigueur, et cependant on ne s'est point
assez arrêté sur la plus grande de toutes ses erreurs, sur cet
armistice qu'il nous a accordé après la bataille de Bautzen,
erreur militaire, erreur politique impardonnable et dont lui
seul fut le coupable.

Au moment où je vis les officiers français remettre à nos
kosaks tous les postes qu'ils avaient déjà occupés sur la rive
droite du Schweidnitzevasser, et se retirer sur la rive gauche,
mon étonnement fut grand : je croyais à une feinte de l'empereur.

Je vins ensuite au quartier général de Barklay qui avait
remplacé Wittgenstein, démissionnaire. Il me reçut avec un
grand éclat de rire. Cette explosion n'était pas ordinaire chez
lui; Barklay était toujours froid, sérieux et aussi raide d'esprit que de tournure. Nous nous égayâmes ensemble aux
dépens de Napoléon. Barklay, tous les généraux et nos sou-
verains étaient dans l'ivresse de la joie et ils avaient raison.
Pendant les neuf semaines que dura l'armistice, nos armées
agissantes furent quintuplées par la jonction des Autrichiens
et des Suédois et par les nombreux bataillons de milices
prussiennes (2) qui furent levés et fournis avec une étonnante
rapidité.

-------

(1) Mémoires du comte de Langeron. (Archives du ministère des affaires étrangères.)

(2) Enregistrons à ce propos le témoignage de Marmont
qui nous donnera une juste idée de l'esprit qui dominait la
population au milieu de laquelle nos troupes étaient appelées à vivre. (*Mémoires*, livre XVII, page 125.)

Les étudiants couraient aux armes. Cette jeunesse vive,
ardente et souvent redoutable, qui peuple des provinces de
l'Allemagne, rappelait, par son ardeur et son but, la formation des premiers bataillons de volontaires de France, qui
furent tout de suite si remarquables par leur conduite et qui
devinrent plus tard le noyau de l'armée française.

L'armée russe reçut une grande quantité de convalescents et de recrues si bien armés, équipés et exercés qu'on pouvait les regarder comme de vieux soldats. Au mois de mai, nos munitions de guerre avaient été tellement épuisées qu'il ne nous restait plus de quoi soutenir une troisième bataille. Nos soldats étaient fatigués par onze mois de campagne consécutifs et par des marches sans exemple dans les plus fortes chaleurs de l'été et dans un des hivers les plus rigoureux qu'on ait vus, même en Russie; leurs habits, leurs manteaux étaient en lambeaux, leurs chaussures entièrement usées, les armes en mauvais état. Au renouvellement de la guerre, les munitions étaient en grande abondance, les soldats reposés, habillés, équipés, les armes réparées et les troupes en aussi bon état qu'au commencement d'une campagne. Mais s'il peut paraître étonnant que Napoléon ait conclu un armistice qui lui fut si préjudiciable, il l'est encore plus qu'il ait ignoré les dispositions hostiles de l'Autriche contre lui ou qu'il n'ait pas voulu y croire. Il est certain que cette puissance était décidée à la guerre et que déjà le traité d'alliance était conclu entre elle et l'empereur Alexandre, les magasins préparés, les officiers d'état-major envoyés à Prague, et enfin nos troupes déjà entrées en Bohême et près de l'Elbe, que Napoléon se flattait encore qu'il n'avait rien à redouter de l'Autriche ou qu'elle resterait neutre.

Une telle ignorance de ce qui était déjà public à Vienne et à Prague, et, s'il est permis de le dire, un tel aveuglement de la part d'un homme qui avait été autrefois si bien servi en politique, n'est pas moins extraordinaire que les fautes militaires de ce même homme, qui, jusqu'en 1812, n'avait eu que des succès, toujours et partout, dans quinze campagnes.

Les régiments du 5e corps, extraordinairement réduits par les pertes et les marches forcées (1), avaient pris leurs cantonnements dans les baraques construites par les troupes à proximité des villages d'où ils tiraient leurs subsistances, et où les officiers de tous grades étaient logés chez l'habitant. Un règlement (2) sévère fixait les

---

(1) Rapport du général Lauriston au major général.
(2) Voir pièces justificatives.

droits et les allocations de chacun ; de nombreuses patrouilles circulèrent ; la maraude cessa.

Les exercices furent repris, et le tir à la cible, dont
on fit en quelque sorte un divertissement (1), compléta
l'instruction des recrues qu'envoyaient les dépôts.

Le règlement de manœuvres de 1791, dit le général
Foy, modèle de concision et de clarté, était encore pour
les subalternes le livre de la loi ; mais les chefs en va-
riaient l'application suivant les besoins de la guerre.
Ainsi, en 1813, les instructions de l'empereur avaient
prescrit :

On fera faire les colonnes d'attaque par bataillon ; on les
fera charger en colonne d'attaque et en se déployant sous le
feu de la première division et en faisant feu tout en arrivant
sur la ligne de bataille. On formera également la colonne
d'attaque, tandis que la division du centre commence le feu
de file et se déploie sous le feu de file. Après cela, on fera
une charge de cent pas, battant la charge simplement et sans
fions, ni variantes, et on fera faire feu de file à tous les pelo-
tons à mesure qu'ils viendront se placer sur la ligne de bataille.
Vous ordonnerez aussi qu'on fasse souvent la manœuvre de
se mettre promptement en bataillon carré en ployant derrière
les dernières divisions du bataillon à distance de peloton et
faisant feu de file. C'est la manœuvre qu'il est le plus nécessaire que les colonels connaissent bien, car la moindre hésitation peut compromettre la troupe.

Enfin, ordonner que chaque compagnie de voltigeurs soit
instruite à former promptement le carré et à faire sur-le-
champ feu de file, afin qu'étant en tirailleurs ils puissent
promptement se réunir et résister à la cavalerie. Faites donner la poudre nécessaire aux exercices et annoncez que ce sont
les manœuvres plus particulièrement que je ferai faire devant moi (2).

Mais, au camp de Neudorf, près Goldberg, où se trouvait le 148e, il ne paraît pas que l'esprit de cette lettre

_______________

(1) Circulaire du major général du 21 juillet 1813.
(2) Lettre du 2 mars de l'empereur au général Lauriston.

fût appliqué rigoureusement, si l'on en croit le commandant Rougelin, celui que Lauriston citait avec éloges dans sa lettre du 3 février :

Au lieu de (1) mettre le temps à profit pour exercer le soldat aux manœuvres de guerre, on l'occupe aux détails d'école ; on s'amuse à enjoliver le camp comme si on n'avait qu'à songer à la paix. Je ne partage pas la confiance générale. Je me dis à moi-même et je dis à mes frères d'armes que la position des armées russes et prussiennes adossées à la Bohême semble indiquer que l'Autriche les appuie, peut-être nous trahit. Au lieu du pas d'école, je me permets de faire exécuter à **mon** bataillon la charge et les feux. Le général ne voit à cela qu'une critique inconvenante de ses idées ; il me met **aux** arrêts pour huit jours.

Peu de temps après, les hostilités recommencent. Mon bataillon est commandé pour l'avant-garde. « Eh bien ! me **dit** le colonel, vous avez raison ! Mais comment croire qu'un **père** puisse s'armer contre son fils ? » (2).

En attendant, on réorganisait les bataillons : un décret impérial du 17 juin ayant supprimé les quatrièmes bataillons des 21 régiments qui avaient été formés de cohortes, les officiers et les hommes en furent versés dans les bataillons de guerre, qu'on compléta encore avec des recrues reçues du dépôt.

Le 26 juin, le général Puthod fit exécuter le décret du 17. Le régiment, réorganisé à trois bataillons, comptait 92 officiers, dont 22 à la suite et 2 absents, 1.978 hommes de troupe, dont 559 absents.

Le dépôt du 148ᵉ était à Anvers, où il avait été organisé avec les compagnies des cohortes de dépôt, le 20 mars, par M. le général Fauconnet (3). Il envoya aux

---

(1) Dans les camps en avant de Goldberg. (Extrait **du** journal des campagnes du commandant Rougelin.)

(2) Le commandant Rougelin veut parler de l'empereur d'Autriche contre son gendre Napoléon.

(3) Voir pièces justificatives. Procès-verbal d'organisation.

bataillons actifs, pendant le mois de juillet, 506 hommes.

Cette arrivée de recrues, la rentrée des hommes en arrière, aux hôpitaux, portèrent, à la reprise des hostilités, de 1.446 à 2.611 l'effectif des présents sous les armes.

Le grand événement de l'armistice, pour le régiment, fut la remise de son aigle, qui avait attendu à Magdebourg, depuis le 3 mai (1), le moment où l'empereur pourrait procéder à cette solennité.

Un témoin oculaire nous la raconte (2) :

Le drapeau était recouvert d'une enveloppe de peau qui ne pouvait être enlevée que lorsque Napoléon allait, en cérémonie, remettre l'aigle au régiment. Le jour fixé pour la cérémonie, l'empereur paraissait, accompagné de son état-major, et se plaçait devant le milieu du régiment.

Celui-ci formait, en trois colonnes serrées, trois fronts tournés vers le centre, le quatrième était rempli par la suite de Napoléon ; tous les officiers du régiment étaient assemblés devant lui. Il se tenait isolé de sa suite, avec sa simple capote verte, ordinairement sur sa jument couleur chamois, son cheval favori dans cette campagne. On le distinguait d'autant plus facilement à la simplicité de sa mise, que tous ceux qui étaient à proximité contrastaient avec lui par leurs brillants uniformes richement brodés en or.

Lorsque le prince de Wagram, comme major

______

(1) Rapport à Sa Majesté l'empereur et roi du ministre de la guerre duc de Feltre.

(2) Major saxon d'Odeleben, *Campagne de Saxe en 1813* (traduction d'Aubert de Vitry).

général, et, en son absence, le duc de Vicence (Caulaincourt), en sa qualité de premier grand dignitaire après Berthier, mettait pied à terre et faisait déployer le drapeau, qui était porté devant les officiers assemblés, tous les tambours du régiment battaient aux champs jusqu'à ce que Berthier eût pris l'aigle et se fût placé devant le rang des officiers, en s'éloignant du reste de la suite.

Le puissant et vénéré Berthier se montrait dans cette occasion sous un aspect vénérable.

L'empereur levait sa main gauche vers l'aigle, en tenant les rênes avec la droite ; ensuite, il prononçait le discours suivant d'une voix sonore, solennelle, mais pas trop forte, que l'on pourrait désigner par l'expression musicale *mezzo voce* :

> Soldats du 148<sup>e</sup> régiment,
> Je vous confie l'aigle française.

Elle vous servira de point de ralliement. Vous jurez de ne l'abandonner qu'en mourant. Vous jurez de ne laisser jamais faire un affront à la France. Vous jurez de préférer la **mort** au déshonneur. Vous **jurez ?**

Il appuyait particulièrement sur ces derniers mots, avec un certain ton et beaucoup d'énergie. C'était le signal auquel tous les officiers répondaient, en élevant leur épée, et tous les soldats, d'un commun accord, criaient, pleins d'enthousiasme, à haute voix, avec les acclamations accoutumées : « Nous le jurons! » Ensuite, Berthier remettait l'aigle au régiment, et les colonnes, formant le fer à cheval, se séparaient au moment où Napoléon s'éloignait.

Un officier du 156<sup>e</sup>, témoin de cette solennité, la rapporte en ces termes :

On voit arriver l'empereur suivi de son état-major, dont
l'éclat disparaissait devant la redingote grise et le petit
chapeau. Bien souvent, en les comparant à celles des anciens
corps, les nouveaux avaient éprouvé le mutuel et vif désir de
voir enfin briller à leurs yeux cette aigle et cette bannière
tricolore.

Les officiers du 12ᵉ corps, déjà bien réduits en nombre, se
massèrent sur les trois côtés d'un carré, le quatrième occupé
par le cortège impérial ; puis les officiers des deux régiments
furent appelés au centre et placés en face de Napoléon.

C'est alors qu'il adressa une de ces courtes allocutions
comme il savait les faire et où il demandait aux régiments
de préférer la mort à l'abandon des aigles qu'il leur confiait.

Ses paroles étaient simples ; mais quelle éloquence magique
elles puisaient dans la bouche qui les prononçait, dans ce
regard profond, dans cette voix vibrante qui pénétrait l'âme,
lorsque, se soulevant sur ses étriers, le bras étendu vers
les drapeaux, il lança ces trois mots avec un accent interro-
gateur : « Vous le jurez ? » Tous crièrent : « Nous le jurons !
Vive l'empereur ! » Il y avait des larmes dans les yeux et une
invincible résolution dans tous les cœurs.

## Goldberg (23 août 1813).

L'armistice était dénoncé, l'Autriche nous avait déclaré la guerre, et les hostilités devaient reprendre le 17 août.

L'Elbe organisée comme base d'opérations, Napoléon avait groupé ses forces en trois armées :

La plus forte, en Saxe, comptait 190.000 hommes ; la deuxième, de 65.000 hommes, était destinée à opérer en Prusse contre Berlin ; enfin, la troisième, en Silésie, sous le maréchal Ney, comprenait le 3ᵉ corps du maréchal Ney, à Bunzlau ; le 5ᵉ corps de Lauriston, à Löwenberg ; le 6ᵉ corps du maréchal Marmont, à Bunzlau, et le 11ᵉ du maréchal Macdonald à Löwenberg, avec la grosse cavalerie de Sébastiani ; elle comptait 110.000 hommes ; le 148ᵉ en faisait partie (17ᵉ division, général Puthod ; 2ᵉ brigade, général Boisserolles ; colonel OBERT).

En Silésie et en Saxe, l'empereur voulait attendre, pour agir, que l'ennemi eût fait connaître ses projets. De la position centrale qu'il occupait à Dresde, Napoléon espérait se porter successivement sur chaque armée ennemie, se présenter partout en nombre égal à l'adversaire et le battre, tandis qu'ailleurs ses lieutenants le contiendraient.

Les forces alliées, sans compter les réserves, étaient aussi divisées en trois armées :

Le feld-maréchal prince Charles de Schwartzenberg commandait en chef, et avait sous ses ordres directs l'armée de Bohême, forte de 225.000 hommes, destinée à attaquer Napoléon à Dresde ou à tourner ses positions par la Basse-Saxe.

L'armée du Nord, commandée par le prince royal de Suède (ci-devant général Bernadotte), comptait 120,000 hommes et devait couvrir Berlin; puis, en cas de succès, passer l'Elbe à Wittenberg ou Dessau.

Enfin, l'armée de Silésie était sous les ordres du général de cavalerie Blücher.

Elle se composait du corps Langeron, fort de 48.000 Russes, du corps de Sacken, comptant 17.000 Russes, et du corps du général Yorck, fort de 40.000 Prussiens.

En tout, 500.000 hommes (1).

Cette armée devait couvrir la Silésie, lier entre elles les armées du Nord et de Bohême, puis, suivant les circonstances, aborder l'Elbe à Dresde.

D'après les projets des alliés, la grande armée, assez forte pour tenir tête à l'empereur, devait seule agir offensivement, d'une manière déterminée ; les deux autres se contenteraient de couvrir le pays, mais il leur était interdit de se mesurer avec Napoléon dans une affaire générale ; car la supériorité du nombre, qu'il savait toujours prendre, et celle de ses talents dans un jour de bataille, pouvaient lui donner un avantage décisif, dont les suites eussent été incalculables pour le plan général de la guerre. Telle était la tactique imposée à l'armée de Silésie, celle avec laquelle, bientôt, le 148e allait avoir affaire.

Le comte de Langeron, un des généraux de cette armée, nous donne un intéressant portrait de son chef :

Blücher, dit-il, avait plus de 70 ans, mais son esprit, ni

---

(1) Mémoires de Langeron. (Archives du ministère des affaires étrangères.)

son corps, n'avaient rien perdu de leur vigueur. C'était un vieux houzard dans toute la force du terme ; buveur, joueur, débauché, il avait tous les défauts qu'on pardonnerait à peine à un jeune homme ; mais il les rachetait par beaucoup de qualités. Soldat intrépide, patriote ardent, franc, loyal, ayant une figure martiale, le propos grenadier ; il savait inspirer à ses troupes la plus entière confiance et se concilier l'amour de ses soldats. Il fut bientôt aussi adoré des Russes que des Prussiens.

Son activité tenait du prodige ; il était toujours à cheval, sur un champ de bataille ; il avait l'expérience et la routine d'un vieux soldat. Son coup d'œil était excellent, son héroïque bravoure entraînait les troupes, mais c'était à ces seules qualités que se bornait son talent de général. C'était beaucoup, mais ce n'était pas assez s'il n'eût pas été secondé : il avait peu de connaissances stratégiques, ne savait point se retrouver sur une carte et n'était point capable de faire un plan de campagne ni une disposition. Il laissait tous les détails politiques et militaires à trois personnes qu'on lui avait données pour le diriger. Ces trois personnes avaient toute sa confiance et la méritaient à beaucoup d'égards.

C'étaient le général-major Gneisenau, chef de son état-major, militaire instruit, général distingué, mais égoïste, dur, emporté, plus grossier, plus brutal qu'il n'appartient, même à un Allemand, de l'être. Il ne ménageait personne, se trouvait haï et devait l'être.

Le colonel Müfling, quartier-maître général de l'armée, doux, insinuant, rempli d'aménité, ramenait par ses manières aimables ceux que Gneisenau éloignait ou effarouchait.

Le colonel comte de Goltz, qui déployait dans la partie politique autant de talent que Gneisenau et Müfling dans les opérations militaires.

Tels étaient alors les chefs de nos ennemis ; sans aucun scrupule, ils violèrent l'armistice, ils franchirent la zone neutre avant l'expiration des délais consentis, et, dès le 17, les troupes qui occupaient les positions françaises bordant la Katzbach furent attaquées.

C'étaient : en première ligne, le corps de Ney, entre Liegnitz et Hainau, et le nôtre, celui de Lauriston, vers Goldberg. Nous fûmes surpris et rejetés sur la deuxième ligne, formée des corps de Macdonald et de Marmont, qui se trouvaient à Löwenberg et à Bunzlau, sur le Bober.

Sous la protection des divisions Maison et Puthod, le cinquième corps se retira, par une marche de nuit, sur Löwenberg, où il se réunit au maréchal duc de Tarente (1).

Le 3ᵉ corps, plus au nord, se réunit au maréchal Marmont à Bunzlau. Le 18, de notre côté, rien à signaler, sauf l'établissement du 5ᵉ corps entre Löwenberg et Zobten, et, vers la droite, le beau combat de la brigade Zucchi, du corps de Macdonald, qui reprit brillamment aux Russes la ville de Lähn. Ce combat dégagea la ligne du Bober, mais pas pour longtemps ; car, le lendemain, l'armée vint se déployer sur la rive droite de cette rivière. Macdonald contint le général Yorck à Löwenberg, tandis que, vers Zobten, le corps russe de Langeron se déploya en face des positions du 5ᵉ corps, pour nous livrer la bataille de Siebeneichen (19 août).

L'avant-garde russe (2), très fortement constituée, avait reçu l'ordre de forcer le passage du Bober à Siebeneichen, pour pénétrer nos desseins, connaître nos forces et chercher à nous pousser vers la Queiss.

Son général, Roudgevich, devançant le corps Langeron, retardé par les longs et étroits défilés de Schœnau, passa le Bober à gué, envoya une brigade sur les hauteurs vers Mellau, attaqua Siebeneichen avec deux régiments, puis lança sa cavalerie vers la droite, dans la plaine entre le village de Ober-Moïs. Les troupes avancées de la division Rochambeau défendirent avec acharnement Siebeneichen, qui fut pris et repris trois fois ;

----

(1) Rapport du général Lauriston des 16 et 18 août.
(2) Voir croquis n° 3.

mais, trop peu nombreuses pour résister à la vigoureuse attaque de Roudgevich, elles se retirèrent, sous les charges des cosaques, vers la chaussée de Löwenberg à Lauban.

Bientôt après, les divisions Rochambeau et Puthod intervinrent ; la première reprit Siebeneichen, tandis que la nôtre, poussant Roudgevich vers Mertzdorf, sur les hauteurs boisées du Spersberg, parvint à couper l'avant-garde russe du village, du gué de Siebeneichen, et, par suite, du corps principal de Langeron. Celui-ci, ayant franchi les défilés de Schœnau, apparaissait alors vers Zobten et déployait en face de nous son corps d'armée.

Pour dégager son avant-garde, fort compromise, dont le Bober, profonde rivière aux bords très escarpés, le séparait, Langeron envoya d'abord une brigade reprendre Siebeneichen ; elle fut culbutée et aurait été anéantie sans les cosaques de l'Ukraine, qui chargèrent nos tirailleurs et les continrent.

Alors, le général en chef russe, se mettant à la tête d'une de ses divisions (cinq régiments), se rua de nouveau sur le village, qu'il nous enleva, mais sans résultat, car il ne parvint pas à rétablir sa communication avec son avant-garde, et dut repasser la rivière avant la nuit.

Puthod, installé sur le Spersberg, maintenait l'imprudent Roudgevich vers Mertzdorf et Dippelsdorf. Il se préparait même à l'écraser le lendemain ; malheureusement, un paysan indiqua aux Russes un gué dans les environs de Dippelsdorf, et, pendant la nuit, leur avant-garde nous échappa. Enregistrons en passant cette dure leçon du général ennemi :

Le général Roudgevich commit une grande faute en s'exposant trop témérairement ; mais celle que commirent les Français en le laissant tranquillement passer le Bober dans l'obscurité est impardonnable ; elle prouve que leurs généraux avaient bien peu de connaissance de ce théâtre de la guerre, bien qu'ils y eussent cantonné pendant deux mois et que leurs troupes d'avant-postes soient loin de valoir nos cosaques. Du reste, l'expérience m'a prouvé que les Français n'entreprennent jamais rien pendant la nuit. La chute du jour est toujours pour eux le terme des combats dans quelque position que la nuit les trouve.

Malgré cette forte résistance du 5ᵉ corps, Ney, réuni vers Bunzlau à Marmont, craignit, si le Bober était forcé le lendemain à Löwenberg, de se voir coupé de Macdonald et Lauriston ; il rappela donc ses lieutenants vers Lauban, sur la Queiss, et abandonna lui-même Bunzlau, pour se retirer sur Naumbourg. C'était la retraite. Heureusement Napoléon n'était pas loin ; il venait de pousser une pointe en Bohême, où il avait reconnu de sa personne les débouchés des Riesen-Gerbige, et il se trouvait à Görslitz, le 20 août, lorsqu'il apprit l'attaque de Blücher.

Immédiatement, la cavalerie de Latour-Maubourg, trois divisions de la garde, furent dirigées sur Lauban, et l'empereur y arriva le soir même, à 5 heures. Lauriston et Macdonald firent demi-tour et reprirent leurs positions sur le Bober, Marmont demeura en réserve, Ney se reporta sur Bunzlau, et l'ordre, pour la journée du 21, fut le suivant :

L'empereur ordonne les dispositions suivantes : Le duc de Tarente avec le 5ᵉ corps d'armée, ayant le 11ᵉ à sa droite, sera prêt à déboucher aujourd'hui à midi pour passer le Bober et attaquera l'ennemi. Le prince de la Moskowa débouchera aujourd'hui par ou près Bunzlau, avant 10 heures du matin, avec tout son corps d'armée réuni, culbutera tout ce qu'il a devant lui et se portera sur Alt-Gersdorf en faisant poursuivre l'ennemi.

La garde, la cavalerie Latour-Maubourg se porteront à Löwenberg. L'empereur sera de sa personne à Löwenberg à 9 heures du matin.

Bien que prévenus, les alliés furent surpris par cette brusque attaque sur leur centre.

Le 5e corps, rétablissant les ponts sous le feu de l'artillerie ennemie, déboucha : la division Maison par Löwenberg, la division Puthod vers Zobten. Yorck et ses Prussiens furent rejetés sur Lauterseiffen, tandis que les Russes du général Langeron furent successivement débusqués des villages de Plagwitz, Höfeld et Petersdorf par notre division.

Blücher avait reconnu les coups de l'empereur ; il se replia derrière le ruisseau du Hainau, se conformant à ses instructions, disait-il, mais, en réalité, beaucoup plus vite qu'il n'eût voulu, et en laissant plus de trois mille hommes sur le terrain (1).

Le lendemain, 22, la poursuite continua; Pilgramsdorf fut emporté ; Goldberg même, sur la Katzbach, fut abandonné par les alliés. Ils se retirèrent quatre lieues plus loin, jusque vers Hennersdorf, où Blücher était dans l'intention de prendre position, pour couvrir Jauer, nœud de routes important, au débouché de la Bohême.

Dans la nuit, tout change. Informé par ses espions que l'empereur va retourner à Dresde, Blücher s'arrète : Langeron, qui est déjà à Seichau, se reporte sur Goldberg ; Yorck, sur la rive gauche de la Katzbach, est rejoint par Sacken. Or, le 23 au matin, nous marchions nous-mêmes vers Goldberg. C'est là que la rencontre va avoir lieu.

Que s'était-il donc passé de notre côté?

Les nouvelles étaient arrivées de Dresde, menaçantes ; toute l'armée de Schwarzenberg débouchait en Saxe.

_______

(1) 2.600 Prussiens. 400 Russes. (Mémoires de Langeron. — Archives du ministère des affaires étrangères.)

Napoléon, alors, fit rétrograder sur Görlitz sa garde et
le 6e corps, et, avant de les suivre, il convoqua à Löwenberg Ney et Macdonald, le premier pour l'emmener avec
lui sur Dresde, le second pour lui confier le commandement en chef des trois corps, 3e, 5e et 11e, qui restaient
en Silésie.

Le projet de Napoléon, écrit le général Langeron dans ses
Mémoires (1), en nous attaquant de front, était de nous faire
tourner par le corps de Ney, qui était venu se placer derrière
Greisberg, en arrière de notre flanc droit. Nous le découvrî-
mes, et Sacken lui fut opposé ; cependant, s'il fût resté dans
cette position, il nous eût forcé à une retraite précipitée sur
Jauer.

Un malentendu, fort heureux pour nous, nous sauva de
ce danger. Napoléon, inquiet des mouvements du prince
royal de Suède près de Berlin, voulut donner au maréchal
Ney le commandement de l'armée qui lui était opposée, et
qui était sous les ordres du maréchal Oudinot. Il fit ordonner
à Ney de venir le joindre, et Ney vint avec tout son corps,
au lieu de venir seul. Par là, la manœuvre projetée par Napoléon fut manquée.

Et nous ajouterons à ces lignes du général Langeron
que cette erreur fatale, qui rendit disponible tout le
corps de Sacken, nous priva au moment utile de tout un
corps d'armée, et de la cavalerie du général Sébastiani.

Ney, au lieu de laisser son 3e corps dans ses positions,
très menaçantes pour les alliés, rétrograda avec lui.
Cette erreur gâta tout, et diminua considérablement les
résultats de la bataille qui allait se livrer.

Goldberg (2), petite ville fermée par une enceinte bas-
tionnée, occupe le sommet d'un coude de la Katzbach,
rivière encaissée entre des collines boisées qui, sur la

---

(1) Archives des affaires étrangères.
(2) Voir croquis n° 2.

rive droite, dans la concavité du coude, dominent la ville et en défendent l'accès.

Ce sont le Wolfsberg, et, en arrière, le Flinsberg et le Ziégenberg, que le ravin de Seiffenau permettrait de tourner, s'il n'était barré par le village de Wolfsdorf.

Derrière le Flinsberg se trouvent des bois et le vallon de Schneebach ; Röchlitz, en aval de Goldberg, ferme la route de Jauer ; celle de Liegnitz, sur la rive gauche, se détache au nord-ouest vers Niederau ; enfin, sur cette même rive, en face de Goldberg, se trouve le Grünenberg.

Nous avons vu que Blücher, à l'annonce un peu prématurée du départ de Napoléon, avait rappelé ses lieutenants sur Goldberg. Sacken, ayant en tête le corps prussien du prince de Mecklembourg, y arrivait en une forte colonne de 25.000 hommes, qui se déroulait sur la route de Liegnitz. Langeron, revenant de Hennersdorf, s'est fait précéder pendant la nuit par son corps d'avant-garde, qui avait couronné le Wolfsberg par deux régiments et occupé Wolsdorf par deux autres ; lui-même, lorsque l'action s'engagea, était encore en arrière de Praussnitz. A Goldberg se trouvaient six bataillons prussiens.

Le corps d'Yorck était à Röchlitz.

De notre côté, pendant que Macdonald était allé chercher les instructions de l'empereur, Lauriston avait pris le commandement et dirigeait la marche de l'armée, composée seulement des 5e et 11e corps, de la division de cavalerie Chastel et des brigades légères Dermoncourt et Montbrun.

Le 3e corps, avec la cavalerie Sébastiani, rétrogradait en ce moment vers Löwenberg.

Le 5e corps marchait à droite de Steinberg, sur Wolsdorf, le 11e sur Goldberg, que, d'après les mouvements aperçus la veille, on croyait évacué, mais qu'on ne tarda pas à voir garni de troupes, qui couvraient également les hauteurs en arrière.

Lauriston confia la garde du Grünenberg et l'attaque de Goldberg à la division Charpentier, du 11e corps ; il lança Gérard contre la colonne qu'on apercevait sur la route de Liegnitz, puis, gardant la division Maison en réserve aux débouchés des bois, il porta la division Rochambeau sur le Wolfsberg, et, tout à droite, la division Puthod, soutenue par la cavalerie Dernoncourt, contre Wolfsdorf.

Ces points d'appui de la gauche alliée furent emportés du premier coup, et les Russes durent se retirer sur le Flinsberg, en arrière duquel se trouvait leur cavalerie. Les divisions de Langeron arrivèrent successivement et disputèrent le terrain à Rochambeau et Puthod, qui, à trois reprises différentes, s'en rendirent maîtres, sans pouvoir le garder.

Entre le Flinsberg et Goldberg, les cosaques avaient pris position et nous chargeaient en flanc lorsque nos tirailleurs abordaient les hauteurs.

Enfin, vers 3 heures, pendant qu'un carré soutenait, à la gauche du 5e corps, les charges de la cavalerie russe, le 135e régiment de la division Rochambeau marcha avec un courage extraordinaire sur le Flinsberg, l'emporta et garda cette position, qui était la clé du champ de bataille (1).

A gauche, le général Gérard, soutenu par la cavalerie Chastel et Montbrun, partant du Grünenberg avec Röchlitz pour objectif, s'était heurté, vers Niederan, à la colonne prussienne venant de Liegnitz.

_______________

(1) Rapport de Lauriston. (Archives de la guerre.)

Ce fut une des actions les plus vives de la campagne ; il y avait, dit Lauriston dans son rapport, une cavalerie considérable, de l'infanterie et de l'artillerie ; la force paraissait être de vingt à vingt-cinq mille hommes ; le général Gérard attaqua cette colonne, dont la tête était déjà arrivée aux baraques de Niederau (1) ; l'infanterie marcha à la baïonnette en avant et tua un grand nombre de Prussiens dans les baraques. L'ennemi voulut opposer des masses et les fit marcher au pas de charge sur notre infanterie qui les attendit à bout portant et en fit un grand massacre. Notre cavalerie chargea ensuite, enfonça trois carrés, repoussa les charges de la cavalerie ennemie et se couvrit de gloire.

Toute cette colonne fut rejetée pêle-mêle sur la rive droite. Alors Blücher ordonna la retraite. Il était 3 heures ; ce furent les Russes qui la soutinrent ; elle s'opéra par échelons, dans le plus grand ordre.

Le général Blücher, ajoute encore Langeron, qui vint me rejoindre pendant le combat, fut témoin de l'ordre parfait qui a régné dans la retraite, du courage, du sang-froid, des bonnes dispositions des généraux. Il en était dans l'enchantement et répétait sans cesse : « Ah que c'est beau ! » Je le surpris même battant des mains pour applaudir. Il s'oublia tellement qu'au second mouvement de la retraite, il resta immobile en disant toujours : « Ah que c'est beau ! » et je fus obligé de le réveiller de son admiration et de l'avertir que, s'il restait encore cinq minutes dans la position où il était, en avant de tous les avant-postes, il irait porter son enthousiasme chez les ennemis.

Constatons les éloges que Langeron décerna aux Russes, mais prenons-en notre part, car il est probable que l'attitude de nos soldats était aussi pour quelque chose dans le spectacle qui enthousiasmait Blücher, puisque nous marchions à moins de cinq minutes des positions qu'il occupait.

L'armée de Silésie, que les 5e et 11e corps seuls parvinrent à culbuter, accusa pour cette journée plus de

______

(1) C'est, on se rappelle, dans ces parages, que le 118e avait campé pendant l'armistice.

5.000 hommes de perte, 1.000 tués et 4.000 blessés (1) ;
elle ne s'arrêta qu'à Jauer. Les résultats auraient été
autrement considérables si le 3ᵉ corps avait conservé
ses positions, qui menaçaient la ligne de retraite ennemie.

Nos pertes furent beaucoup moindres que celles des
alliés, mais nous eûmes à déplorer la mort du général
Vachot, commandant la première brigade de notre division, et aussi une blessure grave qui atteignit le colonel
du 148ᵉ, le chevalier OBERT. Promu général de brigade
la veille, et employé au 5ᵉ corps, il avait obtenu cependant de combattre avec son régiment.

La conduite héroïque du 148ᵉ dans la journée du 23
août lui valut l'honneur d'inscrire en lettres d'or sur
son drapeau le nom de cette victoire :

GOLDBERG.

## La Katzbach.

### Destruction de la division Puthod.

L'empereur, avons-nous vu, était resté à Löwenberg,
dans la matinée du 23 août ; puis, après avoir donné ses
instructions à Macdonald pour l'armée de Silésie, il était
en toute hâte retourné à Dresde ; il allait y remporter,
les 26 et 27 août, une de ses plus belles victoires.

Langeron, qui ne peut être taxé de partialité pour
Napoléon, en retrace les grandes lignes :

Entouré, dit-il, par le double de forces qu'il pouvait mettre

---

(1) Les deux combats des 21 et 23 août coûtèrent à Blücher
environ 8.000 hommes.

dans la balance du combat, enfermé dans une ville peu spa-
cieuse, il en sort de tous les côtés, culbute toutes les masses
qui lui sont opposées, coupe l'aile gauche de ses ennemis et
la fait prisonnière en entier ; il écrase leur centre et leur
droite et les rejette dans les gorges de montagnes où tout était
obstacle et danger pour eux. Il a prévu d'avance cette victoire, il a désigné les lieux où il va refouler ses adversaires ;
il détache Vandamme pour en garder les débouchés et, par là,
il doit anéantir tout le matériel des alliés et les empêcher
d'échapper.

Malheureusement, le sort des armes en décida autrement. Le mouvement de Vandamme, au lieu des résultats décisifs qu'on en attendait, amena une catastrophe
et la perte de tout le premier corps.

Revenons en Silésie, où le maréchal Macdonald, suc-
cédant à Ney, venait de prendre le commandement. Il
avait mission de rejeter Blücher sur Jauer, en s'établis-
sant fortement sur le Bober, pour tenir l'armée de Silésie
éloignée de Dresde, et, en même temps, pour empêcher
l'armée de Bohème de faire des détachements sur Berlin. Dans ce but, Macdonald résolut de pousser ses
avant-postes jusqu'à la Katzbach, de Jauer à Liegnitz.
Le 23 août, il écrivait à l'empereur :

Le malheureux contre-temps de la marche rétrograde du
3e corps et de la cavalerie Sébastiani nous a fait perdre tout
le fruit de nos espérances à la suite de la glorieuse action
de Goldberg.

J'avais déjà donné des ordres pour marcher en avant ; il a
fallu les suspendre pour ne pas me compromettre entre Sacken, Blücher et Langeron.

Donc, au lieu d'être employées à la poursuite, les
journées des 24 et 25 août furent perdues à attendre
le retour à Liegnitz des troupes de Souham (1) et de
Sébastiani.

_______

(1) Souham avait pris le commandement du 3e corps en
remplacement du maréchal Ney.

La marche en avant ne fut reprise que le 26, et, pour
la couvrir sur la droite, le duc de Tarente détacha deux
de ses divisions au débouché des montagnes contre
Hirschberg, petite ville sur le Bober, que les alliés occupaient encore.

C'étaient la division Ledru, du 11ᵉ corps, et la nôtre.
Ce détachement seul nous intéresse directement, mais,
pour mieux en comprendre les circonstances, résumons
d'abord les événements qui se déroulèrent sur les bords
de la Katzbach.

Une pluie diluvienne, qui avait commencé dans la
nuit du 26 et qui devait continuer pendant trois jours,
avait fait déborder les rivières et rendu impraticables
les chemins. Macdonald n'en tint pas compte ; il poussa
les 5ᵉ et 11ᵉ corps directement sur Jauer par Seichau;
il dirigea les 25.000 hommes du général Souham de
Liegnitz sur la route qui traverse le plateau de Janowitz, et, pour lier ces deux attaques, il ordonna aux six
mille cavaliers de Sébastiani de prendre la route intermédiaire qui remonte le profond ravin de la Wutthend-
Neisse (1), puis escalade le plateau, après avoir franchi
la rivière à Crayn.

Le général Sébastiani n'était pas encore à l'entrée du
ravin, que Gérard y avait déjà pénétré, tandis que Lauriston, marchant parallèlement à celui-ci, était fort en
avant. A gauche, Souham avait trouvé la Katzbach débordée à Liegnitz ; il s'était donc vu obligé de chercher
un passage plus en amont, et lui aussi, après Sébastiani, il était venu s'engager dans le ravin de la Wu-
thend-Neisse.

Vingt-cinq mille fantassins, six mille chevaux, plus
de cent canons s'étaient donc engouffrés dans ce ravin

---

(1) Affluent de la Katzbach.

profond et étroit, pour déboucher sur le plateau de Janowitz, où, de son côté, Blücher allait bientôt apparaître, amenant à sa suite Yorck et Sacken. Une brigade de la division Charpentier avait dégagé les abords du plateau et la tête de Sébastiani débouchait à peine lorsque Blücher apparut. Dix mille cavaliers prussiens se ruèrent sur la malheureuse brigade ; ils avaient beau jeu, car les fusils mouillés ne partaient pas. Nos carrés, réduits à leurs seules baïonnettes, tinrent bon cependant, et permirent à Sébastiani de prendre pied sur le plateau. Il repoussa même par une première charge la cavalerie ennemie ; mais que pouvaient cinq à six mille combattants contre vingt mille cavaliers armés de la lance?

Les Prussiens, poussant un hourrah général, ramenèrent nos cavaliers, écrasèrent nos carrés et rejetèrent le tout sur les canons embourbés ou démontés, et sur l'infanterie, qui n'avait pu sortir du défilé.

Alors, ce fut la débâcle, d'autant plus désordonnée que nos jeunes soldats avaient moins d'expérience et moins d'énergie pour résister au temps affreux et au manque de vivres.

A la droite, au contraire, Gérard et Lauriston, attaquant vigoureusement les positions successives que Langeron leur disputait, parvinrent en vue de Jauer. Ils allaient y pénétrer, lorsqu'ils furent arrêtés par la nouvelle du désastre de notre gauche.

Les 5e et 11e corps rétrogradèrent alors, au milieu du démoralisant spectacle de la débâcle. Ils se fondirent en quelque sorte sous la pluie, qui, pendant tout le lendemain et encore pendant la journée et la nuit suivante, ne cessa pas.

Malgré les rivières débordées, la cavalerie ennemie poursuivit jusqu'au Bober ; là, ce qui restait groupé put s'abriter tant bien que mal dans les bois pour attendre le lendemain, espérant que la baisse des eaux permettrait le passage sur le pont de Löwenberg. Au lieu de baisser, les eaux montèrent encore; cinq pieds d'eau couvraient les abords du pont. Il fallut descendre jusqu'à Bunzlau, et dans quel désordre!

Cinquante mille hommes, tout ce qui restait de l'armée, vinrent successivement s'entasser dans cette ville, pour y chercher les vivres et les abris dont ils manquaient depuis trois jours.

Notre division, de son côté, avait échappé à ces revers sans pouvoir éviter toutefois les difficultés et les intempéries qui accablèrent les autres troupes. Constituée d'éléments plus robustes, d'hommes plus âgés, elle aurait certainement résisté, mais la fatalité voulut qu'une dépêche interceptée apprît aux ennemis notre détresse ; ils accoururent, et, sous leur nombre, la division Puthod fut écrasée.

Après la bataille de Goldberg, elle était restée sur ses positions, en avant de Wolfsdorf, puis elle fut envoyée à Steinberg, en arrière de notre aile droite, pour barrer les débouchés de Schœnau. C'est alors que Macdonald la détacha.

Voici l'ordre de la journée du 26 et les suivantes :

La division Puthod favorisera l'attaque de la division Ledru (1) sur Hirschberg. Elle marchera sur cette ville en deux colonnes : l'une partant de Schœnau, l'autre de Kleppelsdorf près Lähn. Une troisième colonne partira de Schœnau pour se diriger sur Jauer ; elle fera halte sur les hauteurs de Iagendorf et donnera avis de son arrivée au général Lauriston à Jauer, qui lui enverra de nouveaux ordres.

Donc, double mission : attaque, par la rive droite du

______

(1) 31ᵉ division du 11ᵉ corps qui devait marcher contre Hirschberg en remontant la rive gauche du Bober.

Bober, de la ville d'Hirschberg, que, par la rive gauche, la division Ledru devait attaquer en même temps ; démonstration vers Iagendorf sur l'extrême gauche de l'armée alliée que, dans la journée du 26, Macdonald espérait battre, et à laquelle on couperait ainsi la retraite sur Hirschberg.

Nous avons vu ce qu'il advint des espérances de Macdonald.

Quant à nos soldats, ce jour-là, en traversant le ruisseau de Falkenheim, avant d'arriver à Schœnau, ils eurent de l'eau jusqu'à la ceinture ; une heure après, les traînards ne pouvaient plus passer ; le ruisseau était devenu torrent, et la route qu'on venait de suivre se trouvait désormais barrée.

En exécution de l'ordre reçu, cependant, la brigade Falcon marcha sur Hirschberg le lendemain. De l'autre côté, Puthod et notre régiment, avec le 147e, prirent la route de Jauer pour aller occuper les hauteurs de Iagendorf, mais, à Bombsen, ils durent s'arrêter, s'étant heurtés aux Russes ; une reconnaissance, envoyée à gauche sur la route de Goldberg, la trouva très fortement occupée. Enfin, vers la droite, aux environs de Bolkenheim, 2.000 chevaux et trois bataillons avaient été signalés au général.

C'était se perdre que d'attaquer dans ces conditions.

Entouré de trois côtés, le général conjectura à juste titre que la bataille de la veille n'avait pas donné au maréchal Macdonald les résultats attendus. Il jugea, dès lors, que la démonstration sur Iagendorf devenait inutile, dangereuse même, et il prit le parti de revenir à Schœnau.

Sur ces entrefaites, un aide de camp du duc de Tarente était venu lui apporter l'ordre de se retirer sans le moindre retard à Steinberg, pour, de là, rétrograder sur Zobten le lendemain.

Cet ordre était inexécutable, puisque, d'un côté, l'inondation barrait la route suivie la veille — c'était celle de Steinberg — et que, de l'autre côté, l'ennemi se montrait en force sur la route de Goldberg. Puthod prit alors le seul parti possible ; marcher sur Hirschberg, ramasser sur sa route les traînards que la brigade Falcon avait dû infailliblement y laisser, rallier cette brigade et la division Ledru, puis redescendre sur Zobten, après avoir traversé le Bober au pont de Hirschberg.

Mais, là comme partout, le pont était submergé, et lorsque le général Puthod arriva en vue de Hirschberg, il trouva avec étonnement sa première brigade adossée à la rivière, attendant la baisse des eaux pour attaquer la ville, qu'un parti ennemi occupait encore.

Quant à la division Ledru, elle n'avait pas paru.

Arrêtée par le débordement de la Kemnitz, elle avait rebroussé chemin. Puthod n'en fut pas informé : il crut à un simple retard, et, comme la journée était avancée, il se décida à attendre en face d'Hirschberg que la baisse des eaux eût dégagé le pont qui y donne accès. Vaine attente; toute la nuit, la pluie diluvienne tomba, et, le 28, les eaux montaient toujours.

Alors, notre malheureuse division prit, à travers les chemins défoncés, la direction de Lähn, pour gagner la position de Zobten, qu'elle avait ordre d'occuper.

Vers 5 heures du soir, nos hommes y arrivèrent exténués ; ils avaient eu un long détour à faire et une rude escarmouche à soutenir contre la cavalerie russe, qui barrait la route.

C'est à la baïonnette qu'ils durent repousser les cosaques, car les fusils mouillés ne partaient pas, et la division, très affaiblie, sans vivres, avec des munitions avariées, prit position sur les hauteurs de la rive droite du Bober, entre Zobten et le pont de Löwenberg, que les eaux recouvraient (1).

La nuit du 28 au 29 août fut cruelle, le général la passa à organiser des tentatives de communication avec ses chefs.

Un officier et deux sous-officiers furent chargés de passer à la nage le Bober et ses inondations ; un autre officier et un sous-officier déguisés remontèrent la rive droite. Tous avaient les mêmes instructions : parvenir jusqu'au général en chef. Pas un n'arriva.

La veille également, un officier du 134e était parti de Hirschberg, porteur d'une lettre où le général Puthod disait ses intentions au maréchal Macdonald.

Ce fut cette lettre qui causa la perte de notre division. Elle tomba au pouvoir des cosaques : l'officier qui en était porteur, fait prisonnier par eux, n'avait pas su leur soustraire sa dépêche, qui fut immédiatement communiquée au général Langeron.

Le commandant du corps d'armée russe conçut dès lors, pendant la nuit du 27 au 28, l'espoir d'entourer et de couper la division Puthod (2).

D'un côté, les eaux fermaient la route ; de l'autre, quarante-huit mille hommes prenaient leurs dispositions pour nous cerner.

---

(1) Lettre de Smidt, commandant d'armes à Löwenberg, au maréchal duc de Tarente : « Il y a près de onze pieds d'eau sur la route pour arriver au pont qui est submergé, mais qui résiste encore. Les habitants disent que si la pluie continue, la rivière, augmentera encore. » (Archives de la guerre.)

Voir croquis n° 3.

(2) Mémoires du comte de Langeron. (Archives du ministère des affaires étrangères.)

« La division Puthod n'est plus. Ses restes ont été culbutés dans les inondations de Löwenberg sans qu'il ait été possible d'établir un passage pour les hommes...

» D'après les calculs de la marche et les distances, le général Puthod pouvait être rendu à Zobten hier matin (28). Il ne partait qu'à 7 heures du matin et s'arrêtait à 5, le soir......»

Tel est le rapport que m'a fait mon aide de camp, qui a suivi la marche et est venu m'en rendre compte avant cette terrible catastrophe.

Tels sont les termes du rapport de Macdonald adressé au major général et daté de Bunzlau, le 29 août à minuit. C'est le document officiel.

Voyons les faits.

Le 28, à 7 heures du matin, Puthod, qui a vainement attendu à Hirschberg l'arrivée de la division Ledru, et qui désespère de voir les eaux baisser, s'est mis en marche vers Zobten ; 25 kilomètres le séparent de ce point.

En temps ordinaire, c'est l'affaire de six heures. Mais, depuis trois jours et trois nuits, la pluie incessante a défoncé tous les chemins et inondé les terres. Chaque ruisseau, devenu torrent, est un obstacle qui oblige à un long détour, ou exige de grandes précautions pour le passage.

L'artillerie s'embourbe ; il faut s'atteler aux canons, et les hommes, exténués par le manque de sommeil et de vivres, alourdis et transis par leurs vêtements détrempés, s'enfoncent dans la boue, pataugent et n'avancent pas. On met dix heures pour faire l'étape, et, quand on arrive à Zobten, on trouve le village dévasté par les fuyards de la Katzbach.

Pas de vivres et même pas de feu pour se sécher, car l'ennemi est là tout près.

En arrivant plus tôt, aurait-on passé plus facilement à Löwenberg?

Non, assurément, puisque le pont est submergé, puisque les autres troupes avaient dû gagner Bunzlau, cinq lieues plus bas.

Aurait-on pu arriver assez à temps pour suivre ces troupes?

Pas davantage, puisque ce jour-là, le 28, Roudgévich, chef du corps d'avant-garde de Langeron, gardait déjà les débouchés des bois de Lauterseiffen, et nous guettait, fermant la route (1).

Il ne fallait donc pas songer à aller plus loin, et, lorsque la 17ᵉ division, exténuée, démoralisée, considérablement réduite, vint se heurter aux Russes, à Zobten, son chef l'arrêta sagement. Il sentait bien que, le lendemain, il faudrait exiger un suprême effort.

De courageux nageurs, qui avaient à plusieurs reprises traversé les inondations, étaient venus, pendant la nuit et le matin, apporter au général l'assurance qu'on travaillait au pont de Löwenberg, que le chef de bataillon du génie Thuillier, que la brigade westphalienne Lajeon allaient rétablir le passage. Donc, attendre sur le bord de la rivière et tenir ferme, c'est le seul parti à prendre ; c'est ce que Puthod persuada énergiquement à ses soldats.

De Zobten, il gagne Höfeld, puis s'établit entre la rivière et le long village de Plagwitz, sur le Mittelberg. A la droite, il place le 146ᵉ, puis les 2ᵉ et 3ᵉ bataillons du 148ᵉ. Au centre, le 147ᵉ forme réserve avec un bataillon en première ligne. A gauche, le commandant Rougelin défend Plagwitz avec son bataillon, le 1ᵉʳ du 148ᵉ, et deux compagnies de voltigeurs.

_________

(1) « Le 16/28 août, le général Roudgévich avait occupé les bois entre Pilgramsdorf et Lauterseiffen. » Mémoires de Langeron. (Archives du ministère des affaires étrangères.)

Sur le Weinberg et le Hirschberg, l'avant-garde du corps de Langeron canonne ; la cavalerie, quatre régiments, file par la droite pour nous couper la route du pont ; l'infanterie attaque le village.

De l'autre côté, par Pilgramsdorf et Höfeld, cinq régiments russes abordent le plateau, et, derrière, vingt-deux escadrons de réserve s'avancent.

La division Puthod est cernée, et lorsque les cavaliers russes, commandés par le général Korf, chargent à la droite sur le 146ᵉ, ce malheureux régiment, assailli de toutes parts, essaie en vain de résister ; son colonel, le baron Falcon, est tué.

Notre droite est enfoncée ; alors, toute l'infanterie russe s'ébranle, et aborde nos carrés, qui soutiennent un combat sans espoir.

Le 148ᵉ, le 147ᵉ, le 134ᵉ, le 3ᵉ bataillon étranger font bonne contenance ; ils essaient de lutter, mais les fusils mouillés sont devenus une arme inutile entre leurs mains, et le nombre a raison de leur résistance. L'aigle du 148ᵉ est prise dans le carré du 2ᵉ bataillon, rompu par le 28ᵉ chasseurs ; l'enseigne BOGDANOW l'enlève des mains de notre porte-aigle, nommé GROSSE, qui tombe grièvement blessé. L'aigle du 146ᵉ est déjà au pouvoir des Russes.

Celle du 134ᵉ fut jetée dans le Bober, et c'est un grenadier de ce régiment, Jean Jolly, qui sauva l'aigle du 147ᵉ, en traversant à la nage les inondations de cette rivière.

Beaucoup d'hommes s'étaient jetés dans le Bober, espérant fuir. Ils se noyèrent.

Tout ce qui ne fut pas tué ou blessé fut fait prisonnier. On ne se rendit pas, on fut écrasé.

J'aurais voulu être moi-même au nombre des morts, dit le général Puthod ; mais le sort en a décidé autrement, et, en perdant ma liberté, j'ai conservé l'honneur avec l'intime conviction d'avoir fait mon devoir.

Le baron Fain, dans son *Manuscrit de 1813*, raconte ainsi qu'il suit le désastre de la division Puthod :

Les soldats du duc de Tarente, trempés par les pluies, fatigués par des chemins devenus impraticables, arrêtés à chaque pas par des ruisseaux changés en rivières, sont forcés de concentrer leur retraite sur Buntzlau, pour y trouver le seul pont que les eaux du Bober n'avaient pas emporté. La division Puthod, isolée de plus en plus des autres corps par ce mouvement, est restée trois jours errante sur la rive droite du Bober, sans pouvoir retrouver, depuis Hirchsberg jusqu'à Löwenberg, aucun des moyens de passage qu'elle avait laissés derrière elle. Coupée de l'armée qui se retire par Buntzlau, acculée sur le Bober, assaillie par des forces immenses qui l'enveloppent de tous les côtés, cette malheureuse division est détruite. Tout ce qui n'a pas été noyé ou tué est prisonnier. Les pertes du duc de Tarente s'élèvent à plus de 15.000 hommes ; il a fallu abandonner plus de cent pièces de canon et repasser successivement le Bober, la Queisse et la Neisse.

L'état de situation du 5e corps, du 15 septembre 1813, porte la mention suivante :

Par décision de Sa Majesté du premier de ce mois, les hommes de la dix-septième division seront versés dans la seizième.

Et c'est tout!

Le 148e de ligne n'existait plus.

Le 5e bataillon de dépôt fut incorporé, le 17 octobre, dans le 25e de ligne, à la suite d'un décret du 24 septembre.

# III<sup>E</sup> PARTIE

## LE 148ᵉ RÉGIMENT D'INFANTERIE

La loi du 25 juillet 1887, qui augmentait l'infanterie de dix-huit régiments régionaux à trois bataillons, fut mise à exécution le 1ᵉʳ octobre de la même année, et, de ce jour, le 148ᵉ revivait.

Constitué à Verdun avec les bataillons de forteresse des 54ᵉ, 82ᵉ et 87ᵉ, le nouveau corps eut pour chef M. le colonel MOUTON, dont l'autorité et la grande valeur militaire menèrent rapidement à bien la difficile mission de grouper, unir et fusionner ces différents éléments.

Le régiment occupa le baraquement de Jardin-Fontaine et une partie des forts de la rive gauche de la Meuse, dépendant du camp retranché de Verdun.

Le 14 avril 1888, M. le général Lanty, gouverneur militaire de Verdun, en procédant à la remise des drapeaux aux régiments régionaux de son commandement, prononça l'allocution suivante :

Officiers, sous-officiers, soldats des 147ᵉ, 148ᵉ, 150ᵉ régiments.

Au nom du Président de la République, je vous remets vos drapeaux.

Le pays les confie à votre discipline, à votre honneur, à votre courage ; il sait qu'il peut compter sur vous. Vous n'oublierez jamais qu'en rase campagne comme derrière les remparts le salut du pays peut dépendre de la prolongation de la lutte pendant un jour, pendant une heure. Vous ferez donc votre devoir jusqu'au bout.

Partout et toujours, que le drapeau soit votre signe de ralliement !

Nouveaux venus dans l'armée, vos régiments ont cependant leur histoire. Au début de nos grandes guerres, nous les trouvons parmi les troupes de la première levée et, tout près de vous, dans l'Argonne, ils ont sans doute eu leur part de la gloire de Valmy.

Plus tard, lorsque les mauvais jours furent venus, nous retrouvons vos numéros au nombre de ces jeunes régiments, qui, au milieu des luttes de la campagne de Saxe, arrachaient à l'empereur, bon juge en matière d'héroïsme, ce cri d'enthousiasme : « Depuis vingt ans que je commande les armées françaises, jamais je n'ai vu plus de bravoure ni de dévouement ! Mes jeunes soldats ! l'honneur et le courage leur sortaient par tous les pores. »

Voilà vos traditions, vous en serez dignes.

Puissiez-vous, après avoir partagé la gloire de vos devanciers, ne point connaître leurs cruelles épreuves.

Après le colonel MOUTON, appelé en décembre 1889 au commandement en 2ᵉ de l'Ecole spéciale militaire de Saint-Cyr, le colonel FORGET en prenait le commandement, et continuait heureusement l'œuvre de son prédécesseur, que le commandant du 6ᵉ corps d'armée, M. le général Jamont, dans son dernier ordre d'inspection générale, appréciait ainsi :

En résumé, le 148ᵉ est un magnifique régiment, bien instruit, bien discipliné, parfaitement tenu.

Ces excellents résultats sont dus à l'intelligente activité et à la grande autorité du colonel FORGET, qui a su, tout en laissant la plus large part d'initiative aux officiers sous ses ordres, développer les qualités qui font les bons chefs.

Par décret du 11 octobre 1894, M. le lieutenant-colonel JANNOT, du 132ᵉ régiment d'infanterie, était nommé colonel du régiment, qu'il commandait jusqu'au 26 juin 1895. Il fut remplacé à cette époque par M. le colonel DE LUXER, auquel succéda, le 5 octobre 1895, M. le colonel LORENTZ.

Le 30 janvier 1895, le 148ᵉ fournit un détachement

de quelques hommes qui avaient demandé à faire partie de l'expédition de Madagascar, et à concourir à la formation du 200ᵉ régiment d'infanterie.

Le 24 septembre de la même année, le soldat de 1ʳᵉ classe SÉCHER, ayant appartenu à la 10ᵉ compagnie du 148ᵉ, écrivait à un de ses camarades de régiment la lettre suivante :

Tananarive, le 24 septembre 1895.

Mon cher Calixte,

J'ai été vraiment content d'apprendre de tes nouvelles ; j'espère que tu seras heureux, toi aussi, d'apprendre que tout est terminé à Madagascar. Ma santé est très bonne et je suis le seul soldat du 148ᵉ qui soit en bonne santé, et le seul de ton vieux régiment qui a pu représenter le 148ᵉ dans la capitale, Tananarive ; et je me trouve actuellement seul du 148ᵉ pour rentrer en France au mois de décembre, car mes pauvres camarades ont été évacués sur la France. Ils n'ont pu supporter les fatigues ; les vivres ont manqué pendant vingt-neuf jours, c'est-à-dire vingt-neuf jours où l'on n'a mangé que du biscuit et bu que de l'eau malsaine ; un bataillon du 200ᵉ seulement a pu arriver à Tananarive. Nous y sommes rentrés après de brillants combats qui feront honneur aux petits vitriers ; nous avons eu dix morts et soixante blessés de notre côté. Tant qu'à l'ennemi, je n'en sais pas le nombre, les cadavres étaient les uns sur les autres. Nous serons rapatriés le 1ᵉʳ décembre ; nous arriverons en France pour les étrennes ; c'est alors que je pourrai te raconter bien des choses, car je pense revenir au 148ᵉ ; toutes les troupes retourneront dans leur corps d'armée.

Je ne vois rien à te dire pour le moment ; tu ne me répondras pas avant que je t'écrive de nouveau.

Je termine en te serrant la main de loin.

Je suis pour la vie ton camarade.

SÉCHER,<br>Soldat au 200ᵉ.

Bien le bonjour à la 10ᵉ compagnie, ainsi qu'aux bons officiers, et bien des compliments à tous les camarades.

Honneur au 200ᵉ de marche !

Vive la France !

Dans sa touchante simplicité, cette lettre est bien le reflet des sentiments du soldat français à l'égard de ses camarades, de ses chefs et de son pays. L'affection pour la famille militaire, le dévouement à ses officiers, la fidélité au drapeau, telles sont les vertus militaires qui caractérisent surtout nos braves troupiers, et en font des patriotes d'abord, des héros ensuite.

Le 16 septembre 1896, le régiment quittait Verdun, y laissant son quatrième bataillon, et il venait tenir garnison à Sedan, où il remplaçait le 120° (1).

Il fait alors partie de la 24° brigade (général Lelorrain), 12° division (général Kessler), 6° corps d'armée (général Hervé).

Le 6 octobre 1896, le régiment se rend à Châlons, et assiste à la revue de l'empereur de Russie.

Le 17 août 1898, le colonel LORENTZ envoyait au 148° russe le télégramme suivant :

*Colonel* LORENTZ, *du 148°, à colonel Adlelberg, du 148° russe,*
*à Cronstadt (Russie).*

Le colonel et les officiers du 148° régiment d'infanterie, réunis à l'occasion du concours de tir, envoient au colonel Adlelberg et aux officiers du 148° régiment de la Caspienne un salut fraternel.

Ils joignent leurs vœux les plus chaleureux pour l'empereur et la famille impériale, pour la prospérité du vaillant régiment de la Caspienne et la grandeur de la Russie.

Réponse du 148° russe, le 20 août, 9 h. 16 soir, envoyée de Krasnoë-Sélo :

--------

(1) L'autre régiment de la brigade, le 147°, fut dirigé sur Givet.

*Colonel Lorentz, Sedan (France).*

Moi et les officiers du régiment Caspienne, profondément touchés des sentiments fraternels, envoient leurs meilleurs vœux pour la prospérité du brave 148ᵉ et tendent leurs mains aux chers camarades en s'écriant : « Vive la France! »

ADLELBERG.

Le 14 août 1897, le régiment quitte Sedan pour aller au camp de Châlons exécuter les feux de guerre ; il se rend ensuite dans l'Aisne, pour prendre part, avec la 12ᵉ division, aux manœuvres d'automne contre le 1ᵉʳ et le 2ᵉ corps d'armée. La revue finale est passée aux environs de Saint-Quentin, par M. Félix Faure, président de la République, en présence du roi de Siam.

Le 27 mai 1898, le 148ᵉ se rend au camp de Châlons, pour y exécuter ses feux de guerre, et, le 1ᵉʳ septembre, il prend part aux grandes manœuvres des 5ᵉ et 6ᵉ corps, clôturées par la revue finale passée près Courtelmont par M. le général Jamont, membre du conseil supérieur de la guerre.

Le 30 novembre 1897, M. le général de division Kessler, nommé commandant du 10ᵉ corps d'armée, avait été remplacé par M. le général de division Gallimard.

Le 23 février 1898, M. le général Kessler est nommé commandant du 6ᵉ corps d'armée, en remplacement de M. le général Hervé, et, le 25 juin 1899, M. le général Hartschmidt remplace à la tête de la 12ᵉ division M. le général Gallimard, nommé au commandement du 9ᵉ corps d'armée.

Le 25 août 1899, le régiment se rend au camp de Châlons pour y exécuter ses feux de guerre, et, le 4 septembre, il quitte le camp pour prendre part aux grandes manœuvres exécutées par le 6ᵉ corps entre Saint-Mihiel et Verdun, contre les troupes du 20ᵉ corps.

Rentré à Sedan le 20 septembre, le 148ᵉ, après avoir fait séjour dans cette ville, se dirige par étapes sur Givet, sa nouvelle garnison, et y arrive le 24 septembre 1899.

Par décret du 16 mai 1901, M. le lieutenant-colonel breveté CANTON est nommé colonel et affecté au 148ᵉ, en remplacement de M. le colonel LORENTZ, décédé, le 17 avril 1901, dans l'exercice de son commandement.

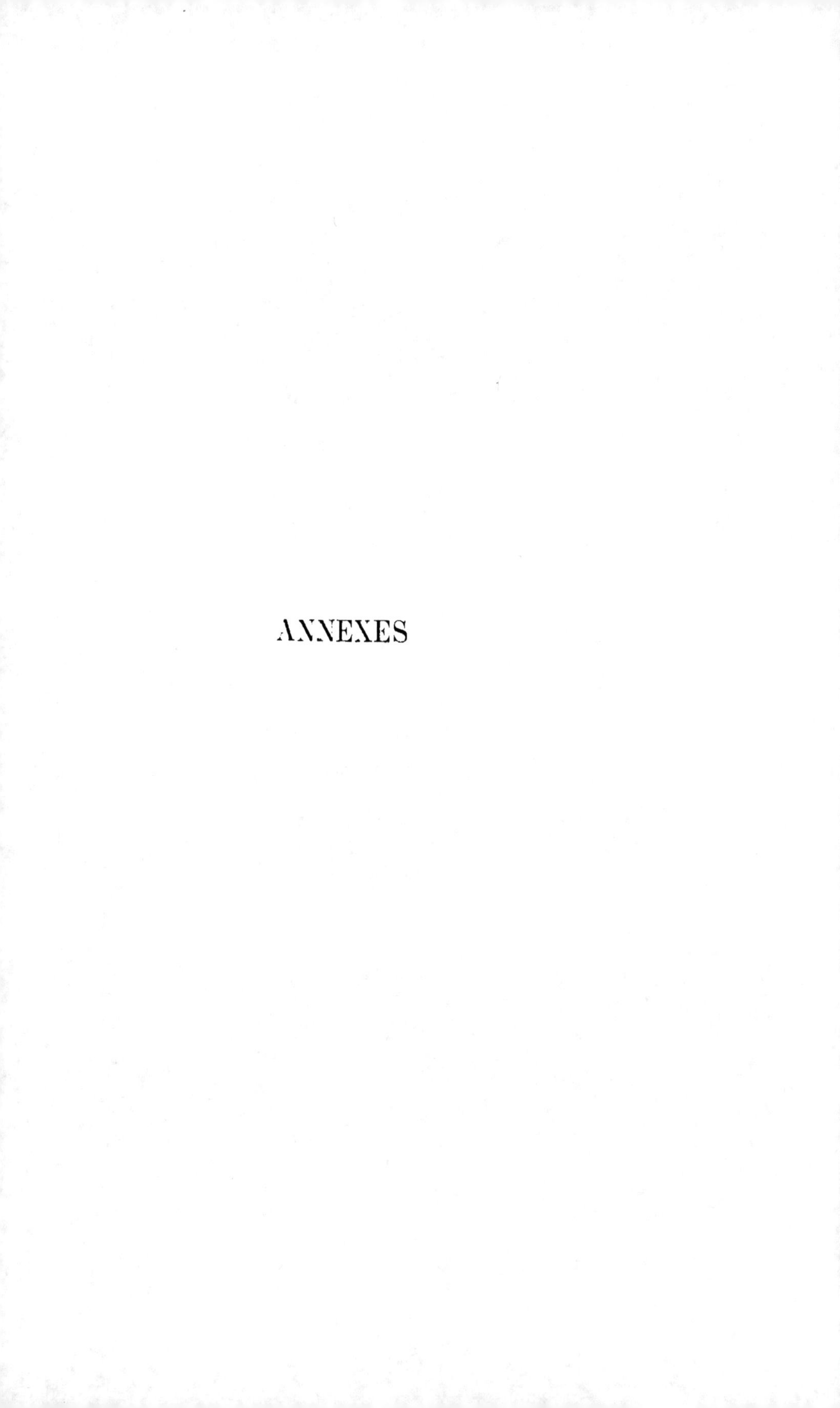

ANNEXES

I

# La Tour d'Auvergne (1)

(NOTICE BIOGRAPHIQUE)

Théophile-Malo CORRET, qui s'appela plus tard DE LA TOUR D'AUVERGNE, naquit le 23 décembre 1743, à Carhaix, ville de la Cornouaille, en Basse-Bretagne. Son père était avocat à la cour, et sa mère était une dame Jeanne-Lucrèce Salaün.

Les quelques lignes suivantes, transcrites de la main même de notre héros au dos de son portrait, au château de la Haye, près Carhaix, chez son arrière-petite-nièce, M^me de Pontavice de Heussey, en 1767, ne laissent aucun doute sur sa parenté avec le grand Turenne :

Henri de Corret est fils naturel reconnu de M^lle de Corret et de Henri de la Tour d'Auvergne, duc de Bouillon, prince souverain de Sedan, père de Frédéric de Bouillon et de Henri, vicomte de Turenne, le fameux maréchal.

Henri de Corret épousa Marie Dupuis de la Galauperie.

Mathurin de Corret, fils de Henri, épousa en premières noces Marie de Quellinec des barons du Pont, dont il eut deux garçons et une fille ; il convola en secondes noces avec Barbe la Scaffunci. Ollivier-Louis de Corret, mon père, épousa Jeanne-Lucrèce Salaün du Retz, veuve de Jean-Baptiste des barons de Gémandré Kéranstret.

En 1755, Théophile-Malo fut placé au collège de Quimper, alors dirigé par les Jésuites, et y fit de brillantes études.

-----

(1) La Tour d'Auvergne tient dans l'historique du 148^e une place assez importante et surtout assez brillante pour que nous n'hésitions pas à lui consacrer un chapitre spécial et à résumer en quelques pages la vie de ce glorieux soldat, surnommé à juste titre Premier grenadier de la République.

Le 5 avril 1767, grâce à de hautes protections et à un certificat de complaisance, qui lui reconnaissait le droit à la particule et au titre d'écuyer, il fut admis, en qualité de mousquetaire, dans la 2e compagnie des mousquetaires noirs de la maison du roi. Il avait alors vingt-trois ans et demi.

Le marquis de Fremeur, colonel du régiment d'Angoumois, obtint, le 1er septembre 1767, la nomination de Corret comme sous-lieutenant dans son régiment. Le 16 avril 1771, il fut nommé sous-lieutenant de grenadiers, lieutenant en second le 21 mai suivant, et lieutenant en premier le 8 avril 1779.

Le grade de capitaine lui fut conféré le 29 octobre 1784.

Dans le courant de l'année 1779, Théophile-Malo de Corret fut autorisé par le duc de Bouillon (Henry-Charles-Godefroy), à faire précéder son nom de celui de **La Tour d'Auvergne**.

Voici la lettre que lui écrivit le duc :

A Caen, le 23 octobre 1777.

Je serai très content, Monsieur, d'être à portée de vous être utile ; j'en saisirai toutes les occasions avec bien du plaisir. Je n'avais pas besoin du certificat que vous m'avez adressé et que je vous renvoie ci-joint, pour m'assurer de tous les détails dans lesquels vous êtes entré avec moi et avec M. Marchand, mon intendant, qui m'a rendu un compte exact des pièces que vous lui avez communiquées pour en faire l'examen. En conséquence, vous pouvez, Monsieur, d'après cette lettre, prendre mon nom et les armes de ma maison qui sont La Tour d'Auvergne et le gonfano, en ajoutant dans l'écusson la barre, comme enfant naturel de ma maison. Je prendrai toujours l'intérêt le plus vif et le plus sincère à ce qui pourra vous concerner, soyez-en bien persuadé, et que personne ne vous honore, Monsieur, avec une plus particulière distinction que moi.

GODEFROY, duc régnant DE BOUILLON.

Le diplôme fut enregistré en la cour de Bouillon. En voici un extrait :

Nous avons dû, d'après les preuves les plus certaines, reconnaître le sieur Théophile-Malo de Corret comme descendant de Henry de Corret, fils naturel de notre très honoré seigneur et quadrisaïeul Henri de La Tour d'Auvergne, duc de Bouillon. En conséquence, nous avons, par ces présentes, signées de notre main, autorisé et autorisons ledit sieur de Corret à prendre le nom de La Tour d'Auvergne, les armes de notre maison écarlatées avec celles de Corret et barrées de gauche à droite, ainsi que ses enfants à naître en légitime mariage et leurs descendants à perpétuité.

Sedan, le 23 octobre 1779.

GODEFROY, duc DE BOUILLON.

Enfin, le diplôme définitif porta la date du 20 mai 1780. Dès lors, Corret signa La Tour d'Auvergne-Corret, et, par abréviation, La Tour d'Auvergne.

La Tour d'Auvergne profita souvent des semestres pour aller à Paris et dans son pays natal.

Pendant un de ses congés, La Tour d'Auvergne fit campagne contre les Anglais, qui défendaient Mahon, assiégé par les Espagnols, commandés par le duc de Crillon ; mais, malgré de nombreuses actions d'éclat, avant même la fin du siège, il lui fallut rentrer en France, rappelé brutalement par le ministre de la guerre.

Le 13 janvier, en effet, il reçut du général Falkenheim la lettre suivante :

Mahon, 13 janvier 1782.

Je dois vous prévenir, Monsieur, que, suivant la lettre du 20 décembre que je viens de recevoir de M. le marquis de Ségur, il désapprouve tellement la démarche que vous avez faite de passer dans cette île, malgré les ordres du roi que je vous ai signifiés dès votre arrivée à Toulon, que, si vous prolongez votre séjour dans cette île, le ministre ne pourra s'empêcher d'en rendre compte à Sa Majesté, qui nommera à votre emploi.

Le coup fut rude pour La Tour d'Auvergne ; voici ce qu'il écrivit à son ami Le Coz, pour lui expliquer son retour :

Tous les gens de qualité qui ont demandé d'aller à **Mahon** et que le ministre de la guerre a refusés ont jeté les hauts **cris** quand ils ont su que j'y étais et ont taxé d'injustice le **ministre**. Il a fallu leur prouver que je n'y étais pas, et par **son** ordre j'ai été rappelé.

Dans la lettre à son beau-frère, qui suit, il s'épanche plus longuement, et il fait connaître les sentiments de discipline dont son âme était pleine :

Mahon, sous le fort Saint-Philippe, 14 janvier 1792.

Je reçois à l'instant, mon cher frère, votre lettre du 30 novembre, et j'y réponds sans différer un moment, étant dans les termes de mon départ pour me rendre en France, attendant à chaque minute que le bâtiment sur lequel je dois m'embarquer mette à la voile. La lettre que je reçus hier de **M.** Falkenheim, général de l'armée française, et dont je vous envoie ici copie, vous mettra au fait, en deux mots, de ce qui me regarde. Un coup de massue ne m'aurait pas plus abasourdi.

Je ne me permets aucune réflexion, mon cher frère, sur tout ce que cette lettre renferme de dur pour moi ; les plaintes, dans notre état, sont toujours déplacées : je gémis seulement très amèrement sur la rigueur de mon sort, d'avoir passé ici tout le pénible du siège, et au moment où, après trois mois complets de service, sans distraction, à bien dire, d'un seul jour, je m'attendais à en cueillir quelque fruit, je reçois l'ordre de retourner en France. Je crois avoir dit à ma sœur, dans ma dernière lettre, que M. de Latour-Dupin-Chambli m'avait dit avoir vu mon nom inscrit au bureau de la guerre comme employé à Mahon ; je rapportai l'obligation de ce service à M. le général baron de Wimpffen, sur la foi, la lettre et la promesse duquel d'arranger mon affaire avec M. de Ségur j'étais parti à l'avance pour Minorque.

Ce général, sur ces entrefaites, est venu à mourir, et moi, qu'on avait oublié ici pendant près de trois mois, je suis devenu, au bout de ce temps, l'objet du ressentiment de la cour.

C'est un de ces événements que toute la prudence humaine

n'aurait pu prévoir. Vous connaissez mon extrême sensibilité, et ce que je dois souffrir au moment où je vous écris : mais ne croyez pas pour cela mon âme abattue par ce revers ; il me semble, au contraire, que je trouve dans mon malheur de nouvelles forces. J'aurais trop à rougir, si je croyais avoir à me justifier d'une imputation de désobéissance.

Quand on se trompe on commet une méprise, rien de plus; c'est le cas où je me suis trouvé vis-à-vis du général Falkenheim qui, me mandant que ses neveux n'avaient pu obtenir de passer avec lui que parce qu'ils avaient un semestre, semblait m'indiquer que je pouvais par la même raison suivre la même route qu'eux. La sensibilité extrême que M. le général duc de Crillon m'a témoignée sur l'événement qui me regarde m'a pénétré jusqu'à l'âme. Il a poussé la prévenance obligeante jusqu'à m'offrir de prendre sur lui mon séjour dans ce pays jusqu'à la consommation du siège, et de faire demander cette grâce par la cour d'Espagne à celle de France. Je n'ai pu consentir à cette offre, prévoyant ce qui en résulterait un jour de fâcheux pour moi dans mon service, de n'avoir pas déféré sans réplique et sans remise aux ordres du roi. Je pars pour Versailles avec des lettres du général de la plus intime recommandation pour M. de Ségur, auquel il me demande comme aide de camp. Vous ne sauriez, ainsi que moi, approuver les termes trop flatteurs dont il enivre mon amour-propre dans cette lettre et dans une autre à M. le duc de Bouillon, dont je vous envoie copie.

Si j'échoue dans cette démarche, sans différer un moment, je passerai probablement à Bouillon pour la prestation du serment que j'ai toujours différé de faire. J'ai été assez heureux de captiver ici, par ma conduite, le suffrage universel des deux armées à un point difficile à vous exprimer. A sonder mes plaies depuis trois mois passés que je suis à ce siège, je ne m'en trouve d'autres que dans le cœur, que j'ai, à la vérité, très ulcéré. Je n'ai éprouvé ici que les faveurs des hasards de notre métier, deux légères contusions qui ne m'ont pas même fait garder la chambre.

Ma santé est meilleure qu'elle n'a jamais été, quoique, sur quatre nuits, j'en aie passé régulièrement trois au bivouac depuis plus de trois mois.....

LA TOUR D'AUVERGNE-CORRET.

Arrivé à Paris, La Tour d'Auvergne fit inutilement

des démarches pour retourner à Mahon ; rentré au régiment d'Angoumois, il reprit ses pérégrinations à travers les garnisons.

Le 6 octobre 1791, le roi Louis XVI le fit chevalier de Saint-Louis.

Le 5 février 1792, il fut nommé capitaine des grenadiers, et placé à la tête de la compagnie de grenadiers du 2ᵉ bataillon.

Nous avons vu la conduite si courageuse tenue par La Tour d'Auvergne lors de l'émigration, et les sentiments de patriotisme qu'il afficha au moment de la période révolutionnaire ; rendons hommage au désintéressement dont il fit preuve pendant toute sa carrière. Toujours il refusa les offres d'avancement que ses chefs le pressaient d'accepter.

En 1792, alors que les officiers nobles émigraient, La Tour d'Auvergne, après une des propositions d'avancement qui lui étaient faites, déclara qu'il n'accepterait jamais d'autre grade que celui que ses camarades lui avaient connu au moment de leur séparation. Il ne voulait pas que ses camarades pussent lui supposer un instant l'arrière-pensée de profiter de leur départ pour gagner l'avancement rapide qu'il n'avait pu obtenir jusqu'alors.

En 1793, le général en chef Servan proposait La Tour d'Auvergne pour colonel du 20ᵉ régiment (Cambrésis), en garnison à Bayonne, et Lacuée, chef d'état-major, écrivait à ce sujet au ministre : « Je crois qu'il serait difficile de faire un meilleur choix. »

Les représentants du peuple, en attendant la décision du ministre, le nommèrent colonel à titre provisoire (25 avril) ; mais La Tour d'Auvergne refusa net.

A toutes les propositions qui lui furent faites dans la suite, notamment en juillet 1793, au moment où la place

de lieutenant-colonel était devenue vacante dans son régiment, La Tour d'Auvergne opposa un refus formel, et
il ne voulut jamais revenir sur sa première résolution.

Il resta simple capitaine.

On a souvent cherché les raisons pour lesquelles La
Tour d'Auvergne refusait l'avancement légitime auquel
ses prouesses lui donnaient tous les droits ; cependant,
pourquoi ne pas le croire quand il le dit lui-même :

Je me trouve heureux de veiller dans un poste avancé au
salut de l'armée ; je ne désire pas d'autre rôle.

Et, plus tard, il écrivait encore :

La faveur, la fortune, l'éclat des rangs et des honneurs ne
m'ont jamais ébloui ; je me suis toujours tenu à la place
où la Révolution m'a trouvé, et l'ai gardée avec autant de
soin que le soldat fidèle en met à conserver le poste qui lui est
confié.

La Tour d'Auvergne se trouvait à sa place au milieu
de ses grenadiers, qui l'adoraient; l'affection récipro-
que qui existait entre le capitaine et ses soldats,
le désir constant de l'officier de partager toutes les
fatigues de ses hommes, de vivre de la même vie que le
plus simple grenadier expliquent déjà, à défaut d'autres motifs, son abnégation et son absence d'ambition.

Toute sa vie, La Tour d'Auvergne s'occupa d'histoire,
d'archéologie, de linguitisque, de numismatique. Il ap-
prend l'italien, l'espagnol, l'allemand, l'anglais. Il écrivit un ouvrage intitulé : *Les Origines gauloises*, pour
démontrer les rapports physiques et moraux des Bre-
tons de l'Armorique avec les anciens Gaulois.

En 1794, La Tour d'Auvergne, éprouvé par ses pénibles campagnes et la maladie, sentant d'ailleurs ses
forces décliner, demanda sa retraite. Il s'embarqua à
Bayonne dans les premiers jours de 1795, sur un petit

transport, la *Lormontaise*, qui fut capturé aux environs de Brest par les Anglais.

Après une année de dure captivité, il fut rendu à la liberté par échange avec un officier anglais (7 janvier 1796).

Son pays natal était occupé par les chouans, et, ne voyant aucune possibilité d'y finir tranquillement ses jours, il pensa à se rendre dans le pays des Basques, et près des frontières où il avait combattu jadis ; puis il changea d'avis et se retira à Passy. Mais son repos fut de courte durée ; la guerre recommençant, le brave soldat voulut y prendre part, et il demanda au ministre de jouir de sa retraite dans une armée de la République.

La 148ᵉ demi-brigade n'existait plus ; il rejoignit l'armée du Rhin. C'était un nouvel acte de dévouement que ce départ : le vieux capitaine avait obtenu de remplacer à l'armée le fils de son ami Le Brigant, que la conscription appelait.

Les soins du jeune homme étaient indispensables à son père infirme.

La Tour d'Auvergne ne songea même pas à user de son crédit pour lui faire obtenir une dispense ; il partit à sa place, et, malgré ses cinquante-six ans, il fit encore deux campagnes à la 46ᵉ demi-brigade, marchant à la tête des grenadiers, donnant l'exemple.

C'est alors que sur la proposition de Carnot, ministre de la guerre, le premier consul lui décerna un sabre d'honneur et le titre de Premier grenadier des armées de la République.

Voici le rapport de Carnot, ministre de la guerre :

En fixant mes regards sur les hommes dont l'armée s'honore, je vous ai vu, Citoyen, et j'ai dit au premier consul :

La Tour d'Auvergne-Corret, né dans la famille de Turenne, a hérité de sa bravoure et de ses vertus.

C'est l'un des plus anciens officiers de l'armée ; c'est celui qui compte le plus d'actions d'éclat ; partout les braves l'ont surnommé le plus brave.

Modeste autant qu'intrépide, il ne s'est montré avide que de gloire et a refusé tous les grades. Aux Pyrénées occidentales, le général commandant l'armée rassembla toutes les compagnies de grenadiers, et, pendant le reste de la guerre, ne leur donna point de chef. Le plus ancien capitaine devait commander : c'était La Tour d'Auvergne. Il obéit, et bientôt ce corps fut nommé la *colonne infernale*.

Un de ses amis n'avait plus qu'un fils, dont les bras étaient nécessaires à sa subsistance ; la conscription l'appelle. La Tour d'Auvergne, brisé de fatigues, ne peut travailler, mais il peut encore se battre. Il vole à l'armée du Rhin remplacer le fils de son ami ; et pendant la campagne, au premier rang, il est à toutes les affaires et anime les grenadiers par ses discours et par son exemple.

Pauvre, mais fier, il vient de refuser le don d'une terre que lui offrait le chef de sa famille. Ses mœurs sont simples, sa vie est sobre ; il ne jouit que du modique traitement de capitaine à la suite et ne se plaint pas.

Plein d'érudition, parlant toutes les langues, son savoir égale sa bravoure, et on lui doit l'ouvrage intéressant intitulé : *Les Origines gauloises*.

Tant de vertus et de talents appartiennent à l'histoire; mais il appartient au premier Consul de la devancer.

Le premier consul, Citoyen, a entendu ce précis avec l'émotion que j'éprouvais moi-même ; il vous a nommé sur-le-champ premier grenadier des armées de la République et vous décerne un sabre d'honneur.

Salut et fraternité.

Signé : CARNOT.

La Tour d'Auvergne ne voulut pas accepter ce titre, et il écrivit au ministre de la guerre pour refuser ; cependant, devant l'insistance de ses chefs, il se résigna, et conserva le sabre d'honneur, avec le titre de Premier grenadier des armées de la République, dont d'ailleurs il ne se para jamais.

Le 27 juin 1800, la 46ᵉ demi-brigade soutint à Oberhausen un combat long et acharné contre les Autrichiens ; on se battit toute la nuit. La Tour d'Auvergne, qui, au premier rang, encourageait ses hommes, tomba percé d'un coup de lance au cœur. Il était 11 heures du soir. Il expira sans dire une parole.

Le chef d'état-major de l'armée du Rhin, général Dessoles, fit, au sujet du glorieux trépas de La Tour d'Auvergne, l'ordre général suivant :

Du quartier général à Augsbourg, 12 messidor an VIII.

**Mes chers Camarades,**

Le brave La Tour d'Auvergne a trouvé une **mort glorieuse.** Les soldats à la tête desquels il combattit si souvent lui doivent un témoignage solennel de regret et d'admiration. **En** conséquence, le général en chef ordonne :

1° Les tambours des compagnies de grenadiers de toute l'armée seront pendant trois jours voilés de crêpe noir ;

2° Le nom de La Tour d'Auvergne sera conservé à la tête du contrôle de la compagnie de la 46° demi-brigade où il avait choisi son rang. Sa place ne sera point remplie, et l'effectif de cette compagnie ne sera plus dorénavant que de 82 hommes ;

3° Il sera élevé un monument sur la hauteur en arrière d'Oberhausen, au lieu même où La Tour d'Auvergne a été tué ; les restes du chef de brigade Forty, commandant la 46°, qui a reçu la mort à ses côtés, après avoir fait des prodiges de valeur, y seront aussi déposés ;

4° Ce monument consacré aux vertus et au courage, est mis sous la sauvegarde de tous les pays.

Signé : DESSOLES,
Chef de l'État-Major général de l'armée du Rhin.

Ce monument, érigé le 20 septembre 1800, fut consacré par le clergé d'Oberhausen.

Le 19 février 1837, le roi de Bavière, Louis I<sup>er</sup>, prescrivit de restaurer le monument, qui tombait en ruines. Le 3 août, on ouvrit le tombeau, et on trouva les ossements en bon état de conservation.

Louis Ier fit ajouter à la première inscription ces deux beaux vers :

Wer, seinen Todt im heiligen Kampf'fand
Ruht auch in fremder Erd' im Vaterland !

*Traduction.*

Si pour la sainte cause un soldat perd la vie,
Même en terre étrangère, il trouve une patrie.

Le 10 juillet 1803, le premier consul rendit l'arrêté suivant :

ARTICLE PREMIER. — Le cœur de La Tour d'Auvergne, premier grenadier de la République, mort le 8 messidor an VIII, continuera à être porté ostensiblement par le fourrier de la compagnie de grenadiers de la 46e demi-brigade dans laquelle il servait.

ART. 2. — Le nom de La Tour d'Auvergne sera maintenu dans les contrôles et dans les revues ; il sera nommé dans tous les appels et le caporal de l'escouade dont il faisait partie répondra par ces mots : « Mort au champ d'honneur ! »

BONAPARTE.

Après la guerre de 1870, le colonel commandant le 46e régiment d'infanterie décida qu'à l'appel quotidien de 11 heures, le sergent-major de la compagnie du drapeau appellerait le nom de La Tour d'Auvergne, et que le plus ancien sergent répondrait : « Mort au champ d'honneur ! »

Aujourd'hui, cet appel en l'honneur du premier grenadier de la République a encore lieu, mais seulement lorsque le drapeau sort.

Le 27 juin 1900, des fêtes auxquelles le ministre de la guerre, M. le général André, se fit un devoir d'assister, eurent lieu à Carhaix, en l'honneur du centenaire de la mort de La Tour d'Auvergne.

## II

**PIÈCES DIVERSES CONCERNANT LA TOUR D'AUVERGNE**

——

6 OCTOBRE 1791
K 883

### 80ᵉ RÉGIMENT ANGOUMOIS

——

### La Croix de Saint-Louis.

*Pour le* Sʳ de **La Tour d'Auvergne-Corret de Keranstret (Théophile-Malo), capitaine.**

Mousquetaire en la 2ᵉ compagnie, le 3 avril 1767.

Suivant le certificat ci-joint :
Sous-lieutenant le 1ᵉʳ septembre 1767.
Lieutenant le 21 mai 1771.
Capitaine le 29 octobre 1784.

Du 3 avril 1767 au 3 juillet 1791.......  24 ans 3 mois de service.
Campagne à Mahon.....................  1 an.
_______________
25 ans 3 mois de service.

Né en 1743, est âgé de 48 ans.
Le motivé trouve cette demande juste.

Signé :

Ci-joint le mémoire, qui est la copie du certificat de capitaine en second, avec, en plus :

Cet officier a servi avec la plus grande distinction, comme il est constaté par le certificat que lui a donné Monsieur le duc de Crillon-Mahon, tout écrit de la main de ce général, dont on ne peut rien ajouter à la manière dont Monsieur de la Tour d'Auvergne s'est toujours conduit dans le régiment d'Angoumois où il jouit de l'estime la plus méritée.

Je me trouve heureux en lui rendant cette justice de pouvoir prier Monsieur du Portail de lui accorder la grâce qu'il demande.

Signé : GEORGE.

LIBERTÉ, ÉGALITÉ, FRATERNITÉ OU LA MORT

18 NIVÔSE AN III.

## INFANTERIE

(Envoyé le 23 nivôse à 2 heures.)

### COMMISSION

### DE L'ORGANISATION ET DU MOUVEMENT

### DES ARMÉES DE TERRE

Paris, le 23 nivôse,
l'an troisième de la République française, une et indivisible.

## AMPLIATION

EXTRAIT DES REGISTRES DU COMITÉ DE SALUT PUBLIC

Du 18ᵉ jour du mois de nivôse, l'an troisième de la République française, une et indivisible,

Le Comité de Salut public arrête que LA TOUR d'AUVERGNE-CORRET, capitaine dans la 148ᵉ demi-brigade, est autorisé à demander sa retraite ;

Charge la commission de l'organisation et du mouvement des armées de terre de l'exécution du présent arrêté.

*Les membres du Comité de Salut public.*

Signé : CAMBACÉRÈS, CARNOT, RICHARD (Jh), CHAZAL, PETOT-MARIE, DUMONT.

RÉPUBLIQUE FRANÇAISE

SECRÉTARIAT GÉNÉRAL

LIBERTÉ, ÉGALITÉ, FRATERNITÉ OU LA MORT

BUREAU
DES
LOIS ET ARCHIVES

Nº

## DÉPARTEMENT DE LA GUERRE

AMPLIATION

Au nom du Peuple français.....

Du 7 floréal, l'an VIII de la République, une et indivisible, Bonaparte, premier consul de la République, sur la proposition du ministre de la guerre, arrête ce qui suit :

Le défenseur de la patrie LA TOUR D'AUVERGNE-CORRET est nommé Premier grenadier des armées de la République.

Il lui sera décerné un sabre d'honneur.

Le ministre de la guerre est chargé de l'exécution du présent arrêté.

Signé : BONAPARTE.

Pour le premier Consul :

*Le secrétaire d'Etat,*

Signé : Hugues DE MAZEL.

Pour ampliation :

*Le secrétaire général du département de la guerre,*

Signé : Auguste COLLIGNON.

## Lettre du Ministre de la guerre au citoyen de La Tour d'Auvergne-Corret.

En fixant mes regards sur les hommes dont l'armée s'honore, je vous ai vu, Citoyen, et j'ai dit au premier consul :

La Tour d'Auvergne-Corret, né dans la famille de Turenne, a hérité de sa bravoure et de ses vertus. C'est l'un des plus anciens officiers de l'armée, c'est lui qui compte le plus d'actions d'éclat ; partout les braves l'ont nommé le plus brave.

Modeste autant qu'intrépide, il ne s'est montré avide que de gloire et a refusé tous les grades. Aux Pyrénées orientales, le général commandant l'armée rassembla toutes les compagnies de grenadiers et pendant le reste de la guerre ne leur donna point de chef. Le plus ancien capitaine devait commander, c'était La Tour d'Auvergne. Il obéit et bientôt ce corps fut nommé par les ennemis la « colonne infernale ».

Un de ses amis n'avait qu'un fils, dont les bras étaient nécessaires à sa subsistance. La conscription l'appelle. La Tour d'Auvergne, brisé de fatigue, ne peut travailler ; mais il peut encore se battre. Il vole à l'armée du Rhin, remplace le fils de son ami, et pendant deux campagnes, le sac au dos, toujours au premier rang, il est à toutes les affaires et anime les grenadiers par ses discours et son exemple.

Pauvre, mais fier, il vient de refuser le don d'une terre que lui offrait le chef de sa famille. Ses mœurs sont simples, sa vie est sobre, il ne jouit que du modique traitement de capitaine à la suite et ne se plaint pas.

Plein d'instruction, parlant toutes les langues, son érudition égale sa bravoure et on lui doit l'ouvrage intéressant intitulé : *Les Origines gauloises.*

Tant de vertu et de talent appartiennent à l'histoire, mais il appartient au premier Consul de la dénoncer.

Le premier consul, Citoyen, a entendu ce récit avec une émotion que j'éprouvais moi-même ; il vous a nommé, sur-le-champ, premier grenadier des armées de la République et vous décerne un sabre d'honneur.

Pour copie conforme :

*Le ministre de la guerre,*
Signé : CARNOT.

## Lettre originale de La Tour d'Auvergne au général La Chapelette.

Au camp de Sarre, le 16 mai 1793, an II de la
République française.

Citoyen Général,

J'ai reçu, à 3 heures après minuit, une ordonnance partie
à 12 heures de Saint-Jean-de-Luz pour remettre la lettre par
laquelle vous me demandez les états des différentes compagnies
de grenadiers à nos ordres pour la revue des commissaires
députés de la Convention qui doivent la passer aujourd'hui à
Bidart. Ces états que vous aviez précédemment demandés
avaient été remplis ; il est survenu et il survient journellement
beaucoup de mutations ; deux nouvelles compagnies ont été
incorporées à la troupe que je commande ; nous ne sommes
pas encore à ce moment sous la tente ; toutes nos compagnies
sont dispersées à de grandes distances ; ainsi, vous voyez l'impossibilité de vous faire parvenir ces états pour le moment
où vous les auriez voulus. Tous nos sergents-majors vont s'en
occuper immédiatement et je vous enverrai une ordonnance
pour vous les porter.

Une mesure qui vous paraîtra indispensable est celle d'ordonner à tous les commandants de corps d'envoyer faire le
prêt ici à leurs compagnies de grenadiers ou de confier l'argent de ce prêt au moins pour quinze jours aux capitaines
des compagnies qui ne veulent ou ne peuvent faire les avances;
vous sentez qu'il m'est impossible, étant en présence de l'ennemi, de me dégarnir pendant six ou huit heures de nos sergents-majors ou fourriers; nous avons des officiers, sous-officiers et grenadiers malades, sans cependant l'être assez pour
vouloir abandonner leur poste ; pour mon compte, j'ai un
cours de ventre dysentérique depuis plusieurs jours, et je
rends le sang ; ma santé est épuisée ; nous n'avons pas ici un
chirurgien ou aide-chirurgien.

Le général Servan me mandait le 14 qu'il donnait l'ordre
au général Dubouquet d'envoyer ici une brigade de dragons
pour la correspondance.

Je suis obligé, dans un point intermédiaire et très éloigné
de Saint-Pée et Saint-Jean-de-Luz, de faire faire le service
qui demande célérité par des hommes à pied.

Les détails d'un camp de 800 hommes étant les mêmes que ceux d'un camp de 20.000, comment peut-on laisser à un officier particulier un fardeau aussi accablant, sans lui donner aucun moyen d'exécution ? Rien ici n'est organisé ; il y faudrait un état-major ; il n'y en a aucun vestige, aucun commissaire, aucun préposé aux fourrages. Les conducteurs de nos mulets n'ayant pas trouvé ici de subsistance pour les vingt qu'ils conduisaient, les ont ramenés à Saint-Jean-de-Luz le jour même de notre arrivée, sans attendre mes ordres. Je n'en ai plus entendu parler. Voulez-vous bien en prévenir le commissaire des guerres, le citoyen Feugère ?

Jugez de notre position : elle est désespérante ; toutes mes réprésentations ont été vaines jusqu'ici. Chargé d'une responsabilité effrayante, à la veille de succomber, puisqu'on ne prend aucun moyen de venir à mon secours, quel est le caractère qui, sans s'altérer, pourrait résister à une position pareille ? J'ai conservé jusqu'ici mon honneur pur et sans tache ; je le vois à la veille d'être compromis à la fin de ma carrière, ainsi que ceux des braves que je commande, car je ne vous cache pas que le salut de la chose publique vers lequel nous devons tous tendre est très exposé dans cette partie et je vous prie très instamment de garder mes lettres et particulièrement celle-ci pour justifier ma conduite par ma correspondance en cas d'événement.

La place vacante de colonel venant d'être remplie par le citoyen Lasalle, celle de lieutenant-colonel devant l'être par Damours, me trouvant second fonctionnaire du régiment, je demande d'être rappelé à la place où je dois être si la loi s'explique sur ma position actuelle, me fondant sur les règlements militaires et sur les principes de justice qui nous régissent et qui prescrivent que chacun soit à sa place.

Je vous prie de vouloir bien exposer ma réclamation au citoyen Lasalle, colonel du régiment, afin qu'il y fasse droit si elle est fondée en raison. Il nous faudrait ici indispensablement un armurier. Je vous supplie d'obtenir du général Dubouquet de nous en envoyer un immédiatement et de faire faire à Bayonne une certaine quantité de tire-bourres et d'épinglettes. Je vous adresse les seuls états qu'il m'a été possible de recueillir pour le moment ou par le porteur, sergent-major des grenadiers de Bordeaux, pressé de se rendre à Bidart pour le prêt ; demain j'y ferai pour le reste.

BATAILLONS.

| | |
|---|---|
| 1<sup>er</sup> et 2<sup>e</sup> du 80<sup>e</sup>. | 2<sup>e</sup> des Hautes-Pyrénées. |
| 2<sup>e</sup> du Tarn. | 2<sup>e</sup> du 20<sup>e</sup> régiment. |
| 3<sup>e</sup> des Basses-Pyrénées. | 7<sup>e</sup> de la Gironde. |
| 3<sup>e</sup> du Gers. | |

Le 2<sup>e</sup> bataillon de l'Aude a envoyé le sien.

Il en manque encore trois, savoir :
Le 1<sup>er</sup> des Hautes-Pyrénées,
Le 1<sup>er</sup> du 20<sup>e</sup> régiment
Et le 3<sup>e</sup> de l'Hérault.

---

## Rapport du capitaine La Tour d'Auvergne sur le combat de Sarre.

Le citoyen La Tour d'Auvergne-Corret ayant à ses ordres une compagnie de grenadiers et cinquante fusiliers du 80<sup>e</sup> régiment, exécuta dans la journée du 1<sup>er</sup> mai l'ordre du général de brigade, le citoyen La Chapelette, celui de prendre une position vis-à-vis des ennemis, déjà maîtres de notre redoute, d'observer ses mouvements et de s'efforcer d'arrêter sa marche s'il se dirigeait vers notre camp. Le citoyen La Tour d'Auvergne-Corret, soutenu à sa droite par un piquet des volontaires, réunis auprès du citoyen La Chapelette, et ayant à sa gauche environ quarante chasseurs de la légion des montagnes et dix chasseurs de la Haute-Garonne, commandés par le citoyen Soubéran, parvint à résister pendant plus d'une heure à tous les efforts des ennemis et à repousser leur cavalerie, qui tenta vainement de l'entamer. Ne recevant aucun secours, et l'ordre de se replier lui ayant été renouvelé, il quitta sa position, effectua sa retraite sous le feu du canon de l'ennemi et se porta immédiatement au camp avec sa troupe, composée de grenadiers et de chasseurs de son régiment. Il forma, marchant toujours avec le général de brigade, le citoyen La Chapelette, l'arrière-garde des troupes du camp et contribua de tous ses efforts avec les grenadiers et fusiliers joints aux artilleurs de l'armée à sauver en présence de l'ennemi trois pièces de canon et deux caissons, qu'il escorta pendant onze heures, dans le seul trajet du camp de Sarre à Ustaritz.

Le citoyen La Tour d'Auvergne-Corret n'a aucune connais-

sance des faits étrangers au détachement de 110 hommes qu'il
a commandé dans l'affaire du 1ᵉʳ mai.

Signé : LA TOUR D'AUVERGNE-CORRET,

Capitaine de grenadiers du 80ᵉ régiment d'infanterie.

Bayonne, le 4 mai 1793, an II de la République.

## 1ᵉʳ BATAILLON DE LA 148ᵉ DEMI-BRIGADE

### CAMP DES SANS-CULOTTES

*Copie des rapports faits au chef de bataillon concernant les
actions de courage de nos frères d'armes dans la journée
mémorable du 17 pluviôse an II de la République, une et
indivisible, contre l'armée espagnole.*

### 1ᵉʳ Rapport.

Arrivant avec un détachement de cent hommes du 1ᵉʳ bataillon de la 148ᵉ demi-brigade, le citoyen La Tour d'Auvergne
s'empare de la hauteur d'où il aperçoit la droite dans un
délabrement complet, l'Espagnol les poursuivant avec vigueur. Il met sa troupe en bataille, détache quelques tirailleurs, envoie un peloton faire face aux Espagnols qui, du
haut du mamelon, faisaient un feu très vif sur nous ; il fait
marcher un piquet pour s'emparer d'une maison essentielle ;
pendant tout ce temps, l'Espagnol faisait avancer ses troupes,
tant infanterie que cavalerie ; mais la contenance ferme de
nos troupes, à qui s'étaient joints quelques petits détachements du Bec d'Ambez, de la 148ᵉ et des troupes égarées, et
les bonnes dispositions prises au fur et à mesure que les circonstances se présentaient par le citoyen La Tour d'Auvergne
donnèrent le temps aux troupes de se rallier et de charger avec
avantage l'ennemi qui joignait à ses nombreuses troupes de
l'artillerie, qui faisait feu sur nous jusqu'à ce qu'un obus
venant du camp démontât la pièce ennemie. Enfin, une pièce

de canon demandée par La Tour d'Auvergne finit par les faire disparaître totalement.

Certifié véritable :

Signé à l'original : Bessaguet et Doberboc, capitaines ; Corchebœuf, adjudant.

## 2ᵉ Rapport.

Déjà l'Espagnol se montrait en force de tous les côtés; le succès rapide qu'il faisait vers la droite avait forcé cette partie à se replier lorsque le capitaine La Tour d'Auvergne part du camp avec soixante hommes du 1ᵉʳ bataillon de la 148ᵉ demi-brigade et n'a que le temps de gagner aux hauteurs lorsqu'il voit les avant-postes de la droite déjà ébranlés et contraints de se retirer avec précipitation.

Le citoyen La Tour d'Auvergne détache aussitôt trente hommes de son petit détachement pour rallier les fuyards. Ces braves soldats courent et raniment de leur mieux leurs camarades; ils se mettent en tirailleurs avec eux et regagnent bientôt le terrain qu'ils avaient abandonné.

Pendant ce temps, sur la hauteur s'étaient joints de la 148ᵉ demi-brigade plusieurs petits renforts du 1ᵉʳ bataillon et du Bec d'Ambez. La Tour d'Auvergne avait couvert sa gauche par un peloton commandé par le capitaine Doberhoc, qui resta constamment en bataille pendant tout le temps de l'action, essuyant le feu de la mousqueterie et de l'artillerie espagnoles. Un détachement commandé par le capitaine Bessaguet chargea l'ennemi avec beaucoup de courage. L'Espagnol, très maltraité par notre artillerie, a laissé dans sa fuite plusieurs caissons de cartouches et beaucoup de fusils. On ne peut faire en général que l'éloge de la petite troupe commandée par La Tour d'Auvergne ; l'ordre, le courage et le sang-froid qui y ont régné prouvent qu'un chef valeureux fait toujours de ses soldats autant de héros.

Certifié véritable :

Signé à l'original : Larillanolères et Auguste Cordeneau, lieutenants ; Ferran, sous-lieutenant.

### 3ᵉ Rapport.

L'Espagnol attaqua à la fois tous les avant-postes du côté de la Croix avec tant de vigueur qu'il les força de se replier sur le retranchement de la droite du chemin. Peitavy est envoyé avec un détachement de 150 hommes du 1ᵉʳ bataillon de la 148ᵉ demi-brigade au poste des trois pièces, où était le chef de brigade de l'artillerie Lespinasse, qui lui donne l'ordre d'aller secourir la troupe qui était au retranchement de la Croix ; il s'y transporte de suite et arrive au moment où l'ennemi en force repoussait nos troupes. L'ennemi, maître de ce retranchement, s'y transporte en nombre, fait descendre une colonne sur la grande route, suivie de cavalerie. Notre troupe se replie au deuxième retranchement et est forcée jusqu'à la redoute de l'Eglise par l'ennemi, qui la prenait de front et par le flanc (où ils s'étaient embusqués dans le bois). Là, protégées par l'artillerie, nos troupes résistent, mais bientôt après, une pièce est renversée, et l'ennemi, à portée de pistolet, empêchait les canonniers de faire valoir l'autre. Alors les canonniers s'écrient : « Allons, nos camarades, c'est maintenant à vous, nous ne pouvons plus rien faire ! » A l'instant, la troupe retranchée fait sur l'ennemi un feu de file si bien nourri qu'il le force de se replier. Le capitaine Peitavy et son détachement sortent de la redoute, suivis d'une compagnie des chasseurs du 5ᵉ ; il poursuit l'ennemi, s'empare du premier retranchement, détache des tirailleurs dans le bas à sa gauche, qui prirent à l'ennemi quatre caissons de cartouches, qui servirent à les chasser des deux autres retranchements. Soutenus par les pièces qui arrivèrent à la redoute, accompagnées de plusieurs détachements des Landes de la 148ᵉ, nous parvenons enfin à leur faire évacuer toutes nos positions et à leur prouver que les soldats de cette armée étaient libres et valeureux.

Certifié véritable :

Signé à l'original : Jean Hostains, sous-lieutenant de la 148ᵉ demi-brigade.

### 4ᵉ Rapport.

A 4 heures du matin, j'ai fait une patrouille. J'entendis le mouvement de quelques charrois. J'en rendis compte au commandant du poste. Au jour, j'ai aperçu deux colonnes **ennemies** sur la montagne Louis XIV, qui ont gagné la gauche **de** la Croix et se sont portées vers la droite du camp. Une **autre** colonne est venue du côté de la maison brûlée et a monté droit au retranchement de la Croix, lequel nous avons **abandonné** par la supériorité de l'ennemi ; de là, nous nous sommes portés à la redoute où sont les trois pièces de feu; là, nous avons fait un feu très vif que l'ennemi a été obligé de se **retirer** vivement ; nous l'avons chargé d'une telle force que la plupart ont mordu la poussière et le reste ne doit sa vie qu'à **ses** jambes.

Certifié véritable :

Signé à l'original : F. Bès.

Le chef de bataillon observe que, se trouvant officier de jour, le citoyen La Tour d'Auvergne lui fit demander **ses** deux pièces de canon ; il se serait trouvé dans l'impossibilité d'adhérer à sa demande faute de canonniers qui, dans le **mo**ment, étaient tous employés à la gauche. Mais quatre canonniers du fort de Socoa, qui venaient de conduire au camp **un** caisson, s'offrirent de bonne volonté.

Le 1ᵉʳ bataillon de la 148ᵉ demi-brigade avait un détachement joint à la portion du bataillon des Landes commandé par Digonet, avec lequel il a partagé le succès du centre.

Certifié véritable :

*Le chef de bataillon,*
Signé : Dessein.

Pour copie conforme :
*Le général de division,*
Signé : H. Frégeville.

## Certificat.

RÉGIMENT D'ANGOUMOIS

**Dates d'arrivée au corps de réception et de nomination
aux différents emplois,
des congés et des grades de toute espèce.**

Le sieur Théophile-Malo de **La Tour d'Auvergne-Corret :**
Né à Carhaix, en Basse-Bretagne, le 23 décembre 1743.
Entré dans la 2e compagnie des mousquetaires, le 3 avril 1767.
Sous-lieutenant au régiment d'Angoumois, le 1er septembre
1767.
Lieutenant en second, le 21 mai 1771.
Lieutenant en premier, le 8 avril 1779.
Capitaine en second, le 29 octobre 1784.

Le 13 février 1788, le sieur de La Tour d'Auvergne-Corret
reçut de la cour la permission de se décorer de la croix d'Espagne, celle de Charles III, grâce qui lui fut annoncée par le
ministre de la guerre par la lettre suivante :

J'ai, Monsieur, informé Sa Majesté que le roi d'Espagne vous a
nommé chevalier de l'Ordre de Charles III, en considération de
la manière distinguée avec laquelle vous avez servi en qualité de
volontaire dans l'armée espagnole qui, pendant la dernière guerre,
a fait le siège de Mahon. Elle veut bien vous autoriser en France
à porter la décoration de cet ordre. Je vous prie de ne pas douter
du véritable plaisir que j'ai à vous annoncer une grâce aussi bien
méritée.
Je suis, Monsieur, votre affectionné serviteur.

Signé : Le Comte DE BRIENNE.

Versailles, le 1er février 1788.

INFANTERIE

### Certificat de capitaine en second.

Aujourd'hui, 1er mai mil sept cent quatre-vingt-huit, Nous,
secrétaire d'Etat ayant le département de la guerre et président du conseil d'i-celui :

Certifions à tous qu'il appartiendra que, suivant les registres qui sont entre nos mains, le sieur Théophile-Malo de La Tour d'Auvergne-Corret et de Keranstret a été nommé, le 29 octobre 1784, à une charge en second de capitaine dans le régiment d'Angoumois, où il est actuellement en ladite qualité.

Signé : Le comte DE BRIENNE.

Louis-Joseph de Bourbon, prince de Condé, prince du sang, pair et grand-maître de France, lieutenant général des armées du roi, chevalier de ses ordres, gouverneur et lieutenant général des provinces de Bourgogne et de Bresse, colonel-général de l'infanterie française et étrangère : Vu le présent certificat portant que le sieur Théophile-Malo de La Tour d'Auvergne Corret et de Keranstret a été nommé le 29 octobre mil sept cent quatre-vingt quatre à une charge de capitaine en second dans le régiment d'Angoumois, nous, en vertu du pouvoir que nous avons à cause de notre place de colonel-général de l'infanterie, mandons et ordonnons à tous qu'il appartiendra de recevoir et faire reconnaître ledit sieur Keranstret dans tous les emplois subséquents qui pourront être annexés au présent certificat, la même attache devant servir pour tous. En conséquence, nous avons fait expédier le présent, que nous avons signé et fait contresigner par le secrétaire général de l'infanterie française et étrangère.

Donné à Paris, le vingt-huit décembre mil sept cent quatre-vingt-huit.

Signé : Louis-Joseph DE BOURBON.

Plus bas. Par Son Altesse sérénissime :
    Signé : Boulogne DE LASCOUX.

**Campagnes, actions, blessures et grâces y ayant rapport.**

Le sieur Théophile-Malo de La Tour d'Auvergne a fait la dernière campagne de Mahon ; il fut employé comme volontaire dans toutes les occasions périlleuses et glorieuses du siège, notamment pour brûler sous le feu du canon et de la mousqueterie de la place une frégate anglaise et dans une autre occasion pour mettre le feu à un bâtiment munitionnaire des ennemis.

Dans une sortie des Anglais, il contribua à repousser la tête de leur colonne et fit prisonnier sous les yeux de M. le duc de Crillon un bas officier qu'il présenta sur-le-champ à ce général.

Dans une autre sortie, où les Anglais furent également repoussés et reconduits la baïonnette dans les reins jusqu'à leur première batterie, s'étant aperçu qu'un volontaire de l'armée était resté blessé et sans secours sur les glacis de la place, il retourna au milieu du feu ennemi le chercher, le trouva très dangereusement blessé sur la crête du glacis, l'enleva et le transporta sur ses épaules jusqu'au poste avancé des Espagnols.

Sa conduite lui ayant attiré l'estime, l'amitié et le suffrage général des deux armées, il fut choisi pour commander en second les volontaires de Crillon, sous les ordres du prince de Sangro, aujourd'hui lieutenant général. Il refusa cette place importante, ne croyant pas (étant au service de France) pouvoir ni devoir accepter de commandement dans un corps étranger à sa nation. Il continua de servir comme volontaire dans l'armée espagnole jusqu'à ce que, rappelé en France par ordre de sa cour, il s'y soumit et y repassa le 23 janvier 1782, après avoir été nommé par le duc de Crillon son aide de camp. Ce que dessus est constaté par un certificat de la main du général de l'armée, Monsieur le duc de Crillon, et extrait de ce certificat produit par le sieur de La Tour d'Auvergne-Corret aux supérieurs de son corps. Le 5 mai 1786, le roi d'Espagne honora le sieur de La Tour d'Auvergne-Corret de la croix de son ordre, celle de Charles III, et ajouta à cette grâce l'annonce par écrit de sa recommandation royale auprès du roi de France pour son avancement à venir. Le décret du roi d'Espagne et les lettres relatives à ce que dessus ont été mises sous les yeux du ministre de la guerre par Monsieur le comte de Labourdonnais, inspecteur du régiment d'Angoumois. Le sieur de La Tour d'Auvergne ayant sollicité que la pension de mille francs attachée à la croix de Charles III ne lui fût pas accordée, il obtint cette demande.

J'approuve avec plaisir l'écriture ci-dessus comme copie de l'original que je me souviens lui avoir remis écrit entièrement de ma main et conforme mot à mot à cette copie.

A Bayonne, ce six avril mil sept-cent quatre-vingt-neuf.

Signé : Duc de Crillon et de Mahon.

Copie collationnée sur l'original resté au bureau de l'état-major du régiment, certifié véritable par nous, major commandant dudit régiment et officiers composant le conseil d'administration à Bayonne, le cinq avril mil sept cent quatre-vingt-neuf.

Signé : LASALLE ; le chevalier DUROGNON ;<br>LA CHAPELETTE, chevalier DE LA CHAUVELIÈRE.

## La Tour d'Auvergne.

### Détail des services.

Capitaine de grenadiers le 5 février 1792.
Capitaine à la 148e demi-brigade le 21 septembre 1793.

### Campagnes.

Nommé chevalier de Saint-Louis le 6 décembre 1791, il a fait la campagne de la Savoie à la tête des grenadiers et chasseurs de son régiment ; employé à l'avant-garde de l'armée, il s'est trouvé à la conquête de la vallée espagnole d'Aran, où il fut fait 80 prisonniers de guerre par la compagnie de grenadiers qu'il commandait et un piquet de la compagnie de Touzéa. A la journée de Sarre, le 1er mai 1793, il commandait, sous les ordres du général La Chapelette, la 1re compagnie de grenadiers. Le citoyen Dessein, 50 fusiliers du 80e régiment qui, joints à 40 chasseurs de montagnes, formant en tout 150 hommes, arrêtèrent l'armée espagnole, culbutèrent la cavalerie et soutinrent tous les efforts de l'infanterie ennemie pendant une heure et demie. Le 22 juin 1793, le citoyen La Tour d'Auvergne-Corret commandait les grenadiers de l'armée des Pyrénées à l'attaque de la redoute Louis XIV, qui fut enlevée aux Espagnols; il contribua à les chasser du territoire de la République et les poursuivit jusqu'au pas de Béhobie, où il reçut cinq coups de fusil dans ses habits. Le 13 juillet, il commandait à l'attaque de Biriatou la compagnie des grenadiers qui enlevèrent à la baïonnette le retranchement des Espagnols, où il rentra le premier. Il se trouva à l'affaire du 23 juillet, où il fut fait environ 200 prisonniers aux Espagnols. Le 19 septembre (vieux style), il commandait les compagnies détachées aux avant-postes de la droite de l'avant-garde qui débusquèrent l'ennemi d'un de leurs retranchements: les ayant attaqués à la baïonnette, il fit fouiller Hendaye par une de ses patrouilles. Le 21 septembre 1793, lors du dédoublement du 80e régiment d'infanterie, ci-devant Angoumois, il fut incorporé avec le 2e bataillon dans la 148e demi-brigade et fit la guerre à l'armée des Pyrénées occidentales jusqu'en thermidor an III (août 1795). Le 18 nivôse an III (7 janvier 1796), autorisé à prendre sa retraite. Fait prisonnier des Anglais, il rentra en France le.....

Il obtint du Directoire exécutif, le 28 germinal an V (18 avril 1797), l'autorisation de rejoindre comme simple volontaire la 46e demi-brigade à l'armée du Rhin-et-Moselle, commandée par le général en chef Moreau. La déclaration de guerre du 22 ventôse an VII (13 mars 1799) vint le tirer de la retraite où il vivait depuis plus d'une année ; un arrêté du 9 germinal (30 mars) l'autorisa à rejoindre l'une des armées de la République pour y faire le service de son grade comme simple volontaire.

Il se rendit à la 46e demi-brigade qui faisait alors partie de l'armée d'Helvétie sous les ordres de Masséna.

Cette armée fut, peu de temps après, réunie à celle du Danube. Au retour de la campagne, La Tour d'Auvergne reçut, le 7 floréal an VIII (28 avril 1800), le titre de Premier grenadier des armées de la République et il fut décoré d'un sabre d'honneur. Immédiatement après, il repartit pour l'armée du Rhin commandée par Moreau.

C'est à cette armée et au combat qui eut lieu dans la nuit du 8 au 9 messidor (26 au 27 juin) sur la hauteur d'Oberhausen en avant de Neubourg qu'il reçut au cœur un coup de lance qui lui donna la mort.

**148ᵉ Demi-brigade.**

PIÈCES JUSTIFICATIVES

# 148ᵉ Demi-brigade.

(Pièces justificatives.)

## Procès-verbal de la constitution de la 148ᵉ demi-brigade.

ARMÉE DES PYRÉNÉES OCCIDENTALES.

Le 20 septembre 1793, l'an deux de la République française, une et indivisible, nous Feugère, commissaire des guerres, chargé de la police du 80ᵉ régiment, ci-devant d'Angoumois, du bataillon de Bordeaux, 7ᵉ de la Gironde et du 11ᵉ bataillon du même département, lesquels deux derniers corps sont désignés pour être amalgamés avec le 2ᵉ bataillon du 80ᵉ régiment, ayant été prévenu par le général Castelvert, qui doit procéder demain à cet amalgame, avons invité les commandants des 3ᵉˢ bataillons ci-dessus à convoquer pour aujourd'hui une assemblée extraordinaire des conseils d'administration, ainsi qu'il est prescrit par l'article 5 de l'instruction ; nous nous sommes en conséquence rendus à l'endroit désigné pour l'assemblée avec le général Castelvert. Nous avons demandé la représentation des livres de comptabilité des trois corps, afin de les examiner et d'en vérifier l'administration. Il nous a été dit par le chef du 2ᵉ bataillon du 80ᵉ régiment qu'il ne pourrait pas être question en ce moment de l'objet qui le concerne dans cet examen, parce que l'administration de ce bataillon était une et indivisible avec celle du 1ᵉʳ bataillon du même régiment, et ce bataillon devait être incessamment amalgamé, ce sera alors que nous procéderons à cet examen et à cette vérification.

Nous nous sommes fait représenter les livres de comptabilité et d'administration des 7ᵉ et 11ᵉ bataillons de la Gironde ; nous les avons examinés et vérifiés avec attention, et sur notre déclaration au général de brigade que nous n'avons aucune observation à faire sur tous les objets, et après nous être assurés de l'exactitude des résultats des comptes, nous avons visé ces livres, ceux des délibérations des conseils d'administration, ceux des officiers particuliers, et nous les avons arrêtés provisoirement et conformément à l'instruction.

Ensuite le général Castelvert a demandé la représentation du registre des contrôles des services des officiers du 2ᵉ bataillon du 80ᵉ régiment. Le chef de ce bataillon a fait la même réponse que ci-dessus.

Quant à ceux des 7ᵉ et 11ᵉ bataillons de la Gironde, il en a été pris des notes et le général a chargé les conseils d'administration de ces deux corps d'en former un registre général avec ceux du 2ᵉ bataillon du 80ᵉ régiment et d'en faire un relevé triple en se conformant à ce qui est prescrit à l'article 25 de l'instruction.

Puis le général a procédé à la revue de chaque bataillon par compagnie numérique et nominative, conformément aux articles 6, 7, 8, 9 et 10, et il a ensuite remis les états et contrôles aux quartiers-maîtres trésoriers en les chargeant d'en former un livret général, et attendu que les opérations préliminaires prescrites par l'instruction se trouvent terminées, le général a levé la séance et l'a renvoyée au lendemain 21 septembre à 8 heures du matin, tant pour remplir ce qui est relatif à l'administration que ce qui concerne l'amalgame. Il a, en conséquence, ordonné aux commandants des trois bataillons qui doivent entrer dans l'amalgame de faire tenir prête la troupe pour l'heure indiquée, afin de procéder à la formation de la 148ᵉ demi-brigade.

Et avenant ledit jour 21 septembre l'an II de la République française, une et indivisible.

Nous, Feugère, commissaire des guerres, en conséquence du renvoi fait pour ce jour, dans le procès-verbal d'hier, nous sommes rendu au camp de Belchénéa pour y procéder à l'amalgame du 2ᵉ bataillon du 80ᵉ régiment et des 7ᵉ et 11ᵉ bataillons de la Gironde qui doivent former la 148ᵉ demi-brigade.

Et, conformément à l'article 26 de l'instruction, nous avons de suite procédé sur la place de la Liberté à la revue de ces trois bataillons pour servir au paiement des appointements et des soldes jusqu'à ce jour.

Ensuite, nous avons proclamé d'après l'ordre du général à la tête desdits trois bataillons qu'ils vont être formés en demi-brigade conformément à la loi du 21 février dernier.

Et, sur-le-champ, il a été désigné d'après les notes recueillies hier sur l'ancienneté des services, et sans qu'il y ait eu de réclamation à cet égard, le rang que les officiers doivent tenir entre eux.

Comme il existe une difficulté entre les citoyens Dumas, chef du 2ᵉ bataillon du 80ᵉ régiment, et le citoyen Vigent, chef du 7ᵉ bataillon de la Gironde, sur la question de savoir à qui appartient le commandement de la demi-brigade, le citoyen Dumas prétendant qu'elle lui est due à raison de l'ancienneté de ses services, et le citoyen Vigent prétendant qu'elle lui revient par son ancienneté de grade de lieutenant-colonel, et attendu qu'il n'est pas de la compétence du général de juger ces prétentions, il a renvoyé la décision aux représentants du peuple.

Cependant, considérant qu'il importe, pour le bien du service, que la demi-brigade ne demeure pas sans chef, le général Castelvert, de l'avis du général de division, chef provisoire de l'armée, Desprez-Grassier, et du général de brigade, chef de l'état-major Müller, qui assiste aux opérations, a confié le commandement provisoire de la demi-brigade au citoyen Dumas, chef du premier bataillon, et il l'a en conséquence fait connaître en cette qualité à la tête des trois bataillons.

Le général a ensuite placé le citoyen Malhuquer, chef du 11ᵉ bataillon de la Gironde, à la tête du 2ᵉ bataillon, et le citoyen Hardel, lieutenant-colonel en second du 7ᵉ bataillon de la Gironde, à la tête du 3ᵉ bataillon, ces dispositions ayant été prises à raison de ce que le citoyen Vigent, chef du 7ᵉ bataillon de la Gironde, commande en ce moment le bataillon des grenadiers de l'armée.

Puis le général a placé à la tête des vingt-sept compagnies les vingt-sept plus anciens capitaines ; il a indiqué les vingt-sept plus anciens lieutenants, qui ont été placés dans les compagnies, de même que les vingt-sept plus anciens sous-lieutenants, le tout, conformément aux articles 27, 28, 29, 30 de l'instruction.

Après cette opération, le général s'est fait représenter le contrôle des sous-officiers et appointés, et il les a placés de même par ancienneté dans les compagnies.

Ensuite, sur l'ordre du général, le chef de brigade provisoire a fait reconnaître les chefs de bataillon à la tête de leurs bataillons respectifs.

Il a également fait reconnaître le citoyen Vallet plus ancien des quartiers-maîtres à la tête des trois bataillons.

Chaque chef de bataillon a fait de même reconnaître à la tête de son bataillon les capitaines qui ont reçu les lieutenants, et ceux-ci les sous-lieutenants.

Enfin, le chef provisoire de la demi-brigade a fait reconnaître à la tête de la demi-brigade le citoyen Bordanave, plus ancien adjudant-major, à la tête des tambours le tambour-major, qui a reçu le caporal-tambour, le tout en conformité des articles 31, 32, 33, 34 et 35 de l'instruction.

Et, dans le moment, il a été procédé à l'amalgame des compagnies de grenadiers et fusiliers des trois bataillons par tiercement des escouades d'après le tableau inséré dans l'instruction.

La compagnie des canonniers attachée au 7ᵉ bataillon a été conservée telle qu'elle s'est trouvée.

Le général a ensuite examiné les hommes susceptibles d'obtenir la récompense militaire.

Il a examiné également le citoyen Leroux, qui a été présenté pour être admis à l'Hôtel National ; il a chargé les quartiers-maîtres trésoriers de former deux états séparés de ces hommes conformément aux articles 40 et 41 de l'instruction.

Après que toutes ces opérations ont été terminées, l'officier général a fait sa revue, et nous avons fait la nôtre conformément à l'article 42 de l'instruction.

Enfin, le général de brigade l'a fait former en bataille ; il a ordonné aux officiers de se porter quatre pas en avant de leur compagnie.

Dans cette position a fait battre un ban et fait prêter par les officiers, sous-officiers et soldats le serment prescrit par la loi.

De tout quoi, nous Feugère, commissaire des guerres, nous avons dressé le présent procès-verbal au camp de Belchénéa le 21 septembre 1793, l'an deuxième de la République française, une et indivisible.

Signé : FEUGÈRE.

Certifié véritable et conforme :

*Le général de brigade,*

Signé : CASTELVERT.

## Nomination du citoyen Dumas au grade de chef de brigade.

Le 7 octobre 1793, l'an second de la République, une et indivisible,

Nous, Feugère, commissaire des guerres, avons été requis par le citoyen Castelvert, général de brigade, de nous rendre au camp de Belchénéa pour faire reconnaître le citoyen Dumas chef de la 148ᵉ demi-brigade, en exécution de l'arrêté des représentants du peuple, dont la teneur suit :

« Les représentants du peuple près l'armée des Pyrénées occidentales et les départements voisins : Vu la pétition du citoyen Dumas tendant à provoquer une interprétation de la loi du 24 février relative au mode d'avancement ;

» Considérant que, dans tous les corps nouvellement créés, les emplois doivent être regardés comme vacants, et que dans cette hypothèse la loi du 24 février dernier accorde la place de chef de brigade à l'ancienneté parmi les chefs de bataillon de la demi-brigade, le plus ancien en service ;

» Vu que le citoyen Dumas réunit les conditions prescrites par la loi et qu'il doit jouir du bénéfice qu'elle accorde en pareil cas ;

» Arrêtons que la place de colonel de la 148ᵉ demi-brigade est dévolue au citoyen Dumas, aux termes de la loi qui l'autorise à remplir les fonctions de ce grade et qu'il sera reconnu en cette qualité par les bataillons qui composent la 148ᵉ demi-brigade d'infanterie.

» A Belchénéa, le 6 octobre 1793, l'an second de la République, une et indivisible.

» Signé : J.-B. MONESTIER, DU PUY-DE-LOME
et J. PINET aîné. »

Et, sur-le-champ, nous nous sommes rendus sur la place de la Liberté ; là, le citoyen Dumas a été reconnu chef de la 148ᵉ demi-brigade à la tête des trois bataillons. De quoi nous avons donné le présent procès-verbal pour être ajouté à celui de l'amalgame.

Au camp de Belchénéa, le 7 octobre 1793, l'an second de la République française, une et indivisible.

Signé : FEUGÈRE.

CERTIFIÉ par moi, général de brigade :
Signé : CASTELVERT.

## Mode d'amalgame de l'infanterie de la République française.

—

*Rédigé en conformité de la loi sur la nouvelle organisation des troupes du 21 février dernier, suivi du règlement à observer par les officiers généraux qui seront chargés de la mettre à exécution, approuvé par la Convention nationale le 12 août 1793, l'an second de la République, une et indivisible.*

Au nom de la République.

Article premier. — L'infanterie que la République entretient à sa solde sera formée en demi-brigades. Chacune de ces demi-brigades sera composée d'un bataillon des ci-devant régiments de ligne et de deux bataillons de volontaires et elles prendront le rang et les numéros ci-après, mais à la **paix** elles ne seront plus désignées par le nom du département auquel elles seront attachées.

*(Suit la nomenclature des différentes demi-brigades.)*

Le 2ᵉ bataillon du 80ᵉ régiment, avec le 7ᵉ et le 11ᵉ bataillons de la Gironde, formeront la 148ᵉ demi-brigade.
Cette nomenclature s'arrête au numéro 198.

Par demi-brigade, il sera formé un conseil composé de **23** membres :

Chef de brigade, président,
Le plus ancien chef de bataillon,
6 officiers,
6 sous-officiers,
9 soldats.

Les conseils d'administration seront organisés conformément à la loi, de manière à ce qu'ils soient en pleine activité le 1ᵉʳ germinal.

### Composition de la demi-brigade.

L'état-major de chaque demi-brigade sera ainsi composé :

<table>
<tr><td>1 chef de brigade.</td><td>1 tambour-major.</td></tr>
<tr><td>3 chefs de bataillon.</td><td>1 caporal-tambour.</td></tr>
<tr><td>1 quartier-maître trésorier.</td><td>8 musiciens dont un chef.</td></tr>
<tr><td>1 adjudant-major.</td><td>1 chef tailleur.</td></tr>
<tr><td>1 chirurgien-major et 3 aides.</td><td>1 chef cordonnier.</td></tr>
<tr><td>3 adjudants sous-officiers.</td><td>3 chefs armuriers.</td></tr>
</table>

Chaque bataillon sera composé de neuf compagnies, dont une de grenadiers et huit de fusiliers.

Il sera formé dans chaque demi-brigade une compagnie de canonniers volontaires pour le service des six pièces de canon du calibre de 4 qui y seront attachées.

| *Compagnies de grenadiers.* | *Compagnie de fusiliers.* | *Compagnie de canonniers.* |
|---|---|---|
| 1 capitaine. | 1 capitaine. | 1 capitaine. |
| 1 lieutenant. | 1 lieutenant. | 1 lieutenant. |
| 1 sous-lieutenant. | 1 sous-lieutenant. | 1 sous-lieutenant. |
| 1 sergent-major. | 1 sergent-major. | 1 sergent-major. |
| 2 sergents. | 3 sergents. | 2 sergents. |
| 1 caporal-fourrier. | 1 caporal-fourrier. | 1 caporal-fourrier. |
| 4 caporaux. | 6 caporaux. | 4 caporaux. |
| 4 appointés. | 6 appointés. | 4 appointés. |
| 48 grenadiers. | 67 fusiliers. | 58 canonniers. |
| 2 tambours. | 2 tambours. | 2 tambours. |

**ART. VII.** — Les bataillons et compagnies seront désignés par numéros, les bataillons numéro un jusqu'à trois, les compagnies numéro un jusqu'à huit.

**ART. VIII.** — Le drapeau sera porté par le plus ancien sergent-major de chaque bataillon.

Art. IX. — La 1ʳᵉ compagnie de grenadiers sera attachée au 1ᵉʳ bataillon, la 2ᵉ au 2ᵉ, la 3ᵉ au 3ᵉ.

Quant aux vingt-quatre compagnies de fusiliers, les capitaines qui les commanderont seront rangés dans les bataillons au moment de la nouvelle formation suivant le rang qu'ils tiennent entre eux et conformément au tableau ci-après :

**PREMIER BATAILLON.**

*1ʳᵉ compagnie de grenadiers.* — Capitaines de fusiliers : 1ʳᵉ, 13ᵉ, 4ᵉ, 16ᵉ, 7ᵉ, 19ᵉ, 10ᵉ, 22ᵉ.

**DEUXIÈME BATAILLON.**

*2ᵉ compagnie de grenadiers.* — Capitaines de fusiliers : 2ᵉ, 14ᵉ, 5ᵉ, 17ᵉ, 8ᵉ, 20ᵉ, 11ᵉ, 23ᵉ.

**TROISIÈME BATAILLON.**

*3ᵉ compagnie de grenadiers.* — Capitaines de fusiliers : 3ᵉ, 15ᵉ, 6ᵉ, 18ᵉ, 9ᵉ, 21ᵉ, 12ᵉ, 24ᵉ.

Art. X. — Les compagnies prendront place dans l'ordre de bataille suivant l'ancienneté de leurs capitaines.

Art. XI. — Chaque compagnie de grenadiers ou de canonniers sera partagée en deux sections et chaque section en deux escouades. Les compagnies de fusiliers seront ainsi partagées en trois sections, mais ces sections seront partagées en trois escouades.

Art. XII. — (Tableau de la formation d'une compagnie de grenadiers, fusiliers, canonniers.)

Art. XV, XVI, XVII, XVIII, XIX, jusqu'à XXVI et dernier. — (Attribution des différents grades.)

## Contrôle de la 118ᵉ demi-brigade.

### État-major.

*Chefs de brigade :*

| | |
|---|---|
| Dumas (Anne-Joseph), général de brigade. | Le 21 prairial an II. |
| Dumas (Jacques), général de brigade. | Le 9 messidor an II. |
| Dalen (Jean-Pierre), général de brigade. | Le 18 ventôse an III. |
| Mazas, général de brigade | Le 20 mai 1795. |

*Adjudant-major :* Bordanave (Antoine).

*Quartiers-maîtres trésoriers :* Vallet (Jean-Isaac), Fau.

*Chirurgiens :* N..., N...

*Aides-chirurgiens :* N..., N...

### 1ᵉʳ bataillon.

*Chefs de bataillon :* Dessein (Bernard), jusqu'au 9 messidor an II ; Gravier, jusqu'au 10 ventôse an III ; Barandon, jusqu'au 10 ventôse an III ; Gournan, jusqu'au 9 germinal an III.

*Compagnie de grenadiers.* — Capitaine : Cravier (Philippon-Armand) ; lieutenant : Caubille (Laurent), passé capitaine à la 16 ; sous-lieutenant : Redon (Chapelle).

1ʳᵉ *compagnie*. — Capitaine : La Tour d'Auvergne ; lieutenant : Cardenan (Bernard), depuis le 1ᵉʳ ventôse an III ; sous-lieutenant : N...

2ᵉ *compagnie*. — Capitaine : Doberboc ; lieutenant : Bès ; sous-lieutenant : N...

3ᵉ *compagnie*. — Capitaine : Peitavy ; lieutenant : La Ville-aux-Clercs ; sous-lieutenant : Hostains (Jean).

4ᵉ *compagnie*. — Capitaine : Maucune (Cadilhan-Denis) ; lieutenant : N... ; sous-lieutenant : Ferrant (Jean).

5ᵉ *compagnie*. — Capitaine : Arnosan (Jean-Baptiste) ; lieutenant : Instemond (Gustave) ; sous-lieutenant : Genève (Dominique).

6ᵉ *compagnie*. — Capitaine : Tilhet (Pierre-Laurent) ; lieutenant : N... ; sous-lieutenant : N...

7ᵉ *compagnie*. — Capitaine : Bessaguet (Raymond) ; lieutenant : Fontan (Jean-Pierre) ; sous-lieutenant : Valier (Charles).

8ᵉ *compagnie*. — Capitaine : Comte (Jean) ; lieutenant : Dupuy (Jacques) ; sous-lieutenant : Lamardelle (Gustave).

Adjudant-sous-officier : Torchebœuf, passé officier.


## 2ᵉ bataillon.

*Chefs de bataillon :* Malhuquer, destitué le 2 ventôse an II ; Dalem, jusqu'au 18 ventôse an III ; Doberboc, 1ᵉʳ prairial an III.

*Compagnie de grenadiers*. — Capitaine : Renié (Bernard), destitué ; Vidal, depuis le 5 fructidor an II ; lieutenant : Billanhet (B.) ; sous-lieutenant : Merican (Jean).

1ʳᵉ *compagnie*. — Capitaine : Péligry ; lieutenant : Cardenan ; sous-lieutenant : Derage (André).

2ᵉ *compagnie*. — Capitaine : Darbourg (Jean) ; lieutenant : Boireau (Jacques) ; sous-lieutenant : N...

3ᵉ *compagnie*. — Capitaine : Branc (J.) ; lieutenant : Godard (Jean-Baptiste) ; sous-lieutenant : N...

4ᵉ *compagnie*. — Capitaine : Coutures (Jean) ; lieutenant : Carayon ; sous-lieutenant : Belluc (François).

5ᵉ *compagnie*. — Capitaines : Vidal (Jacques), Barbot ; lieutenant : N... ; sous-lieutenants : Baron (Joachim), Darcies (Pierre).

6e *compagnie.* — Capitaine : BARRAU (Jean) ; lieutenant : BILHON ; sous-lieutenant : N...

7e *compagnie.* — Capitaine : PÉCHOLIER ; lieutenant : RIGAUD (Jean-Baptiste) ; sous-lieutenant : HURGTET (Pierre).

8e *compagnie.* — Capitaine : MAZAS, jusqu'au 9 messidor an II; lieutenant : N... ; sous-lieutenant : N...

Adjudant-sous-officier : PONCOLORÉ.

### 3e bataillon.

*Chefs de bataillon :* HARDEL (Louis), destitué le 17 nivôse ; DUMAS (Jacques), MAZAS, jusqu'au 9 prairial an III ; BESSAGUET.

*Compagnie de grenadiers.* — Capitaine : CHEVRIÈRE (Jean) ; lieutenant : FAUTIN (Joseph) ; sous-lieutenant : N...

1re *compagnie.* — Capitaine : DENAIN-BARANDON ; lieutenant : N... ; sous-lieutenant : N...

2e *compagnie.* — Capitaines : DUMAS (Jacques), LAPIÈVRE, depuis le 18 ventôse an II ; lieutenant : N... ; sous-lieutenant : BRÉAUD (B.).

3e *compagnie.* — Capitaine : NADAL, aide de camp de Dessein ; lieutenant : LAMBY (Charles) ; sous-lieutenant : CHARAMEL (Martial).

4e *compagnie.* — Capitaine : PEYRUSSE (Pierre) ; lieutenant : N... ; sous-lieutenant : N...

5e *compagnie.* — Capitaine : ROUSSEAU (Gabriel) ; lieutenant : CONDAN (Georges) ; sous-lieutenant : MULLER (Arnoud).

6e *compagnie.* — Capitaine : DESTREM (Henri-Louis) ; lieutenant : N... ; sous-lieutenant : MANOT.

7e *compagnie.* — Capitaine : PILET (François) ; lieutenant : DUPUY (Etienne) ; sous-lieutenant : N...

8e *compagnie.* — Capitaine : LOIQUET (Jacques) ; lieutenant : GRAVEMORTE (Joseph) ; sous-lieutenant : N...

Adjudant-sous-officier : PERRIN.

## État des services des officiers de la 118e demi-brigade.

ANNE-JOSEPH DUMAS, *chef de brigade, passé général de brigade, fils de Berwit Dumas et de Madeleine Ribeyre, fille de patricien.*

### DÉTAIL DES SERVICES.

Né à Clermont-Ferrand, en Auvergne, le 24 mars 1741.

Lieutenant dans les bataillons des milices de Clermont, le 17 février 1757.

Détaché la même année dudit bataillon pour former celui de Banaston, avec lequel il a servi en Allemagne jusqu'à sa réforme.

Lieutenant au régiment des grenadiers royaux de Conbis le 12 mars 1761.

Passé après le renvoi dudit régiment dans celui des recrues de Riom, le 1er octobre 1763.

Il y a servi jusqu'en 1767.

Sous-lieutenant au régiment ci-devant Augoumois, 6 mars 1767.

Sous-aide-major le 29 février 1768.

Redevenu lieutenant à la formation de 1776.

Capitaine en second le 22 mai 1783.

Second chef de bataillon sans brevet le 17 juin 1793.

A dater du 9 mai 1793.

Chef de brigade à l'amalgame le 21 septembre 1793.

Promu au grade de général de brigade d'après un arrêté du comité de Salut public le 21 prairial an II.

Commandant à Valenciennes le 11 fructidor an IV.

Admis à jouir du traitement de réforme le 26 fructidor an V.

44 années consécutives de service, 9 de guerre.

Il demanda à être remis en activité, mais ne l'obtint pas à cause de ses 53 ans et de ses infirmités.

Voir ci-contre le certificat de civisme.

### CAMPAGNES.

A fait en Allemagne les campagnes de 1758, 1759, 1760, 1761 et 1762.

Il s'est trouvé dans plusieurs actions de guerre dans l'une

desquelles tous ses bagages furent pillés, et à la bataille de Fridberg, le 30 août 1762.

Il a fait la dernière campagne comme chef de bataillon attaché au 2e bataillon du ci-devant 80e Angoumois, à la tête duquel il s'est trouvé à toutes les actions où ledit bataillon avait pris part, notamment à la Croix-des-Bouquets, à la journée du 23 juillet (style esclave), où il fut fait sept prisonniers de guerre du régiment de Léon, dont un capitaine, et a commencé la campagne présente en qualité de chef de brigade jusqu'au moment de sa promotion au grade de général de brigade.

### Certificat de civisme.

Les membres du conseil d'administration de la 148e demi-brigade certifions que, depuis l'époque de l'amalgame, ledit citoyen Dumas s'est toujours comporté en franc et loyal républicain, zélé pour les intérêts de son pays, qu'il a, dans toutes les occasions qui se sont présentées, donné des preuves du patriotisme le plus ardent et le plus éclairé, et que, malgré que la demi-brigade perde en lui un sujet qui lui est cher et précieux sous tous les rapports, dégagée de toute espèce d'intérêt personnel, elle ne peut s'empêcher d'applaudir à son élévation, bien persuadée que le bien général y gagnera infiniment.

En foi de quoi, le conseil lui a délivré le présent, après y avoir fait apposer le cachet de la demi-brigade pour lui servir et valoir ce que de raison.

Fait double au camp de la Montagne, le 8 thermidor an II.

MAURUC, quartier-maître.

Signé : DUMAS,
Chef de brigade.


## DUMAS (JACQUES).

### DÉTAIL DES SERVICES.

Né à Pont-Saint-Esprit le 16 juillet 1746.
Soldat au 51e régiment, ci-devant La Fère, le 2 janvier 1763.
Licencié.
Passé aux grenadiers de France le 1er mai 1768.
Licencié le 27 août 1771.
Entré aux grenadiers royaux ce même jour, où il a continué

de servir en qualité de fourrier jusqu'à ce qu'il a été de nouveau licencié, le 1ᵉʳ janvier 1776.

Grenadier au régiment d'Angoumois le 26 février 1777.

Sergent le 26 juin 1777.

Vétéran, brevet en date du 28 mars 1789.

Sergent-major le 18 août 1791.

Sous-lieutenant le 20 juin 1792.

Lieutenant le 19 juillet 1792.

Capitaine le 4 juillet 1793.

A la place de Vigent, destitué.

Chef de la 148ᵉ demi-brigade par la promotion du citoyen Dumas, général de brigade, le 9 juin 1794.

Autorisé par les représentants du peuple à se retirer dans ses foyers à Bayonne pour y attendre la décision du gouvernement au sujet de la pension à laquelle il a droit.

Pension liquidée à 3.450 fr. 6 d. 3 c.

Savoir, d'après la loi du 22 août 1790 :

| | |
|---|---|
| Pour 30 ans, le quart de 6.000................... | 1.500.00 |
| Pour 8 ans, les 8/20 des 3/4 restant............ | 1.800.00 |
| Pour 8 mois.................................... | 150.00 |
| Pour 1 jour.................................... | 0.6 d. 3 c. |

Avait obtenu d'abord 1.437 fr. 152.          3.450.6 d. 3 c.

Après réclamation fondée, 12 brumaire an **IV**.

**CAMPAGNES.**

Embarqué à Brest sur la *Bourgogne*, le 5 mars 1781, a fait les campagnes de 1781, 1782 et 1783.

Naufragé le 3 mars 1783 sur les côtes de la Nouvelle-Espagne. A fait la campagne de la Savoie en 1792. Assiste à la conquête de la vallée d'Aran ; campagnes de 1793, 1794, 1795 à l'armée des Pyrénées occidentales.

### Mémoire pour obtenir le commandement temporaire d'une place de guerre.

Le général de brigade soussigné certifie que le citoyen Jacques Dumas, chef de la 148ᵉ demi-brigade d'infanterie, a commandé les 2ᵉ et 3ᵉ bataillons de la même demi-brigade, qui ont fait partie de la colonne qui m'a été confiée le 7 thermidor dernier et qui fut chargée d'attaquer de front et d'enlever d'assaut tous les divers ouvrages avancés que les redoutes du Commissari et du Rocher, ainsi que le grand retranchement qui liait ces deux forteresses jugées jusqu'alors inexpugnables, mais que l'intrépidité de nos braves frères d'armes ont enlevé à la baïonnette au milieu de toutes les horreurs qu'a pu inventer la tyrannie pour se soustraire à l'audace républicaine.

Certifié aussi que, dans cette glorieuse journée, le citoyen Dumas a donné les preuves les plus éclatantes de bon exemple et d'une bravoure digne d'un républicain qui affronte tous les dangers pour le succès des armes de sa patrie et le maintien de la liberté, qu'en outre il fut blessé d'un coup de feu à la main gauche après avoir escaladé plusieurs fois le grand retranchement par où la colonne fut également obligée de passer à l'escalade, afin de pénétrer dans l'intervalle des deux redoutes.

Certifié encore qu'il est de ma connaissance que, pendant le cours de la Révolution, le citoyen Dumas a constamment été fidèle aux principes sacrés qui l'ont dirigé, qu'il a coopéré d'une manière efficace au maintien du bon ordre et de la discipline et a conservé à la patrie un régiment intact dont la fidélité lui a acquis la confiance publique et l'estime de ses frères d'armes qui ont combattu avec lui les ennemis de la République.

Qu'enfin, le citoyen Dumas a commencé la campagne révolutionnaire avec les grenadiers dès le mois de juillet 1792 dans l'armée des Alpes, qu'il a continué dans celle des Pyrénées occidentales, que toujours il en a supporté les fatigues au milieu des souffrances occasionnées par les infirmités dont il est affligé, survenues pendant le cours de ses campagnes et de ses bons et longs services qui lui méritent sous tous les rapports la bienfaisance nationale.

En foi de quoi je lui ai délivré le présent à Ernani, pays conquis, le 12 vendémiaire an III de la République française, une et indivisible.

Le général de brigade,<br>
Signé : DESSEIN.

## GRAVIER (PIERRE-ANDRÉ).

### DÉTAIL DES SERVICES.

Né à Lorgues, district de Draguignan (Var), le 4 décembre 1755.

Soldat au 80ᵉ régiment, ci-devant Angoumois, le 17 août 1772.

Grenadier le 1ᵉʳ mars 1773.

Caporal le 21 août 1780.

Sergent de fusiliers le 25 novembre 1780.

Sergent de grenadiers le 11 mars 1784.

Sergent-major de chasseurs le 1ᵉʳ août 1787.

Sergent de grenadiers à la formation du 16 avril 1791.

Sous-lieutenant le 1ᵉʳ mai 1792.

Lieutenant le 18 juillet 1792.

Capitaine le 17 août 1793.

Chef de bataillon par la promotion du citoyen Dessein au grade de général de brigade en date du 2 prairial.

Mort de suites de maladie le 15 pluviôse an III.

### CAMPAGNES.

A fait la campagne de Savoie sous les ordres du citoyen La Tour d'Auvergne, qui commandait les grenadiers en 1792.

A assisté à la conquête de la vallée d'Aran sous les mêmes ordres.

S'est trouvé à la journée de Sarre le 1ᵉʳ mai 1793.

Le 22 juin 1793, s'est trouvé à l'expédition faite sur les Espagnols au camp de la Croix et a contribué à emporter la redoute de Louis XIV.

### Élection du citoyen Gravier au grade de capitaine de grenadiers.

L'an mil sept cent quatre-vingt-treize, et le seizième jour du mois d'août, nous, capitaines du 80ᵉ régiment, assemblés chez le citoyen Durognon, colonel dudit régiment, aux fins de procéder par son ordre à la nomination d'un capitaine dans la première compagnie de grenadiers, après la lecture prise par nous, capitaine, du procès-verbal de ladite compagnie en date de ce jour, ont reconnu que les trois candidats nommés étaient les citoyens Gravier, Foron et Brun, tous trois lieutenants.

L'appel fait des capitaines, réunis au nombre de douze, le citoyen Damours a été nommé président, le citoyen Merle secrétaire et les citoyens Dessein et La Tour d'Auvergne-Corret scrutateurs. Le citoyen Gravier a réuni huit voix et le citoyen Foron quatre. Il a été reconnu que le citoyen Gravier a été proclamé capitaine des grenadiers par le président.

Fait au camp de Belchénéa, le 16 août 1793, l'an II de la République française.

Signé : LA TOUR D'AUVERGNE-CORRET et autres.

## MAZAS.

### DÉTAIL DES SERVICES.

Né à Marseille en 1765.

Soldat au régiment de Bourbonnais en 1781.

Au régiment de Champagne en 1782.

Congédié par ancienneté en 1790.

Nommé adjudant-major au 11e bataillon de la Gironde, à sa formation, le 20 juin 1793.

Passé capitaine le 3 juillet 1793.

Chef de bataillon (3e) à la 148e demi-brigade, le 27 juin 1794.

Au tour de choix par la promotion du citoyen Dumas au grade de chef de brigade, en date du 9 messidor an II.

Chef de brigade le 20 mai 1795.

Par la promotion du citoyen Dalen à la place d'aide de camp auprès du général en chef Moncey, le 1er prairial an III.

Commandant de la 34e demi-brigade de deuxième formation et devint plus tard colonel du 14e de ligne. Il fut tué à Austerlitz.

Son nom est inscrit sur l'Arc-de-Triomphe, après s'être distingué à la 148e demi-brigade.

Cet officier a conduit la 34e à vingt-six combats, à un siège et trois batailles rangées. Il a développé des connaissances militaires et tenu une conduite digne d'éloges.

JEAN-PIERRE DALEN, *chef de bataillon.*

### DÉTAIL DES SERVICES.

Né à Carcassonne, district dudit département de l'Aude, le 16 août 1749.

A commencé ses services au régiment ci-devant Angoumois, le 10 juillet 1767.

Caporal, le 18 avril 1768.

Sergent, le 21 septembre 1771.

Fourrier, le 16 mai 1772.

Sergent-major, le 10 juillet 1776.

Adjudant, le 23 juillet 1780.

Porte-drapeau, le 26 juillet 1781.

Sous-lieutenant à la nouvelle formation, par lettre en date du 1er avril 1791.

Lieutenant par brevet, le 10 mars 1792.

A dater du 12 octobre 1791.

Adjudant-major du 5 février 1792.

Capitaine des grenadiers sans brevet, le 13 juillet 1792.

A dater du 18 mai 1792.

Chef de bataillon sans brevet, à la place de Malhuquer.

Destitué à dater du 18 ventôse an II.

Chef de brigade à dater du 18 ventôse an III.

Aide de camp du général en chef Moncey, du 1er prairial an III.

Jusqu'au 16 brumaire an IV.

Passé commandant temporaire de la Navarre la 4e année, près Bordeaux.


### CAMPAGNES.

A fait la campagne de la Savoie à la tête des grenadiers et chasseurs de son régiment, employé à l'avant-garde de l'armée. Il s'est trouvé à la conquête de la vallée d'Aran, où il fut fait 80 prisonniers de guerre.

Le 22 juin 1793, le citoyen Dalen, commandant trois compagnies de grenadiers à l'expédition faite sur les Espagnols au camp de la Croix, a contribué à emporter le retranchement dit de Louis XIV.

Il s'est trouvé à l'affaire de Vohala, le 26 avril 1793, a fait les trois campagnes de l'armée des Pyrénées occidentales et s'est trouvé à toutes les affaires avec son régiment dans sa demi-brigade, et principalement à celle du 7 thermidor, à la redoute du Commissari de la Baïonnette. Le 14 thermidor, jour de l'entrée de l'armée républicaine sur le territoire espagnol, dans les postes d'Irun et de Fontarabie, il fut nommé commandant temporaire de la ville de Fontarabie, par les représentants du peuple et le général en chef Müller ; il y a resté jusqu'à ventôse, promu par ancienneté au grade de chef de brigade.


Le chef de brigade Dalen est ancien militaire susceptible de pouvoir continuer un service actif : sa conduite distinguée sous tous les rapports mérite de la bienfaisance nationale ; son zèle, son exactitude et ses connaissances militaires le rendent très susceptible de servir utilement dans le commandement temporaire d'une place importante.

Je certifice son patriotisme et sa moralité et sollicite avec instance du gouvernement en sa faveur celui de Bayonne.

Le citoyen Dalen a été employé près de moi en cette campagne comme aide de camp, chef de brigade ; il est remplacé dans sa demi-brigade conformément à la loi du 14 germinal dernier.

C'est avec bien de la satisfaction que je le verrais continuer de servir sous mes ordres dans le commandement qui m'est confié ; la place de Bayonne se trouvant en ce moment sans commandement temporaire, je lui ai confié le commandement provisoire, sous l'approbation du représentant du peuple Meillon, délégué près l'armée.

*Le général commandant en chef la 11ᵉ division militaire,*
Signé : MONCEY.

## Bernard DESSEIN.

### DÉTAIL DES SERVICES.

Né à Orthez le 19 mars 1762.

Soldat au ci-devant régiment de Brie d'infanterie, le 14 juin 1777.

Caporal, le 8 juillet 1780.

Sergent, le 10 juin 1781.

Fourrier, le 16 mai 1783.

Sergent-major, le 29 août 1783.

Quartier-maître trésorier du régiment ci-devant Angoumois, le 20 novembre 1788.

A été reçu le 8 mars 1789.

Rang de capitaine, le 19 juin 1792.

Capitaine, le 8 août 1792.

Versé dans la demi-brigade à la formation.

Chef du 1ᵉʳ batalillon au tour de choix, à la place d'Hardel destitué, le 27 nivôse.

Promu au grade de général de brigade d'après un arrêté du comité de Salut public en date du 21 prairial an II.

Maréchal de camp, le 9 juin 1794.

Lieutenant général, le 15 juin 1795.

Chef de l'état-major général de l'armée des Pyrénées occidentales, depuis le 19 mars 1795.

Jusqu'au 8 septembre 1795.

Epoque à laquelle il partit à la tête de la 1re division de cette armée pour se rendre à celle de l'Ouest.

Commandant en chef de la grande division du Sud, ci-devant armée de l'Ouest, le 9 janvier 1796.

Réduit à toute extrémité par suite des fatigues de la guerre, il obtint un congé de convalescence au moment de la suppression de l'armée, après la pacification, et fut provisoirement compris dans la réforme, le 4 octobre 1796.

La lettre de réforme portait que le général serait remis à l'activité dès que sa santé serait rétablie. A rempli des missions d'activité dans la 11e division militaire, depuis le mois d'avril 1799.

Jusqu'en 1801.

Remplit les fonctions d'inspecteur aux revues, par arrêté du premier consul Bonaparte, en date du 30 décembre 1801.

Membre de la Légion d'honneur, le 26 mars 1804.

### *Blessures.*

A reçu deux coups de feu à la poitrine à l'affaire de Sarre, le 1er mai 1793.

### CAMPAGNES.

A fait, avec le régiment de Brie, les campagnes de 1781, 1782, 1783.

A l'armée des Pyrénées occidentales depuis le commencement de la guerre avec l'Espagne jusqu'à la paix ans I, II, III. A celle des côtes de l'Océan depuis le commencement de l'an IV jusqu'à la pacification.

### Détail des campagnes et actions de guerre.

S'est trouvé à la journée de Sarre, le 1er mai 1793, commandant un détachement de 50 hommes du 80e régiment. Le capitaine La Tour d'Auvergne-Corret, de la 1re compagnie de grenadiers du même corps, qui joint à environ 40 chasseurs des montagnes, formant en tout à peu près 150 Républicains, arrêtèrent l'armée espagnole, culbutèrent la cavalerie et soutinrent tous les efforts de l'infanterie pendant une heure et demie. Fut blessé au commencement de cette action de deux coups de feu, un à la naissance de la clavicule du côté gauche, dont la balle resta dans les chairs ; l'autre frappa du côté droit, et dans la même direction, sur le bout du hausse-col, d'où il résulta une forte contusion et une cicatrice. Il resta à son poste jusqu'à ce que la retraite fût effectuée.

Commandait un détachement de 100 hommes le 22 juin, même année, à l'attaque du camp de la Croix, et contribua à emporter le retranchement dit de Louis XIV. S'est trouvé à diverses autres actions depuis cette époque, notamment à la glorieuse journée du 17 pluviôse an II, où il remplissait les fonctions d'officier supérieur de jour et de piquet. Le 1er bataillon, dont il était alors le chef, se trouvant faire partie du camp des Sans-Culottes. Voilà la copie littérale des notes successivement transcrites sur les registres par les conseils d'administration du 80e régiment et de la 148e demi-brigade, extraite des certificats délivrés au général Dessein.

Le 7 thermidor an II, fut chargé du commandement de la colonne qui attaqua de front les redoutes du Commissari et du Rocher, qui furent enlevées à la baïonnette, ainsi que les ouvrages avancés et le grand retranchement qui liait ces fortifications jugées inexpugnables par l'ennemi. Cette affaire fut d'autant plus importante que la colonne, composée de trois bataillons incomplets, fut obligée de marcher tout au plus par file, d'arriver à portée de pistolet dans l'intervalle des deux redoutes, sous le feu de la mitraille et de la mousqueterie, par la sommité d'une montagne bordée à droite et à gauche de gorges impraticables. Elle eut près de 400 hommes tués ou blessés, dont 33 officiers.

Le 14 du même mois fut employé à l'attaque de front du camp retranché de Saint-Martial, des redoutes de Biriatou, du pas de Béhobie, qui le couvrait de celles des lignes d'Irun et de Fontarabie. Commandait la première colonne. Arrivé au bord de la Bidassoa, par une gorge presque inaccessible, passa cette rivière au gué, sous la mitraille et la mousqueterie de l'ennemi, et contribua à enlever d'emblée toutes ces fortifications. Le reste de la jourène et le 15, fut chargé d'établir l'ordre et la police dans tout l'arrondissement d'Irun et de Fontarabie et de faire rendre les armes à la garnison de cette place.

Le 16, fut appelé devant Saint-Sébastien ; se trouve à la reddition de cette place, dont le commandement lui fut confié, ainsi que celui du fort du Passage et de la ligne de la côte jusqu'à la Zumaya.

Nommé chef d'état-major général de l'armée des Pyrénées occidentales.

A commandé une division dans l'invasion de Guipuscoa et a puissamment contribué à la conquête des provinces basques.

Pendant tout le temps qu'il a fait son service auprès des généraux en chef Müller et Moncey, il les a suivis dans les diverses expéditions qui ont eu lieu, dans les reconnaissances et les détails relatifs à l'importance de leur mission, notamment à l'attaque générale du 26 vendémiaire an III.

A la Vendée, il a concouru au maintien du bon ordre et a participé à la fin de cette guerre désastreuse.

## Adrien BARANDON.

### DÉTAIL DES SERVICES.

Né à Nîmes (Gard), le 13 juillet 1757.
Soldat au 80ᵉ régiment, le 1ᵉʳ avril 1776.
Appointé, le 13 juillet 1786.
Caporal, le 1ᵉʳ octobre 1788.
Sergent, le 1ᵉʳ mars 1790.
Sous-lieutenant, le 12 mars 1792.
Lieutenant, le 4 juillet 1792.
Versé dans la demi-brigade à la formation.
Capitaine, le 2 pluviôse an II.
Chef de bataillon à l'ancienneté de grade, le 10 ventôse an III.

### CAMPAGNES.

A fait les campagnes de l'armée des Pyrénées occidentales, pendant les années 1793 ans II et III. S'est trouvé à l'expédition de la vallée d'Aran, a commandé le détachement qui formait l'avant-garde lors de la prise de la redoute de la Baïonnette, le 9 thermidor an II, où il fut atteint d'une balle au bas-ventre. A commandé à diverses reprises au bataillon de grenadiers faisant partie de l'avant-garde de la division de droite. A fait la campagne de l'an IV dans l'armée des côtes de l'Océan.

### Raymond BESSAGUET.

#### DÉTAIL DES SERVICES.

Né à Bordeaux, département du Bec-d'Ambez, le 28 octobre 1754.

Soldat au 6e régiment d'infanterie, ci-devant **Armagnac, le 14 janvier 1777.**

Congédié par ancienneté, le 25 août 1784.

Capitaine au 7e bataillon de la Gironde, le 9 août 1792.

Versé dans la demi-brigade à la formation.

Chef de bataillon de la 148e demi-brigade, par ancienneté de grade, le 9 prairial an III.

A servi dans la garde nationale de Bordeaux, depuis le commencement de la Révolution.

#### CAMPAGNES.

A fait les campagnes d'Amérique en 1777, 1778, 1779, 1780, 1781 et 1782.


### Joseph FANTIN, *lieutenant de la 3e compagnie de grenadiers.*

#### DÉTAIL DES SERVICES.

Né à Moros, district de Vienne (Isère), le 19 décembre 1748.

A commencé ses services au 80e régiment d'infanterie, ci-devant Angoumois, le 15 décembre 1770.

Caporal, le 6 septembre 1778.

Sergent de chasseurs, le 4 septembre 1782.

Sergent-major de fusiliers, le 1er avril 1789.

Lieutenant, le 17 août 1793.

Autorisé, par les représentants du peuple à l'armée des Pyrénées occidentales, à remplir une vacance de capitaine, le 20 frimaire an III.

Chef de bataillon, par ancienneté de service, le 13 ventôse an III.

Reçu capitaine, par ordre du général Hoche, le 1er fructidor an IV.

#### CAMPAGNES.

A assisté à la conquête de la vallée d'Aran.

Le 22 juin, fut blessé par un éclat de bombe à la redoute

dite Louis XIV, où elle fut remportée d'assaut et les Espagnols troués.

A fait les campagnes des Pyrénées, ans II et III, et celle de l'an IV à l'armée des côtes de l'Océan.


## PILIGRY.

### DÉTAIL DES SERVICES.

Né à Castelnaud, près Albi, district de Gaillac (Tarn), le 20 octobre 1748.

Soldat au 80e régiment, le 27 janvier 1768.

Caporal, le 31 décembre 1782.

Vétéran, le 18 juin 1792.

Sergent, le 30 août 1793.

Sous-lieutenant, le 1er octobre 1793.

Lieutenant, le 4 pluviôse an II.

Capitaine, le 18 ventôse an II.

---

### Rapport du 17 pluviôse par Castelpers, commandant les avant-postes de droite du camp des Sans-Culottes.

J'ai été attaqué ce matin vers 7 heures par les Espagnols, qui étaient en très grande force. Je n'ai appris l'attaque que par le repliement des avant-postes et par l'irruption des ennemis sur les maisons les plus voisines du cantonnement.

Le bataillon n° 2 du Tarn et les chasseurs de montagnes se sont de suite portés au secours des troupes repliées et nous avons forcé au pas de charge les Espagnols au delà des avant-postes que nous avons tenus jusqu'à la fin de nos munitions.

L'impossibilité de nous défendre et l'acharnement de nos ennemis a forcé la troupe à rétrograder en partie d'une portée de fusil, alors j'ai ordonné que l'on place une pièce de 4 vers la droite du poste du centre. Des caissons de cartouches sont arrivés, ainsi qu'une partie du bataillon du Gers ; les troupes de la République se sont portées avec beaucoup d'intrépidité sur les ennemis qui se sont retirés de la maison qu'ils occupent ordinairement et qui est au bas de leur plateau. Nos troupes ont forcé l'ennemi dans leur maison ; ils se sont retirés sur leur plateau, d'où ils ont encore été débusqués.

L'artillerie a fait merveille ; elle était servie par les canonniers de la Haute-Garonne. Tous les soldats ont fait leur devoir ; les officiers leur ont donné l'exemple.

Momane, officier dans le 1er bataillon de la 148e demi-brigade, n'a pas peu contribué au succès de nos armes, soit en conduisant, soit en ralliant les défenseurs de la patrie.

Je ne puis pas, ce soir, vous donner l'état des morts et des blessés ; ceux-ci sont à la vérité en trop grand nombre, mais la perte de l'ennemi a été considérable.

Signé : CASTELPERS, commandant.

Pour copie conforme :
Signé : Henri FRÉCHEVILLE.

## Copie du rapport du citoyen H. Frégeville, général de division, au général en chef commandant l'armée des Pyrénées occidentales.

Nous avons été attaqués ce matin par les Espagnols. Ils ont commencé par forcer le poste du Rocher, ainsi que celui du Calvaire ; ils ont marché ensuite sur cinq colonnes. Celle qui a forcé le poste du Rocher s'est mise en bataille sur le Calvaire et est restée là. Une seconde colonne marchait par le dos d'âne sur le mamelon et avait l'air de se diriger sur Angre. Une troisième venait de la montagne de Louis XIV et s'est dirigée sur la Croix-des-Bouquets ; la 4e a marché sur le café Républicain ; la 5e s'est portée sur le plateau de Hendaye. Tous nos avant-postes, attaqués par des forces considérables, ont été obligés de se replier, car j'évalue le nombre des Espagnols qui ont marché à 14 ou 15 mille. Il me parait que leur projet était de brûler nos baraques du camp des Sans-Culottes, tant le feu de leurs obusiers et leurs mortiers était dirigé là-dessus. A la droite, ils ont mis la plus grande opiniâtreté à vouloir la forcer ; à la gauche, ils sont venus jusqu'à la redoute de la Liberté ; deux fois ils ont tenté de l'emporter de vive force ; deux fois ils ont été repoussés par nos braves républicains de la manière la plus brillante. Le feu a été général depuis 7 heures du matin jusqu'à midi, et sur la gauche, il était encore très vif à 2 heures. Mais dès midi, le général espagnol a fait donner l'ordre de la retraite ; il nous a été impossible de poursuivre les ennemis dans leur retraite au centre et à la droite, vu le peu de monde que j'y ai. A la gauche, ils ont été poursuivis par les grenadiers et le

1er et le 2e bataillon de la 5e demi-brigade d'infanterie légère, presque sous le feu de leurs batteries.

Je ne saurais donner mes éloges à nos braves frères d'armes : Moncey, bien que malade, a fait merveille ; Rouché commandait les grenadiers, etc.

Te parler de La Tour d'Auvergne serait te dire qu'il s'est conduit à son ordinaire.

Je crois que cette bataille est une des plus glorieuses pour les armes de la République. Le feu a été continuellement si vif que je n'en ai point entendu de pareil depuis Jemmapes. J'évalue la perte à 60 ou 80 morts ; nous avons 155 blessés, une quinzaine grièvement.

Le général La Chapelette m'a fait dire qu'il y avait deux colonnes, l'une dans la gorge de Jolimont, l'autre dans celle de Béra, qu'elles étaient ventre à terre, mais qu'il avait tout préparé pour, au camp de gauche, les bien recevoir s'ils s'y présentaient.

Signé : Henri FRÉGEVILLE.

Pour copie conforme :

*Le général commandant l'armée,*
        MULLER.

17 pluviôse. — Dupval, général de division, commandant celle du centre, annonce que ses patrouilles ont été attaquées en avant de Sarre, que l'ennemi a ensuite déployé une force de 2.000 hommes d'infanterie, qui a été obligée de se retirer devant les chasseurs de la montagne.

---

## Extrait du livre d'ordre général de l'armée.

(23 août 1794-6 fructidor 2e année républicaine et démocratique.)

*Le général en chef à l'armée.*

Vous verrez avec plaisir, mes chers camarades, qu'on a parlé de vous à la Convention nationale ; voici les deux décrets qui en sont émanés.

Continuons, et sa satisfaction égalera toujours la nôtre.

DU 21 THERMIDOR.

LA CONVENTION NATIONALE,

Après avoir entendu le rapport du comité de Salut public,

    DÉCRÈTE.

ARTICLE PREMIER. — L'armée des Pyrénées occidentales a bien mérité de la patrie, principalement dans la journée du 14 thermidor.

Article 2. — Les nouvelles officielles de cette armée sur la prise de Fontarabie et des redoutes de Saint-Martial et d'Irun seront imprimées et envoyées sur-le-champ aux autres armées de la République.

*27 août.* — Moncey, aux représentants du peuple, leur pose les motifs qui le forcent à refuser sa nomination de **général en chef**, fondés sur la faiblesse de sa santé et de son caractère. Müller se retire, emportant les sympathies de tous, ainsi que leurs regrets. Il rejoint le poste de divisionnaire à l'armée des Alpes, poste que d'ailleurs il avait sollicité.

### Rapport du général Schilt à Moncey.

Je m'empresse de te rendre compte, mon Général, que l'expédition dont j'étais chargé avec 600 chasseurs et 300 **hommes** de la 148e demi-brigade a parfaitement bien réussi, **malgré** les grands obstacles et la résistance des brigands armés, au nombre de plus de 6.000, ayant des retranchements et onze pièces de canon, que nous avons prises et jetées dans la mer, à l'exception de deux, après un combat de sept heures d'horloge. Ensuite, après avoir marché toute la journée, nous sommes entrés hier au soir à l'entrée de la nuit au fort de Ondorroa.

Ce n'est qu'à la vigueur et au courage républicain des chasseurs que l'on doit le succès, dont moi-même je suis étonné.

### Lettre de Moncey
### au Président de la Convention nationale.

L'inauguration du drapeau que la Convention nationale a décerné à l'armée des Pyrénées occidentales a été faite à Tolosa au milieu des troupes victorieuses à l'affaire de Bergara, au son d'une musique mâle et guerrière et au cri mille fois répété de : « Vive la Convention nationale! »

Les drapeaux que mon aide de camp était chargé d'offrir à la Convention nationale ornaient cette fête.

## État des pertes de la 118e demi-brigade

*(15 février 1794-20 décembre 1795.)*

### Défense du camp des Sans-Culottes.

*(17 pluviôse an II-5 février 1794.)*

#### TUÉS.

TERRA (Jean), fusilier, 3e bataillon, 1re compagnie.
MOTTES, fusilier, 3e bataillon, 3e compagnie.
BARRODEAU, fusilier, 1er bataillon, 6e compagnie.
LUNERVILLE, fusilier, 1er bataillon, 6e compagnie.
CLÉMENT (Constant), fusilier, 2e bataillon, 2e compagnie.

### Attaque de la fonderie de canons d'Orbaïcette.

*(19 germinal an II-9 avril 1794.)*

#### TUÉS.

BIROC, caporal, 3e bataillon, 8e compagnie.
BOUTEJOC, fusilier, 3e bataillon, 6e compagnie.
GUERTE (Thomas), fusilier, 3e bataillon, 6e compagnie.
AMONT (Etienne), fusilier, 3e bataillon, 6e compagnie.

### Attaque du camp des Sans-Culottes.

*(5 messidor an II-23 juin 1794.)*

#### TUÉS.

PANC, grenadier, 2e bataillon de grenadiers.
FERROT (Pierre), fusilier, 1er bataillon, 7e compagnie.
BERTRAND (Jean), caporal du 10 août 1792, 2e bataillon, 2e
  compagnie.
LASALLE (Pierre), grenadier, 3e bataillon de grenadiers.
MENIER (Michel), 3e bataillon, 8e compagnie.
DUFOUX (Pierre), fusilier, 1er bataillon, 6e compagnie.
BAJOURDON, fusilier, 2e bataillon, 4e compagnie.
CLUSSIER (François), fusilier, 3e bataillon, 4e compagnie.
MOUCHIN (Jean), fusilier, 3e bataillon, 4e compagnie.
DULORT, fusilier, 2e bataillon, 4e compagnie.
BESSIÈRE (Pierre), sous-lieutenant.

### Prise de la redoute de la Baïonnette.

(7 thermidor an II-25 juillet 1794.)

Dans cette seule journée, la 148e demi-brigade perdit 500 hommes dont 33 officiers, parmi lesquels :

BORDANAVE (Antoine), adjudant-major, 2e bataillon, 7e compagnie.

BONNAFOUS (Jean), lieutenant, 2e bataillon, 7e compagnie.

AUTRON, sous-lieutenant, 2e bataillon, 2e compagnie.

ROCHE (Pierre), sergent du 21 mai 1791, 2e bataillon, 7e compagnie.

CHENAVARDS (Jean), sergent du 12 brumaire an II, 2e bataillon, 7e compagnie.

CANEVILLE (Gaspard), fusilier, 2e bataillon, 2e compagnie.

BODELO (Nicolas), sergent du 10 pluviôse, 3e bataillon, 7e compagnie.

GUÉBRIER (Jean), caporal du 7 pluviôse an II, 2e bataillon, 7e compagnie.

SABOJE (François), 3e bataillon, 8e compagnie.

FRUX (Pierre), fusilier, 3e bataillon, 7e compagnie.

CROMAILLÉ (François), fusilier, 2e bataillon, 1re compagnie.

BRUNET, fusilier, 2e bataillon, 7e compagnie.

BAGUÉ (Jean), appointé, 2e bataillon, 1re compagnie.

CADILLON (Jean), sergent du 10 pluviôse, 2e bataillon, 4e compagnie.

ORTEL, caporal du 16 pluviôse an II, 2e bataillon, 7e compagnie.

BROUEIN, 2e bataillon, 7e compagnie.

VOIRY (François), 3e bataillon, 4e compagnie.

NOLLET (Martin), caporal du 11 pluviôse, 3e bataillon, 6e compagnie.

GAUTIER (Pierre), 3e bataillon, 5e compagnie.

ESTIÈCLE (Pierre), fusilier, 3e bataillon, 5e compagnie.

MARQUET, fusilier, 3e bataillon, 4e compagnie.

LACHAISE (Joseph), caporal fourrier du 2 juillet 1793, 2e bataillon, 8e compagnie.

LAFAYE (François), fusilier, 2e bataillon, 7e compagnie.

FOUQUEY, fusilier, 2e bataillon, 7e compagnie.

CADIS (Pierre), caporal du 17 juin 1793, 2e bataillon, 6e compagnie.

TRIOLLET (Claude), fusilier, 2e bataillon, 3e compagnie.

ARDERAS (Jean), 3e bataillon, 1re compagnie.

Hugues (Jean), fusilier, 3ᵉ bataillon, 7ᵉ compagnie.
Penard (Pierre), fusilier, 2ᵉ bataillon, 3ᵉ compagnie.
Saint-Martin (Baptiste), fusilier, 2ᵉ bataillon, 6ᵉ compagnie.
Béjot, fusilier, 2ᵉ bataillon, 3ᵉ compagnie.
Bonnoc (Jean), fusilier, 2ᵉ bataillon, 3ᵉ compagnie.
Casas (Jean), fusilier, 2ᵉ bataillon, 5ᵉ compagnie.
Clément (Jean), fusilier, 2ᵉ bataillon, 7ᵉ compagnie.
Bernard, fusilier, 2ᵉ bataillon, 7ᵉ compagnie.
Saint-Marc-Bernard, fusilier, 3ᵉ bataillon, 4ᵉ compagnie.
Mercados (Gustave), fusilier, 2ᵉ bataillon, 3ᵉ compagnie.
Dryols (Jacques), fusilier, 2ᵉ bataillon, 7ᵉ compagnie.
Dufau (Pierre), 3ᵉ bataillon, 5ᵉ compagnie.
Michel (Antoine), 2ᵉ bataillon, 7ᵉ compagnie.
Mounit (Pierre), 3ᵉ bataillon, 4ᵉ compagnie.
Lagrange, 3ᵉ bataillon, 4ᵉ compagnie.
Laboissière (Jean), 3ᵉ bataillon, 5ᵉ compagnie.
Pouillac (François), fusilier, 3ᵉ bataillon, 4ᵉ compagnie.
Barbe (Jean), fusilier, 3ᵉ bataillon, 4ᵉ compagnie.
Pringuey (André), fusilier, 2ᵉ bataillon, 3ᵉ compagnie.
Durgnel, fusilier, 2ᵉ bataillon, 3ᵉ compagnie.
Vallade (Léonard), fusilier, 2ᵉ bataillon, 7ᵉ compagnie.
Ferrand (Charron), fusilier, 3ᵉ bataillon, 4ᵉ compagnie.
Peffobet (Jh-Louis), fusilier, 2ᵉ bataillon, 2ᵉ compagnie.
Freny (Jean), 3ᵉ bataillon, 4ᵉ compagnie.
Brunel (Joseph), 3ᵉ bataillon, 8ᵉ compagnie.

### BLESSÉS.

Dumas (Jacques), chef de brigade, 3ᵉ bataillon, 1ʳᵉ compagnie.
Barandon, capitaine, 3ᵉ bataillon, 1ʳᵉ compagnie.
Paillères, capitaine, 3ᵉ bataillon, 1ʳᵉ compagnie.
Gravemorte, lieutenant, 3ᵉ bataillon, 8ᵉ compagnie.
Nanot, lieutenant, 3ᵉ bataillon, 6ᵉ compagnie.
Charamel, lieutenant, 3ᵉ bataillon, 3ᵉ compagnie.
Fantin, lieutenant, 3ᵉ bataillon de grenadiers.

## Enlèvement de la montagne de Saint-Martial.

### (14 thermidor an II-2 août 1794.)

### TUÉS.

Dugout (Pierre), fusilier, 2ᵉ bataillon, 7ᵉ compagnie.
Longeurre (Jean), fusilier, 3ᵉ bataillon, 5ᵉ compagnie.
Moulin (Etienne), fusilier, 3ᵉ bataillon, 4ᵉ compagnie.

Nobimer (Pierre), fusilier, 2ᵉ bataillon, 7ᵉ compagnie.
Marie (Jean), fusilier, 3ᵉ bataillon, 6ᵉ compagnie.

### Combat de Marquinéchu.

(30 prairial an III-18 juin 1795.)

#### TUÉS.

Laduhic, fusilier, 1ᵉʳ bataillon, 5ᵉ compagnie.
Bannes (Pierre), fusilier, 1ᵉʳ bataillon, 5ᵉ compagnie.
Mathias (Léon), appointé, 1ᵉʳ bataillon, 5ᵉ compagnie.
Cotulipe (Réfens), appointé, 3ᵉ bataillon, 8ᵉ compagnie.
Lignon (Paul), fusilier, 1ᵉʳ bataillon, 5ᵉ compagnie.

### Attaque du col de Lecumberri.

(30 frimaire an III-20 décembre 1795.)

#### TUÉS.

Toricq (Jean), fusilier, 3ᵉ bataillon, 5ᵉ compagnie.
Cossa, fusilier, 3ᵉ bataillon, 8ᵉ compagnie.
Donjeon (André), fusilier, 1ᵉʳ bataillon, 6ᵉ compagnie.
Audignon (Bernard), fusilier, 3ᵉ bataillon, 5ᵉ compagnie.
Duclos (Jean), fusilier, 3ᵉ bataillon, 8ᵉ compagnie.
L'Eglise, fusilier, 3ᵉ bataillon, 8ᵉ compagnie.
Valadiel (Pierre), fusilier, 2ᵉ bataillon, 6ᵉ compagnie.
Duron (André), fusilier, 3ᵉ bataillon, 8ᵉ compagnie.

### Epidémie à Saint-Sébastien.

(Hiver de l'an III.)

#### MILITAIRES DÉCÉDÉS.

1ᵉʳ nivôse. Carrière (Pierre), fusilier, 1ᵉʳ bataillon, 1ʳᵉ compagnie.
8ᵉ nivôse. Nezal (Jean), grenadier, 3ᵉ bataillon de grenadiers.
10 nivôse. Delpan (Baptiste), fusilier, 3ᵉ bataillon, 5ᵉ compagnie.
12 nivôse. Laborie, fusilier, 2ᵉ bataillon, 1ʳᵉ compagnie.
13 nivôse. Gérin (Jean), fusilier, 1ᵉʳ bataillon, 3ᵉ compagnie.
15 nivôse. Posquée (Thimolée), fusilier, 1ᵉʳ bataillon, 6ᵉ compagnie.
Duplou (Bernard), fusilier, 3ᵉ bataillon, 3ᵉ compagnie.
Resthel (Armand), caporal, 2ᵉ bataillon, 7ᵉ compagnie.

MATHIEU (Alexis), fusilier, 1ᵉʳ bataillon, 6ᵉ compagnie.

MATTUIS (Honoré), grenadier, 3ᵉ bataillon de grenadiers.

BOUSQUET (Jean), caporal du 1ᵉʳ pluviôse an II, 3ᵉ bataillon de grenadiers.

DESCAMP (Armand), fusilier, 1ᵉʳ bataillon, 6ᵉ compagnie.

17 nivôse. LACOSTE (Jean), grenadier, 3ᵉ bataillon de grenadiers.

19 nivôse. CHOUCHET (Salvien), fusilier, 1ᵉʳ bataillon, 7ᵉ compagnie.

20 nivôse. DÉJARDIN (Louis), tambour le 9 août 1792.

24 nivôse. DELUC (Pierre), fusilier, 3ᵉ bataillon, 5ᵉ compagnie.

27 nivôse. CONSTANTIN (Jacques), fusilier, 3ᵉ bataillon, 8ᵉ compagnie.

CHARLEREAU, fusilier, 3ᵉ bataillon, 8ᵉ compagnie.

30 nivôse. PAVOIGNAC (Jean), grenadier, 3ᵉ bataillon de grenadiers.

4 pluviôse. GARCEAU (Léonard), grenadier, 3ᵉ bataillon de grenadiers.

6 pluviôse. MOULINGUE, fusilier, 1ᵉʳ bataillon, 8ᵉ compagnie.

8 pluviôse. VERGNE (Jean), fusilier, 2ᵉ bataillon, 6ᵉ compagnie.

9 pluviôse. DOSCOMBES (Bernard), fusilier, 2ᵉ bataillon, 5ᵉ compagnie.

10 pluviôse. PHARGEAS (Jean), fusilier, 3ᵉ bataillon, 1ʳᵉ compagnie.

11 pluviôse. GERMAIN (Jean), fusilier, 1ᵉʳ bataillon, 2ᵉ compagnie.

13 pluviôse. CASTOUDET (Michel), fusilier, 2ᵉ bataillon, 2ᵉ compagnie.

15 pluviôse. DEBLOIR (Louis), fusilier, 1ᵉʳ bataillon, 4ᵉ compagnie.

16 pluviôse. DUBOIS, fusilier, 3ᵉ bataillon, 3ᵉ compagnie.

18 pluviôse. SIMER (Etienne), fusilier, 2ᵉ bataillon, 1ʳᵉ compagnie.

22 pluviôse. LAGERAVES (Pierre), fusilier, 3ᵉ bataillon, 5ᵉ compagnie.

23 pluviôse. EBRAL (Gustave), fusilier, 2ᵉ bataillon, 5ᵉ compagnie.

PORRIEL, fusilier, 1ᵉʳ bataillon, 7ᵉ compagnie.

26 pluviôse. LAVILLE (Jean), fusilier, 3ᵉ bataillon, 2ᵉ compagnie.

3 ventôse. COSTE (Pierre), fusilier, 2ᵉ bataillon, 6ᵉ compagnie.

4 ventôse. BRIE (Jean), fusilier, 3ᵉ bataillon, 4ᵉ compagnie.

Colin (Jacques), fusilier, 2ᵉ bataillon, 3ᵉ compagnie.

6 ventôse. Ducasse (Etienne), fusilier.

8 ventôse. Lajordy (Pierre), fusilier, 1ᵉʳ bataillon, 7ᵉ compagnie.

Daction (Jean), fusilier, 2ᵉ bataillon, 5ᵉ compagnie.

12 ventôse. Loudier (Jean), fusilier, 3ᵉ bataillon, 5ᵉ compagnie.

14 ventôse. Despujol (Bertrand), fusilier, 3ᵉ bataillon, 8ᵉ compagnie.

15 ventôse. Labot (Pierre), fusilier, 1ᵉʳ bataillon, 4ᵉ compagnie.

16 ventôse. Laporte, fusilier, 2ᵉ bataillon, 5ᵉ compagnie.

19 ventôse. Dumas (Pierre), fusilier, 1ᵉʳ bataillon, 6ᵉ compagnie.

20 ventôse. Sacin, fusilier, 1ᵉʳ bataillon, 5ᵉ compagnie.

21 ventôse. Dessoulès, fusilier, 3ᵉ bataillon, 3ᵉ compagnie.

25 ventôse. Ganal (Raymond), caporal du 12 avril 1782, 1ᵉʳ bataillon de grenadiers.

Gilles (Pierre), fusilier, 1ᵉʳ bataillon, 6ᵉ compagnie.

28 ventôse. Dapouye (Cadet-Jean), fusilier, 3ᵉ bataillon, 6ᵉ compagnie.

30 ventôse. Laglaire, fusilier, 3ᵉ bataillon, 5ᵉ compagnie.

3 germinal. Courdenet (Pierre), fusilier, 2ᵉ bataillon, 4ᵉ compagnie.

7 germinal. Poujade (Jean-Baptiste), fusilier.

11 germinal. Blanchon (Jean), fusilier, 2ᵉ bataillon, 8ᵉ compagnie.

Félibanche, fusilier, 1ᵉʳ bataillon, 6ᵉ compagnie.

15 germinal. Perrouty (Jean-Pierre), fusilier.

Montzéquou (Jean), fusilier.

16 germinal. Costang, fusilier, 1ᵉʳ bataillon, 4ᵉ compagnie.

22 germinal. Lagardère (Jérôme), fusilier, 3ᵉ bataillon, 5ᵉ compagnie.

23 germinal. Cherpit (François), fusilier, 2ᵉ bataillon, 2ᵉ compagnie.

4 floréal. Armagnac (Pierre), grenadier, 3ᵉ bataillon de grenadiers.

6 floréal. Brousse (Jean), fusilier, 1ᵉʳ bataillon, 1ʳᵉ compagnie.

8 floréal. Lestrade (Jean), fusilier, 1ᵉʳ bataillon, 4ᵉ compagnie.

8 floréal. Lagué (Jean), fusilier, 1ᵉʳ bataillon, 4ᵉ compagnie.

148ᶜ Régiment d'infanterie de ligne.

———

PIÈCES JUSTIFICATIVES

# 148ᵉ régiment d'infanterie de ligne.

(Pièces justificatives.)





### 148ᵉ RÉGIMENT D'INFANTERIE DE LIGNE

**Procès-verbal d'organisation des quatre bataillons
de ce corps.**

Cejourd'hui, premier février mil huit cent treize, à onze
heures du matin,

Nous Jean-Baptiste Meslier, chevalier de Rocan, inspecteur aux revues, employé dans la 25ᵉ division militaire, à la
résidence de Wésel,

Vu le décret impérial du onze janvier dernier portant que
les cohortes de la garde nationale sont appelées à servir dans
l'armée active ;

Vu aussi les ordres de Sa Majesté l'empereur et roi, transmis le 20 du même mois par Son Excellence le ministre de la
guerre à Monseigneur le duc de Padoue, et en vertu desquels
Son Excellence est chargée de l'organisation de régiments des-
dites cohortes de la garde nationale ;

Vu enfin l'article 211 du règlement du 25 germinal an XIII ;

Nous nous sommes rendu, à la réquisition de Monseigneur
le duc de Padoue, sur l'esplanade de cette ville, où nous avons
trouvé sous les armes les 72ᵉ, 73ᵉ, 74ᵉ, 75ᵉ cohortes de la garde
nationale; là, étant en présence de Son Excellence, nous en
avons passé la revue à l'effet d'en constater l'effectif et la composition, laquelle revue nous a donné les résultats suivants :

## COMPOSITION DE LA 72ᵉ COHORTE.

### OFFICIERS.

| Désignation des grades. | Présents | Aux hôpitaux | Détachés | En arrière | En jugement | Effectif |
|---|---|---|---|---|---|---|
| Chef de bataillon… | 1 | » | » | » | » | 1 |
| Adjudant-major… | » | » | » | » | » | » |
| Officier payeur… | 1 | » | » | » | » | 1 |
| Chirurgien. | 1 | » | » | » | » | 1 |
| Capitaines. | 2 | 1 | 1 | » | » | 4 |
| Lieutenants | 5 | . | 1 | . | . | 6 |
| S.-lieut… | 6 | » | » | . | . | 6 |
| TOTAUX.. | 16 | 1 | 2 | » | » | 19 |

### SOUS-OFFICIERS ET SOLDATS.

| Désignation des grades. | Présents | Aux hôpitaux | Détachés | En arrière | En jugement | Effectif |
|---|---|---|---|---|---|---|
| Ajudant-s.-officier… | 1 | » | » | » | » | 1 |
| Capor. tambour…. | 1 | » | » | » | » | 1 |
| Maitres ouvriers…. | 1 | » | » | » | » | 1 |
| Serg.-maj.. | 4 | » | » | » | » | 4 |
| Sergents… | 6 | » | » | » | » | 6 |
| Fourriers.. | 6 | » | » | » | » | 6 |
| Caporaux.. | 42 | » | » | » | » | 42 |
| Soldats…. | 363 | 173 | » | » | » | 536 |
| Tambours.. | 11 | » | » | » | » | 11 |
| TOTAUX.. | 435 | 173 | » | » | » | 608 |

## COMPOSITION DE LA 73ᵉ COHORTE.

### OFFICIERS.

| Désignation des grades. | Présents | Aux hôpitaux | Détachés | En arrière | En jugement | Effectif |
|---|---|---|---|---|---|---|
| Chef de bataillon… | 1 | » | » | » | » | 1 |
| Adjudant-major… | 1 | » | » | » | » | 1 |
| Officier payeur… | 1 | » | » | » | » | 1 |
| Chirurgien. | 1 | » | » | » | » | 1 |
| Capitaines. | 4 | » | 2 | » | » | 6 |
| Lieutenants | 3 | . | . | . | . | 3 |
| S.-lieut… | 8 | » | » | » | » | 8 |
| TOTAUX.. | 19 | » | 2 | » | » | 21 |

### SOUS-OFFICIERS ET SOLDATS.

| Désignation des grades. | Présents | Aux hôpitaux | Détachés | En arrière | En jugement | Effectif |
|---|---|---|---|---|---|---|
| Ajudant-s.-officier… | 2 | » | » | » | » | 2 |
| Capor. tambour…. | 1 | » | » | » | » | 1 |
| Maitres ouvriers…. | » | » | » | » | » | » |
| Serg.-maj.. | 1 | » | » | » | » | 1 |
| Sergents… | 7 | » | » | » | » | 7 |
| Fourriers.. | 6 | » | » | » | » | 6 |
| Caporaux.. | 39 | 2 | » | » | » | 41 |
| Soldats…. | 670 | 38 | » | » | » | 708 |
| Tambours.. | 12 | » | » | » | » | 12 |
| TOTAUX.. | 738 | 40 | » | » | » | 778 |

## COMPOSITION DE LA 74ᵉ COHORTE.

### OFFICIERS.

| Désignation des grades. | Présents | Aux hôpitaux | Détachés | En arrière | En jugement | Effectif |
|---|---|---|---|---|---|---|
| Chef de bataillon… | 1 | » | » | » | » | 1 |
| Adjudant-major… | » | » | » | » | » | » |
| Officier payeur… | » | » | » | » | » | » |
| Chirurgien. | 1 | » | » | » | » | 1 |
| Capitaines. | 4 | » | 1 | » | » | 5 |
| Lieutenants | 4 | » | » | » | » | 4 |
| S.-lieut… | 6 | » | » | » | » | 6 |
| TOTAUX.. | 16 | » | 1 | » | » | 17 |

### SOUS-OFFICIERS ET SOLDATS.

| Désignation des grades. | Présents | Aux hôpitaux | Détachés | En arrière | En jugement | Effectif |
|---|---|---|---|---|---|---|
| Ajudant-s.-officier… | 1 | » | » | » | » | 1 |
| Capor. tambour…. | 1 | » | » | » | » | 1 |
| Maitres ouvriers…. | 2 | » | » | » | » | 2 |
| Serg.-maj.. | 4 | » | » | » | » | 4 |
| Sergents… | 11 | 1 | » | » | » | 12 |
| Fourriers.. | 6 | » | » | » | » | 6 |
| Caporaux.. | 42 | » | » | » | » | 42 |
| Soldats…. | 710 | 24 | » | 24 | » | 758 |
| Tambours.. | 12 | » | » | » | » | 12 |
| TOTAUX.. | 789 | 25 | » | 24 | » | 838 |

## COMPOSITION DE LA 75ᵉ COHORTE.

### OFFICIERS.

| Désignation des grades. | Présents | Aux hôpitaux | Détachés | En arrière | En jugement | Effectif |
|---|---|---|---|---|---|---|
| Chef de bataillon… | 1 | » | » | » | » | 1 |
| Adjudant-major… | » | » | » | » | » | » |
| Officier payeur… | » | » | » | » | » | » |
| Chirurgien. | 1 | » | » | » | » | 1 |
| Capitaines. | 2 | » | 2 | » | » | 4 |
| Lieutenants | 2 | » | 1 | » | » | 3 |
| S.-lieut… | 6 | » | » | » | » | 6 |
| TOTAUX.. | 12 | » | 3 | » | » | 15 |

### SOUS-OFFICIERS ET SOLDATS.

| Désignation des grades. | Présents | Aux hôpitaux | Détachés | En arrière | En jugement | Effectif |
|---|---|---|---|---|---|---|
| Ajudant-s.-officier… | 1 | » | » | » | » | 1 |
| Capor. tambour…. | 1 | » | » | » | » | 1 |
| Maitres ouvriers…. | » | » | » | » | » | » |
| Serg.-maj.. | 2 | 1 | » | » | » | 3 |
| Sergents… | 7 | » | » | » | » | 7 |
| Fourriers.. | 6 | » | » | » | » | 6 |
| Caporaux.. | 37 | 7 | » | » | » | 44 |
| Soldats…. | 424 | 115 | » | » | » | 539 |
| Tambours.. | 9 | 2 | » | » | 1 | 12 |
| TOTAUX.. | 487 | 125 | » | » | 1 | 613 |

Cette opération terminée, Son Excellence a prononcé la dissolution des quatre cohortes susdésignées et a aussitôt procédé à la formation des 1ᵉʳ, 2ᵉ, 3ᵉ et 4ᵉ bataillons du 148ᵉ de ligne, en se conformant aux intentions de l'empereur et en vertu des ordres ministériels précités. Cette organisation étant achevée, nous avons passé une nouvelle revue à l'effet de constater l'existence, la force et la composition du susdit régiment, qui s'est trouvé être comme il est dit ci-après.

### État-major.

OFFICIERS :

MM.

OBERT, colonel.
*Emploi vacant :* major.
ROUGELIN, chef de bataillon.
PELEROUX (François), Id.
ROUSSELOT (Antoine), Id.
GUY (Baron DE), Id.
*Emploi vacant :* adjudant-major
LOISEAU (Jean-Pierre), Id.
*Emploi vacant :* Id.
*Id.* adjudant-major de l'habillement.
*Id.* quartier-maître.

MM.

MEURICE, officier payeur.
*Emploi vacant :* 1ᵉʳ porte-aigle.
*Id.* chirurgien-major.
DUPUY, chirurgien aide-major.
VALENTIN, Id.
LEBACQ, Id.
COPPERS, Id.
*Emploi vacant :* Id.
*Id.* Id.
*Id.* Id.
*Id.* Id.
*Id.* Id.

SOUS-OFFICIERS :

| | PRÉSENTS. | AUX HÔPITAUX. | DÉTACHÉS. | EN ARRIÈRE. | EFFECTIF. |
|---|---|---|---|---|---|
| Adjudants sous-officiers.. | 6 | » | » | » | 6 |
| 2ᵉ et 3ᵉ porte-aigles....... | » | » | » | » | » |
| Tambour-major..... .... | 1 | » | » | » | 1 |
| Musiciens............... | » | » | » | » | » |
| Caporaux tambours........ | 2 | » | » | » | 2 |
| Maîtres tailleurs.... | 2 | » | » | » | 2 |
| ouvriers armuriers.. | 2 | » | » | » | 2 |
| Élèves tambours........ | » | » | » | » | » |
| TOTAUX ........ | 13 | » | » | » | 13 |

### Officiers du 1er bataillon.

*Grenadiers.*
ROLBERCHTS (J.-G.), capitaine.
BRUIENNE (B.-L.), lieutenant.
DECLOPCS (J.-F.), s.-lieutenant.

*1re compagnie.*
LOUVION (G.-J.), capitaine.
PLANTUNIE (N.), lieutenant.
PILET (L.-M.), s.-lieutenant.

*2e compagnie.*
GERMAND (J.), capitaine.
CUVELLIER (N.), lieutenant.
BEAUSEN (E.), sous-lieutenant.

*3e compagnie.*
BERTRAND (C.-E.), capitaine.
VANLANGENHOVEN, lieutenant.
RIGOLLET (C.-E.), s.-lieutenant.

*4e compagnie.*
COLIN (I.), capitaine.
HEERMANS, lieutenant.
BILLET, sous-lieutenant.

*Voltigeurs.*
*Emploi vacant :* capitaine.
PRÉVÔT (P.), lieutenant.
DONIER (Ch.), sous-lieutenant.

### Officiers du 2e bataillon.

*Grenadiers.*
GALVAGNO (Ph.), capitaine.
MALBRAND (Ch.), lieutenant.
COLLIGNON (J.), sous-lieutenant.

*1re compagnie.*
*Emploi vacant :* capitaine.
ROPS (L.), lieutenant.
DOMINUS (S.), sous-lieutenant.

*2e compagnie.*
CRESTEAU (N.), capitaine.
GERLAND (J.-N.), lieutenant.
MOENHOUH, sous-lieutenant.

*3e compagnie.*
MARCHADIER, capitaine.
*Emploi vacant :* lieutenant.
GILBERT, sous-lieutenant.

*4e compagnie.*
VANKOELBERG (J.-B.), capitaine.
BUSCHMAN, lieutenant.
SERGENT (O.), sous-lieutenant.

*Voltigeurs.*
LALANDE (A.), capitaine.
*Emploi vacant :* lieutenant.
GODARD (J.-E.), s.-lieutenant.

### Officiers du 3e bataillon.

*Grenadiers.*
CAUMONT (J.), capitaine.
MOHR (J.-M.), lieutenant.
VAUDERGVOISEN (N.), s.-lieut.

*1re compagnie.*
DESCHAMPS (F.-J.), capitaine.
*Emploi vacant :* lieutenant.
DÉPLÉCHAIR (J.-J.), s.-lieut.

*2e compagnie.*
VANHÈS (J.-M.), capitaine.
BOUCHEREAU (T.), lieutenant.
SOLEIL (J.), sous-lieutenant.

*3e compagnie.*
BAUR (J.-A.), capitaine.
*Emploi vacant :* lieutenant.
ANVERS (Ch.), sous-lieutenant.

|  |  |
|---|---|
| *4e compagnie.* | *Voltigeurs.* |
| *Emploi vacant :* capitaine. | JOINVILLE (F.), capitaine. |
| ROUQUIÉ, lieutenant. | DATTRYP (J.), lieutenant. |
| KERLENSON, sous-lieutenant. | PIFFAN (R.), sous-lieutenant. |

## Officiers du 4e bataillon.

|  |  |
|---|---|
| *Grenadiers.* | *3e compagnie.* |
| THOUMELOT (F.-X.), capitaine. | VANCHEVET, capitaine. |
| MIETTE (J.-B.), lieutenant. | *Emploi vacant :* lieutenant. |
| DEVOS (J.-B.), sous-lieutenant. | PANIER (J.), sous-lieutenant. |
| *1re compagnie.* | *4e compagnie.* |
| *Emploi vacant :* capitaine. | BRICOURT-NORLET, capitaine. |
| CORROT (R.), lieutenant. | *Emploi vacant :* lieutenant. |
| PRÉVÔT, sous-lieutenant. | BON (L.), sous-lieutenant. |
| *2e compagnie.* | *Voltigeurs.* |
| *Emploi vacant :* capitaine. | RAMOND, capitaine. |
| DELVIQUE, lieutenant. | GARAUD, lieutenant. |
| DESPRÈS (Ch.), s.-lieutenant. | COINTERS, sous-lieutenant. |

## Sous-officiers et soldats.

| BATAILLONS | COMPAGNIES | SERGENTS-MAJORS | | | SERGENTS | | | FOURRIERS | | | CAPORAUX | | | SOLDATS | | | TAMBOURS | | | EFFECTIF | MANQUE AU COMPLET | TOTAL AU COMPLET | ENFANTS DE TROUPE | OBSERVATIONS |
|---|---|---|---|---|---|---|---|---|---|---|---|---|---|---|---|---|---|---|---|---|---|---|---|---|
| | | présents | à l'hôpital | détachés | présents | à l'hôpital | détachés | présents | à l'hôpital | détachés | présents | à l'hôpital | détachés | présents | à l'hôpital | détachés | présents | à l'hôpital | détachés | | | | | |
| 1er | Grenadiers | 1 | » | » | 2 | » | » | 1 | » | » | 7 | » | » | 86 | 14 | » | 1 | » | » | 113 | 24 | 137 | » | L'habillement est au complet et en bon état. L'armement en tant que fusils est également au complet et en bon état. Les compagnies de grenadiers n'ont point de sabre; il n'en a pas été pris dans les arsenaux parce qu'il manquait les bandières pour les porter. Le grand équipement est aussi en bon état et il serait au complet moyennant 1.000 bretelles de fusil. Il manquait quelques effets de petit équipement tels que guêtres et souliers; mais il a été donné des ordres pour qu'il en soit acheté sans délai. |
| | 1re compagnie | 1 | » | » | 4 | » | » | 1 | » | » | 1 | 3 | » | 39 | 37 | » | 2 | » | » | 89 | 48 | 137 | » | |
| | 2e compagnie | 1 | » | » | 4 | » | » | 1 | » | » | 4 | 2 | » | 39 | 38 | » | 2 | » | » | 91 | 46 | 137 | » | |
| | 3e compagnie | 1 | » | » | 4 | » | » | 1 | » | » | 7 | 2 | » | 47 | 30 | » | 1 | » | » | 89 | 48 | 137 | » | |
| | 4e compagnie | 1 | » | » | 4 | » | » | 1 | » | » | 3 | 4 | » | 58 | 37 | » | 1 | » | » | 105 | 32 | 137 | » | |
| | Voltigeurs | 1 | » | » | 4 | » | » | 1 | » | » | 7 | » | » | 95 | 5 | » | 2 | » | » | 116 | 21 | 137 | » | |
| 2e | Grenadiers | 1 | » | » | 4 | » | » | 1 | » | » | 7 | » | » | 100 | » | » | 2 | » | » | 116 | 21 | 137 | » | |
| | 1re compagnie | 1 | » | » | 4 | » | » | 1 | » | » | 7 | » | » | 94 | 9 | 15 | 2 | » | » | 136 | 1 | 137 | » | |
| | 2e compagnie | 1 | » | » | 4 | » | » | 1 | » | » | 7 | 1 | » | 103 | 12 | 13 | 2 | » | » | 134 | 3 | 137 | » | |
| | 3e compagnie | 1 | » | » | 4 | » | » | 1 | » | » | 7 | 1 | » | 104 | 2 | 12 | 2 | » | » | 134 | 3 | 137 | » | |
| | 4e compagnie | 1 | » | » | 4 | » | » | 1 | » | » | 7 | » | » | 97 | 5 | 16 | 2 | » | » | 134 | 3 | 137 | » | |
| | Voltigeurs | 1 | » | » | 4 | » | » | 1 | » | » | 7 | » | » | 100 | » | » | 2 | » | » | 116 | 21 | 137 | » | |
| 3e | Grenadiers | 1 | » | » | 4 | » | » | 1 | » | » | 7 | » | » | 100 | » | » | 2 | » | » | 116 | 21 | 137 | » | |
| | 1re compagnie | 1 | » | » | 4 | » | » | 1 | » | » | 7 | » | » | 128 | 4 | 1 | 2 | » | » | 149 | » | 137 | » | |
| | 2e compagnie | 1 | » | » | 3 | 1 | » | 1 | » | » | 7 | » | » | 113 | 9 | 13 | 2 | » | » | 151 | » | 137 | » | |
| | 3e compagnie | 1 | » | » | 4 | » | » | 1 | » | » | 7 | » | » | 124 | 3 | 7 | 2 | » | » | 151 | » | 137 | » | |
| | 4e compagnie | 1 | » | » | 4 | » | » | 1 | » | » | 7 | » | » | 109 | 9 | 21 | 2 | » | » | 155 | » | 137 | » | |
| | Voltigeurs | 1 | » | » | 4 | » | » | 1 | » | » | 7 | » | » | 100 | » | » | 2 | » | » | 116 | 21 | 137 | » | |
| 4e | Grenadiers | 1 | » | » | 4 | » | » | 1 | » | » | 7 | » | » | 100 | » | » | 2 | » | » | 116 | 21 | 137 | » | |
| | 1re compagnie | » | 1 | » | 3 | » | 1 | 1 | » | » | 5 | 2 | » | 51 | 27 | 1 | 2 | » | » | 94 | 43 | 137 | » | |
| | 2e compagnie | » | » | 1 | 3 | 1 | » | 1 | » | » | 6 | 2 | » | 50 | 29 | » | 2 | » | » | 95 | 42 | 137 | » | |
| | 3e compagnie | 1 | » | » | 4 | » | » | 1 | » | » | 6 | 1 | 1 | 50 | 29 | » | 2 | » | » | 95 | 42 | 137 | » | |
| | 4e compagnie | 1 | » | » | 4 | » | » | 1 | » | » | 6 | 1 | 1 | 50 | 27 | 2 | 1 | 1 | » | 95 | 42 | 137 | » | |
| | Voltigeurs | 1 | » | » | 4 | » | » | 1 | » | » | 7 | » | » | 100 | » | » | 2 | » | » | 116 | 21 | 137 | » | |
| | ÉTAT GÉNÉRAL | 22 | 1 | 1 | 91 | 2 | 1 | 24 | » | » | 159 | 19 | 2 | 2.037 | 324 | 105 | 44 | 1 | » | 2.855 | 518 | 3.288 | » | |

Cette seconde opération terminée, nous avons aussitôt, et
en présence de Mgr le duc de Padoue, général organisateur,
procédé à la formation du conseil d'administration, en conséquence du titre 1ᵉʳ de l'arrêté du 8 floréal an VIII et du décret impérial du 1ᵉʳ décembre 1808 ; ce conseil, auquel il a été
enjoint de s'installer sur-le-champ, a été composé de la manière suivante :

M. OBERT, colonel président ;

MM. ROUSSELOT, chef de bataillon ; GAY, baron DE VERNON,
chef de bataillon ; THOUMELET, capitaine ; LANDRAIS, sous-
officier, membres.

M. MEURICE, désigné pour remplir les fonctions d'officier
payeur, remplira, conformément aux règlements, celle de secrétaire de ce conseil, et ce jusqu'à la confirmation de Son
Excellence le ministre de la guerre. De tout, nous avons fait
et rédigé le présent procès-verbal d'organisation, pour ladite
organisation recevoir son effet à compter de ce jour, et dont
les membres ont signé avec nous, sous l'approbation de M. le
général organisateur.

A Wésel, les jours, mois et an que de l'autre part.

THOUMELET, capitaine ; ROUSSELOT, chef de bataillon ;
LANDRAIS, sergent-major.

*Le colonel :* CH. OBERT.

Signé : Le baron DE VERNON.

APPROUVÉ par nous, général de division duc de Padoue,
inspecteur général : Signé : N. ARRIGHI.

## 24ᵉ DIVISION MILITAIRE.

### PLACE D'ANVERS.

Le procès-verbal de l'organisation du 5ᵉ bataillon de dépôt
dudit régiment est daté du 20 mars 1813.

Ce 5ᵉ bataillon est formé avec le dépôt des 72ᵉ, 73ᵉ, 74ᵉ, 75ᵉ
cohortes et avec les hommes destinés à composer des cadres
envoyés soit d'Anvers, soit détachés antérieurement de Bruxelles à Utrecht, qui constituent les cadres des trois premières
compagnies, tandis que les hommes ouvriers et susceptibles
de réforme sont classés à la 1ᵉ et dernière compagnie de ce

5e bataillon. M. le général Fauconnet a organisé ledit 5e bataillon sur la place, dont Keller, sous-inspecteur aux revues,
membre de la Légion d'honneur, a passé la revue et constaté
l'effectif.

ÉTAT-MAJOR.

| NOMS. | GRADES. | PRÉ-SENTS. | MAN-QUANTS |
|---|---|---|---|
| » | Adjudant-major .............. | » | 1 |
| ROUGIMONT........ | Adjud.-maj. chargé de l'habil. | » | 1 |
| » | Quartier-maître .............. | » | 1 |
| LHOMME .......... | Officier de santé .............. | » | » |
| » | Adjudants-sous-officiers....... | 2 | » |
| » | Caporal tambour ............. | » | 1 |
| » | Maîtres ouvriers............. | 3 | 1 |

### 1re compagnie.

WATTELOT, capitaine. — Proposé pour l'emploi d'adjudant-
major vacant.
N., lieutenant.
POIRET, sous-lieutenant. — Détaché.
139 sous-officiers et soldats provenant de la 72e cohorte, hors
3 hommes venus des autres.

### 2e compagnie.

BRÉDART, capitaine. — Au conseil d'administration de
Bruxelles.
N., lieutenant.
JUNG, sous-lieutenant.
139 sous-officiers et soldats provenant de la 73e cohorte, hors
4 hommes venus des autres.

### 3e compagnie.

BARRY, capitaine. — Malade à Bruxelles.
N., lieutenant.
PIQUET. sous-lieutenant.
139 sous-officiers et soldats provenant de la 71e cohorte, hors
11 hommes venus des autres.

### 4ᵉ compagnie.

Romond, capitaine.
Bartsch, lieutenant.
Vancampenhoul sous-lieutenant.
139 sous-officiers et soldats provenant de la 75ᵉ cohorte, hors
76 venus des autres.

### Officiers attendant leur retraite.

Bosson (Pierre), capitaine ; Bertrand, capitaine ; Brécot,
capitaine ; Louriot, capitaine.

Lecture faite du règlement sur la composition du conseil
et sur la vacance et l'absence des postes des officiers de ce
bataillon, nous avons provisoirement nommé et installé :

M. Romand, capitaine, président ;

MM. Henrion, adjudant ; Mons, sergent-major ; Michaeli,
adjudant ; Aeste, fourrier, membres ;

Bosson (Pierre), capitaine, pour faire fonctions de quartier-maître et la tenue des contrôles.

---

### Journal historique de la 17ᵉ division d'infanterie.

---

*Journal historique de la 17ᵉ division d'infanterie faisant par-
tie du 5ᵉ corps de la Grande Armée depuis le 29 mars, qu'elle
en fut détachée et passa sous les ordres du prince d'Eckmühl, jusqu'au 21 mai, qu'elle le rejoignit et rentra dans ce
corps d'armée.*

*29 mars.* — A l'époque du 29 mars, toutes les troupes de la
17ᵉ division étaient réunies et campées aux environs de Ze-
deritz.

*30 mars.* — Les 146ᵉ et 147ᵉ régiments, avec les deux compagnies de canonniers qui étaient arrivées de Magdebourg à
cette division pour y être attachées, se rendirent à Stendal.

*31 mars.* — Les 146ᵉ et 147ᵉ régiments marchèrent sur Os-
berg avec une batterie appartenant au 14ᵉ corps et laissèrent
les deux compagnies de canonniers à Stendal, pour y attendre
le matériel de l'artillerie de la division, qui était transporté

à Magdebourg. Le 148e se porta sur gr. Schwechten, à moitié chemin d'Osterbourg.

*1er avril.* — L'artillerie de la division composée de 12 pièces de 6 et de 4 obusiers avait rejoint le 148e régiment le 1er avril. Il se porta avec cette artillerie sur Osterbourg. Les 146e et 147e se dirigèrent, avec la batterie du 11e corps, sur Schausen.

*2 avril.* — Le 2 avril, la division ayant reçu son artillerie rendit au 14e corps sa batterie. Toutes les troupes se réunirent à Satzwedel.

*3 avril.* — Le 3 avril, la division se porta sur Euchod, où elle campa.

*4 avril.* — Le 4, elle fut bivouaquer au château de Goërdhe.

*5 avril.* — Un bataillon du 146e fut envoyé, le 5, à Blakede, avec deux pièces de canon ; les trois autres bataillons et le 147e à Vandhausen ; le 148e alla, avec le reste de l'artillerie, à Uzon.

*6 avril.* — La division conserva la même position, excepté le 148e régiment, qui se rendit à Enneburg.

*7 avril.* — Le 7 avril, il n'y eut aucun mouvement, on ferma toutes les issues de la ville de Blakède qui donnaient sur l'Elbe et l'on coupa tous les chemins qui conduisaient à la rivière.

*8 avril.* — Le 146e se rendit le 8 à Donenberg où arriva aussi un bataillon du 148e, les trois autres bataillons du régiment furent à Ulzen, les autres troupes de la division retournèrent à Goërdhe.

*9 avril.* — Le 9, le 146e et le bataillon du 148e partirent pour Donenberg et se rendirent à Dustrond, les 3 autres bataillons restèrent à Ulzen, le reste de la division se porta à Enrhoz.

*10 avril.* — Les 3 bataillons du 148e partirent d'Ulzen et se rendirent à demi-distance de cette ville, à Celle ; les autres troupes de la division furent à Solwedal.

*11 avril.* — Les 3 bataillons du 148e se rendirent à Celle, où se trouvait le 2e bataillon du 3e étranger; le 1er était à Gifhorn, ce régiment n'ayant pu rejoindre la 18e division dont il faisait partie, sous les ordres du général de division Puthod. Les 3 bataillons bivouaquèrent dans les champs voisins de la route de Brunswick à Celle, le faubourg de Envehg étant occupé par le 2e bataillon du 3e étranger. On commença à barricader toutes les issues de la ville.

*12 avril.* — On continua, le 12, les travaux de la ville de Celle ; on détruisit les ponts sur la rivière de l'Aller excepté celui de Celle, parce qu'on fit retrancher le faubourg de Envelig, qui servit de tête de pont. Les 3 bataillons du 148ᵉ restèrent à leur bivouac et le reste de la division se porta sur Brohne.

*13 et 14 avril.* — Mêmes dispositions à Celle, les 13 et 14. Les autres troupes de la garnison se rendirent à Gifhorn.

*15 avril.* — Les troupes de la division gardèrent leur même position, on coupa le pont de Celle et il fut remplacé par un pont susceptible d'être enlevé immédiatement.

*16 avril.* — Le 16, la division ne fit aucun mouvement; les 2 bataillons du 147ᵉ furent détachés à Kohle, le 2ᵉ du 148ᵉ partit de Gifhorn pour rejoindre le 148ᵉ à Celle.

*17 avril.* — Même position que le 16. La division passa sous les ordres de M. le général Sébastiani, commandant le 2ᵉ corps de cavalerie, M. le maréchal prince d'Eckmühl étant parti de Gifhorn.

A 2 heures du matin, on fit rentrer les troupes qui étaient sur la rive droite de l'Aller et l'on détruisit le pont que l'on avait fait. Les 4 bataillons du 148ᵉ régiment se portèrent sur le village d'Oshen. Le reste de la division ne fit aucun mouvement.

*18 avril.* — Le général de brigade Vachal, commandant le 148ᵉ régiment et le 2ᵉ bataillon du 3ᵉ étranger, et la cavalerie légère du général Maurin marchèrent sur la ville de Celle occupée par l'ennemi et qu'ils avaient évacuée la veille. Ils en chassèrent l'ennemi, qui mit, en se retirant, le feu au pont, après lui avoir tué ou blessé une soixantaine d'hommes et fait quelques prisonniers. La perte de la division, de 3 hommes tués et de 19 blessés. Le 1ᵉʳ bataillon du 3ᵉ étranger fut envoyé à Jomerven. Les 146ᵉ et 147ᵉ, avec la cavalerie du général Sébastiani et l'artillerie, firent une reconnaissance sur la route d'Ulzen.

*19 avril.* — Ces régiments continuèrent leur reconnaissance le 19. Le 148ᵉ, avec le 2ᵉ bataillon du 3ᵉ étranger, ne firent aucun mouvement.

*20 avril.* — La reconnaissance rentra à Gifhorn. Il n'y eut point de mouvement à Celle.

*21, 22, 23 avril.* — La division resta dans ses mêmes cantonnements en poussant cependant quelques reconnaissances.

*24 avril.* — Toute la division fut bivouaquée aux environs de Sprekensee, excepté un bataillon du 148e, qui resta à Gifhorn.

*25 avril.* — La division se réunit le 25, pour marcher sur Ulzen, à la cavalerie du général Sébastiani. Elles rencontrèrent les cosaques à une heure en avant de la ville, mais ils furent chassés au devant de la ville; on perdit 10 hommes dans cet engagement.

*26 avril.* — La division se rendit à Binenhukel et un bataillon du 148e resta à Ulzen.

*27 avril.* — La division rentra à Lunebourg et campa aux environs.

*28 avril.* — Les 3 premiers bataillons du 148e régiment, avec un bataillon du 147e, ont poussé une reconnaissance sur la route de Dalembourg en passant par Eunen.

*29 avril.* — La reconnaissance rentra le 29. La division ne fit point de mouvement.

*30 avril et 1er mai.* — Rien.

*2 mai.* — La division partit de Lunebourg et se rendit à Dalembourg, où elle prit position.

*3 mai.* — Elle partit le 3 mai de Dalembourg et arriva à 3 heures du soir à Donnsberg où elle campa.

*4 mai.* — Elle se porta sur Salzwedel et envoya à Euchow 2 bataillons du 147e ; le 2e bataillon du 148e qui était resté à Ulzen rejoignit à Salzwedel.

*5 mai.* — Ce jour-là, à Salzwedel et Euchow, deux pièces de canon furent envoyées à cette dernière ville.

*6 et 7 mai.* — Nul mouvement dans la division.

*8 mai.* — La 17e division marcha sur Gros-Apenberg, où elle bivouaqua. A 5 heures du soir, les bataillons détachés rentrèrent à la division.

*9 mai.* — La division se rendit à Gordelegen, où elle campa.

*10 mai.* — Elle partit le 10 à 5 heures du matin de Gordelegen, arriva à 3 heures de l'après-midi à Neuhaldenslebern.

*11 mai.* — Elle marcha sur Pansleben, excepté un bataillon du 146e, qui fut envoyé à Magdebourg pour escorter un convoi de bœufs.

*12 mai.* — Le 12 mai, la division se rendit à Oltenbourg, où le bataillon détaché du 146e la rejoignit.

*13 mai.* — Elle partit d'Oltenbourg pour se rendre à Villikens, en arrière de Göthen, où elle arriva à 7 heures du soir et bivouaqua.

*14 mai.* — Elle partit de ses bivouacs pour aller à Dessau, où elle arriva à 3 heures.

*15 mai.* — Elle se rendit à Kenberg, où elle campa.

*16 mai.* — La division partit le 16 de Kenberg, à 5 heures du matin, passa l'Elbe à Wittenberg à 10 heures et arriva le soir, à 5 heures, sur les hauteurs de Thiesen, où elle bivouaqua.

*17 mai.* — La division arriva à 7 heures du soir à Dohsse et bivouaqua en avant de la ville, à gauche du camp Savon.

*18 mai.* — Le 18, le général de division baron Puthod reçut du prince de la Moskowa l'ordre de cesser de suivre le mouvement du général Sébastiani et de se diriger sur Hoyerverda à l'effet de rejoindre le 5ᵉ corps d'armée, dont la division faisait partie. La division se rendit le même soir à Finsterwolde.

*19 mai.* — Elle partit de ses cantonnements le 19 et se rendit à Serftemberg, où elle campa.

*20 mai.* — Le 20 mai, la division partit de Serftenberg, passa par Hoyerverda et arriva, à 8 heures du soir, à Stesnitz, où elle bivouaqua.

*21 mai.* — Le 21, la 17ᵉ division quitta ses bivouacs à 5 heures du matin et fit sa jonction avec le 5ᵉ corps à 5 heures du soir, près de Wurschen.

Fait à Goldberg, le 26 juillet 1813.

---

## Précis des opérations de la 17ᵉ division depuis le 25 août 1813 jusqu'au 29 du même mois.

*(Adressé à Son Excellence le général comte de Lauriston, commandant le 5ᵉ corps.)*

Monseigneur,

Sans entrer dans les détails qui vous sont particulièrement connus sur les marches, mouvements et opérations de la 17ᵉ division, que j'avais l'honneur de commander, je me permettais de rappeler à Votre Excellence la conduite distinguée, la bravoure qu'elle a montrée, l'opiniâtreté et la ténacité avec lesquelles elle a combattu dans l'affaire du 17, à Röchlitz, le combat du 19 à Sicbeneichen, la bataille du 21 sur le plateau de Plagwitz et la route de Lobten et principalement à la bataille de Volsberg, en avant de Goldberg, le 23 du même mois d'août.

Après ces valeureux combats, ces brillantes batailles, Votre Excellence eut la bonté de me témoigner la satisfaction de Sa Majesté et la sienne particulière, ce qui me fait espérer que les grâces que Votre Excellence a bien voulu me demander pour les braves qui s'y sont distingués ne seront point perdues pour ceux qui comme moi ont eu le malheur d'être faits prisonniers le 29.

Votre Excellence a connu les pertes considérables que ma division a éprouvées en obtenant ces succès, depuis la rupture de l'armistice jusqu'au 25 août. Elle sait par conséquent le nombre des combattants qui me restaient au 26, époque à laquelle je fis encore fournir 60 hommes par régiment pour la garde de la réserve de l'artillerie et des gros bagages de ma division qui suivirent à Steinberg la marche du grand parc du corps d'armée; les hommes furent pris parmi ceux légèrement blessés, malades ou trop faibles pour pouvoir suivre nos marches.

Maintenant, Monseigneur, je vais donner à Votre Excellence le précis exact de nos opérations depuis le 25 jusqu'au malheureux 29 août dernier.

Le 25 août, la division eut l'ordre de quitter la position qu'elle occupait en avant de Volsberg et du Ziegenberg, sa droite appuyant sur la hauteur en avant du village de Volfsdorf, prolongeant la gauche à la 1re brigade de la division Rochambeau, pour aller prendre position au village de Steinberg, gardant les débouchés de Neukirchen, Profstein et Folkenheim, qui conduisent à Schönau. La division passa la nuit du 25 au 26 dans cette position avec 100 chevaux de la brigade de cavalerie légère qui lui furent envoyés par le général Dernoncourt, qui la commandait. A 2 heures du matin, le commandant du grand parc du corps d'armée et celui des gros bagages me firent prévenir qu'ils venaient de recevoir l'ordre de partir de Steinberg, où ils étaient sous la protection de ma division, à 3 heures du matin, pour se rendre en avant de Goldberg, sur la route de Jauer.

Craignant alors que des ordres du mouvement ne m'eussent été expédiés, et que l'officier qui en était le porteur ne se fût égaré, je fis partir de suite M. Thiriet, l'un de mes aides de camp, pour se rendre auprès de M. le général en chef, à Goldberg; y étant arrivé et ne trouvant point Son Excellence le comte Lauriston, qui en était parti, il se rendit à l'état-major général, où il apprit qu'un officier d'état-major était parti avec des ordres pour moi sur le mouvement de ma division, et il lui fut ajouté par M. le chef de bataillon Thuilier que ce mouvement ne devait s'effectuer que d'après un nouvel ordre qui me serait envoyé par un officier quand il en serait temps et que je pouvais être tranquille. Mon aide de camp partit de Goldberg et m'apporta cette réponse. Effectivement, le 26, à 5 heures du matin, je reçus de Son Excellence le général comte de Lauriston l'ordre de mouvement suivant, daté du 25, de Goldberg :

Le premier paragraphe de l'ordre concernait la marche de la division Maison sur Jauer. Le second, celui de la division Rochambeau, sur le même point ; quant à ce qui concernait la division, l'ordre en était ainsi conçu :

Le général de division Puthod partira avec la division et cent chevaux de sa position de Steinberg demain 26, à 7 heures du matin, pour se rendre à Schönau.

Aussitôt son arrivée à Schönau, le général Puthod enverra deux compagnies à Dippelsdorf, en avant de Tähen, porter l'ordre au 36ᵉ régiment d'en partir le 27, à 4 heures du matin, pour se diriger sur Hirschberg ; le 27, à la même heure (4 heures du matin), le général Puthod fera partir de Schönau le 146ᵉ et le 3ᵉ étranger, pour se rendre également à Hirschberg, avec 2 pièces de 6 et un obusier.

La division Puthod, marchant ainsi qu'il lui est dit ci-dessus en deux colonnes de Löhn et de Schönau sur Hirschberg, a pour but de soutenir la division du général Ledru, du 11ᵉ corps, dans son attaque sur cette ville, pour en chasser l'ennemi et s'en emparer.

A la même heure (4 heures du matin), le général Puthod partira de Schönau, avec les 147ᵉ et 148ᵉ régiments et le reste de son artillerie, pour se rendre à Jauer.

Le général Puthod marchera de sa personne avec les 147ᵉ et 148ᵉ régiments et, arrivé sur les hauteurs de Iagendorf, il y prendra position de suite ; il aura soin d'envoyer à Jauer un officier d'état-major pour y prendre les ordres du général en chef. Les troupes, avant leur départ, recevront tous les vivres qu'il sera possible de leur donner et Monsieur l'Ordonnateur enverra à chaque division les caissons de parc des vivres, pour en faire la distribution, afin de pouvoir ensuite remplir les mêmes caissons de farine ou de grain.

*P.-S.* — D'après de nouveaux renseignements donnés par Monsieur le général de division Maison, Monsieur le général Puthod n'opérera pas son mouvement et restera dans sa position de Steinberg jusqu'à ce qu'il reçoive l'ordre de se mettre en marche.

Au quartier général de Goldberg, 25 août 1813.

Pour le général chef de l'état-major :
*Le chef de bataillon,*
Signé : Thuilier.

* * *

Le 26, à 10 heures du matin, arriva à mon quartier général, au château de Steinberg, un capitaine adjoint à l'état-major du 5e corps m'apportant l'ordre verbal de Son Excellence le général en chef comte de Lauriston de me mettre en marche pour l'exécution du mouvement ordonné par l'ordre du 25. Dans le même moment arrivèrent 34 caissons chargés de biscuits dont il fit de suite et avant le départ la distribution pour la subsistance de ma division, ce jusqu'au 31 août inclus. Ainsi qu'il avait été prescrit par l'ordre du mouvement pendant cette distribution le général de division envoya l'ordre au général Sibuet de faire rentrer à Steinberg les 1er et 2e bataillons du 148e, qu'il avait eu celui de laisser au village de Volfdorf le 25 pour garder ses débouchés. Ces bataillons rentrèrent à midi, et à midi et demi la distribution était faite. Le général de division réunit ses troupes en ordre de marche à la droite du camp de Steinberg, il fut en pleine marche à une heure sur Schönau, par le chemin de Neukork et Falkenheim. La pluie, qui tombait avec abondance depuis le matin, avait déjà rendu les chemins très mauvais et ce ne fut pas sans de grandes difficultés que je traversais avec ma division et mon artillerie le ruisseau qui passe en avant de Falkenheim ; les soldats avaient de l'eau jusqu'à la ceinture, elle touchait aux caissons d'artillerie. Ce ruisseau et la Katzbach, dont les troupes remontaient la rive gauche, se gonflèrent avec une telle rapidité qu'une heure après son passage il ne m'était plus possible de tenir la même route, ce qui empêcha les hommes restés en arrière de rejoindre leur corps.

La Katzbach était débordée sur les deux rives; la division suivit la gauche, sur laquelle elle se trouvait, et arriva devant Schönau à 5 heures et demie du soir où, après avoir chassé quelques escadrons de cavalerie, elle prit position en arrière de Schönau et occupa la ville par deux compagnies de voltigeurs et 50 chasseurs à cheval du 6ᵉ régiment.

Cette position prise, j'ordonnais à M. le colonel Falcon, du 146ᵉ régiment, commandant la 1ʳᵉ brigade de ma division, de faire partir de suite une compagnie de voltigeurs de son régiment avec un détachement du 134ᵉ, qui venait de rejoindre la division, pour porter à Dippelsdorf, en avant de Löhn, l'ordre au 134ᵉ, qui était en position depuis le 22, d'en partir le 27, à 7 heures du matin, pour se diriger sur Hirschberg.

Pour l'entière exécution de l'ordre donné le 25, par le général en chef, je fis partir de sa position de Altschönau, le 27, à 5 heures du matin, le 3ᵉ régiment étranger, le 146ᵉ, un obusier et trois pièces de 6, sous les ordres de M. le colonel Falcon, pour se rendre à Hirschberg. Je prévins en même temps le colonel du mouvement du 134ᵉ sur le même point et de l'ordre qu'il avait de se réunir à lui aussitôt son arrivée sur Hirschberg. Je lui donnai une instruction détaillée sur le but de la marche de la brigade en deux colonnes sur Hirschberg, dont Monsieur le général Ledru, commandant la 31ᵉ division du 11ᵉ corps, avait l'ordre de s'emparer après avoir délogé l'ennemi. Je prévins en outre Monsieur le colonel Falcon qu'après sa jonction avec Monsieur le général Ledru il recevrait des ordres de ce général jusqu'à de nouvelles dispositions.

Au moment du départ du 3ᵉ étranger et du 146ᵉ régiment de la position d'Altschönau, je me disposais à partir de ma personne, ainsi que j'en avais reçu l'ordre, avec les 147ᵉ et 148ᵉ régiments et le reste de mon artillerie, pour me diriger sur Jauer, lorsqu'on vint me rendre compte que la marche du 26 avait laissé beaucoup de monde en arrière et que la pluie, qui n'avait cessé de tomber de toute la nuit, avait fait abandonner le camp à une multitude de soldats, malgré les soins et la vigilance de MM. les officiers et qu'ils s'étaient répandus dans les fermes et villages voisins. Cet avis me fit prendre la résolution de suspendre mon départ jusqu'à 7 heures du matin, en envoyant de suite des patrouilles et des officiers, dont la fermeté m'était connue, ramasser les traînards de la veille et faire rejoindre les évadés de la nuit. Cette mesure s'exécuta, mais n'eut pas un résultat aussi heureux que je l'avais espéré.

A 7 heures, je me mis donc en marche avec les 117° et 148° régiments et le restant de mon artillerie, par une pluie des plus fortes, et vins passer la Katzbach à Altschönau, quoique ses eaux eussent débordé à trois pieds de haut sur les culées du pont.

Après avoir débouché sur la rive droite, je me mis en marche pour Jauer avec l'intention de m'arrêter et de prendre position à Iagendorf, ainsi qu'il m'avait été ordonné par l'ordre de mouvement du 25. Arrivé devant le village de Bombsen, je rencontrai l'ennemi, très fort en cavalerie, et de l'infanterie dont je ne pus reconnaitre la force (étant caché sur la route de Schönau à Goldberg). Une reconnaissance vint me rendre compte qu'elle avait trouvé l'ennemi occupant la route ; cet avis et l'ennemi que je trouvais devant moi me firent présumer que le résultat de la bataille du 26 n'était point à l'avantage de l'armée dont je n'avais point de nouvelles et que je commettrais une imprudence en continuant de marcher sur Jauer devant un ennemi plus fort que moi qui menaçait mes deux flancs, à gauche par les troupes qui occupaient la route de Goldberg, à droite par 2.000 chevaux et trois bataillons d'infanterie qui, le 26 au soir, s'étaient retirés de Schönau et avaient pris la route de Bolkenhagen, au moment où ma division prenait position en arrière de Altschönau. Cet avis m'avait été donné par les habitants du pays.

Ces justes conjectures, le peu d'hommes présents sous les armes des 117° et 148°, la crainte d'en perdre encore davantage (par le temps affreux qu'il faisait) en exécutant un mouvement offensif sur l'armée ennemie pour me porter sur Iagendorf, me firent prendre le parti de me retirer et d'aller me mettre en position sur la rive gauche de la Katzbach, sur la hauteur en arrière du pont de Alstchönau.

A l'instant où j'exécutais ce mouvement et que j'établissais les 117° et 148° régiments sur la position avantageuse que j'avais reconnue, et que j'allais faire porter par un officier l'avis que je donnais à Son Excellence le général en chef comte de Lauriston, sur le parti que je venais de prendre, un aide de camp de Son Excellence le maréchal duc de Tarente, commandant l'armée, m'arriva et me donna les résultats de la bataille du 26 et l'ordre de Monsieur le maréchal de me retirer sans le moindre retard et d'aller prendre position

le même jour à Steinberg, s'il m'était possible, et, le 28, d'aller
à Zobten, prendre la position que nous avions occupée le 21 ;
tels sont les ordres qui me furent transmis par l'aide de camp
de Monsieur le maréchal duc de Tarente, le 27, à 1 heure de
l'après-midi.

Il ne m'était plus possible de retourner à Steinberg par le
chemin que la division avait tenu la veille puisque les hommes restés en arrière ne pouvaient la rejoindre à cause du
grand accroissement des eaux ; l'occupation de la route de
Goldberg par l'ennemi m'empêchait de prendre celle de Volfsdorf qui, d'un autre côté, me forçait à faire un détour de trois
heures et à repasser encore une fois la Katzbach, ce que les
inondations me mettaient dans l'impossibilité d'exécuter. Les
fâcheuses circonstances et le désir de pouvoir retrouver, sur
la route qu'avaient suivie les 3ᵉ étranger et 146ᵉ régiment, les
traînards qu'ils avaient certainement laissés et les hommes
échappés du bivouac de Altschönau la nuit précédente, qui
pouvaient avoir pris la même direction, me déterminèrent à
faire ma retraite avec ma 2ᵉ brigade sur Hirschberg, afin de
m'y rallier avec ma 1ʳᵉ brigade et avec Monsieur le général
Ledru, espérant me retirer avec lui, si les circonstances m'y
eussent forcé.

A 6 heures du soir, j'arrivai avec ma 2ᵉ brigade devant Hirschberg, où je trouvais Monsieur le colonel Falcon
avec les 3ᵉ étranger, 134ᵉ et 146ᵉ régiments. Mais quel fut mon
étonnement lorsque je vis cette brigade sur la rive droite du
Bober, adossée à la rivière, qu'elle ne pouvait passer à cause
du débordement et de ses grandes inondations, qui donnaient
jusqu'à 5 pieds d'eau de chaque côté du pont ! M. le colonel
Falcon, qui avait fait passer quelques hommes pour pénétrer
en ville, m'apprit qu'elle était occupée par un petit parti ennemi et que Monsieur le général Ledru n'y avait point paru.
Toutes ces circonstances improvisées me confirmèrent la nécessité de la résolution que j'avais prise pour effectuer ma
retraite sur Hirschberg où je pris position sur la rive droite
du Bober, espérant pouvoir le passer le lendemain, si ses eaux
eussent diminué ; mais, loin de là, elles augmentèrent considérablement par la pluie continuelle de la nuit.

Le 28, à 7 heures du matin, je partis de Hirschberg avec
ma division pour me porter par la route de Löhn sur Zobten,
afin d'y prendre la position qui m'avait été ordonnée de la
part de Monsieur le maréchal duc de Tarente, par son aide

de camp, qui me suivait pour rejoindre Monsieur le maréchal, n'ayant plus d'autres communications pour y parvenir.

D'Hirschberg à Zobten il y a quatre lieues; le débordement du Bober me força, à la hauteur de Lähu, de prendre une direction à droite pour venir chercher la route de Schönau et regagner par elle celle de Dippelsdorf à Zobten. Ce détour fut d'une lieue ; à la sortie de cet avant-dernier village, je rencontrai un poste de cavalerie ennemie que je chassai devant moi ; à un quart de lieue de Zobten, dans cette position, six escadrons de cavalerie arrivèrent au grand trot sur la tête de ma colonne. Je n'eus que le temps de faire serrer les rangs au 134e, qui marchait en carré, et faire mettre en batterie mes six pièces d'avant-garde. Ce fut avec ces mesures que j'arrêtais, à moins de 50 toises de moi, cette cavalerie. Je la fis vivement canonner et fusiller par deux compagnies de voltigeurs pendant l'hésitation qu'elle mit dans son mouvement. Alors mes troupes et mon artillerie arrivèrent successivement toutes formées. Je marchais sur Zobten, forçant à la retraite la cavalerie qui était devant moi ; elle traversa le village de Zobten et l'abandonna. Il était 5 heures lorsque j'arrivais sur les hauteurs qui dominent ce village. J'avais fait une longue et pénible marche par une pluie qui durait depuis le 26 au matin et qui m'avait encore forcé de laisser beaucoup d'hommes en arrière de la marche du jour ; alors je me décidai à y prendre position, ainsi que me l'avait fait ordonner par son aide de camp le maréchal duc de Tarente. Je fis occuper le village de Zobten par le 1er bataillon du 148e régiment, que je fis placer dans le cimetière, afin de me garantir et conserver le défilé pour mon mouvement du lendemain sur Löwenberg.

Pendant que j'établissais mes troupes, j'entendis par ma droite et en avant de moi une fusillade qui me confirma dans l'opinion que j'avais que la retraite du 5e corps n'était pas encore effectuée en totalité et que j'avais été envoyé à Zobten pour la favoriser sur Löwenberg et protéger sa droite. Pénétré de cette opinion, j'envoyai une reconnaissance sur ma droite composée de voltigeurs et de chasseurs à cheval du 6e régiment qui, à son retour, m'annonça qu'elle n'avait rencontré que l'ennemi et qu'elle n'avait rien entendu, malgré la fusillade et la canonnade qui eurent lieu à Zobten et qui pouvaient avoir été entendues par les postes de l'armée si elle occupait dans ce moment la position de Löwenberg et le plateau de Plagwitz ; j'eus la précaution de faire tirer, au moment où la nuit s'approchait, six coups de canon pour annoncer mon arrivée et mon établissement à Zobten, en recommandant à tous les bivouacs de faire de très grands feux.

J'étais alors dans une situation pénible, sans autres nouvelles que celles qui m'avaient été données, le 27, par l'aide de camp de Monsieur le maréchal duc de Tarente; aucun officier de l'armée n'était parvenu jusqu'à moi, point de renseignements sur la marche de l'armée. J'ignorais encore si ma lettre, dont copie est ci-jointe sous le nᵒ 1 et que j'avais écrite du bivouac d'Altschönau, était parvenue à Son Excellence le comte de Lauriston, si celle que j'avais écrite à Hirschberg, le 27 au soir et dont copie ci-jointe nᵒ 2, portée par un officier du 134e et une reconnaissance du 6e chasseurs à cheval, était ou non parvenue à Son Excellence. Dans cette cruelle incertitude, je fis demander des officiers dévoués et de bonne volonté auxquels je promis de demander en leur faveur la décoration de la Légion d'honneur. Je les trouvais dans le 134e régiment. Un officier et deux sous-officiers furent chargés de passer à la nage le Bober et ses inondations pour aller porter de mes nouvelles à Leurs Excellences le duc de Tarente et le comte de Lauriston, que je présumais être à Löwenberg, et me rapporter leurs ordres. Un autre officier et un sous-officier se déguisèrent pour longer la rive droite du Bober et, arrivés à Plagwitz, ils étaient chargés des mêmes instructions et des mêmes ordres que les premiers. Je ne reçus aucune réponse, ni pendant la nuit du 28 au 29, ni le 29 au matin, et je suis encore dans l'incertitude de savoir si quelqu'une de mes dépêches est arrivée à destination.

L'officier du 134e parti de Hirschberg avec ma dépêche du 27 revint dans la nuit du 28 au 29 m'annonçant qu'il avait été pris avec sa reconnaissance du 6e chasseurs à cheval, à Höfel, entre Zobten et Plagwitz, par un parti de cavalerie ennemie, dans la journée du 28, et qu'il n'avait pu soustraire la lettre dont il était porteur et que l'ennemi s'en était emparé. Je la vis effectivement le 29 au soir entre les mains de M. le comte de Langeron, commandant en chef de l'armée russe en Silésie, et je pense bien qu'elle lui a servi à accélérer son mouvement sur moi.

N'ayant point reçu d'ordre dans ma position de Zobten, ainsi que j'avais lieu de l'espérer et comme me l'avait annoncé l'aide de camp de Son Excellence le duc de Tarente, cependant, dans l'espérance d'en recevoir, soit par l'une, soit par l'autre rive du Bober et voulant donner aux hommes restés en arrière le temps de rejoindre, je ne quittai ma position qu'à 7 heures du matin, le 29, en me dirigeant sur Löwenberg, ignorant que le pont avait été enlevé par le débordement des eaux.

Ayant débouché de Zobten avec les troupes qui me restaient, je formais nos colonnes et marchais sur Löwenberg, lorsqu'arrivant devant Höfel je commençais à rencontrer l'ennemi, fort de quelques escadrons et d'un bataillon d'infanterie, que je délogeais du village. Il se retira par les ravins qui gagnent la droite du village de Plagwitz.

Je le fis flanquer par deux compagnies du 147ᵉ et suivre par le 1ᵉʳ bataillon du 148ᵉ. Ces troupes s'emparèrent du village de Plagwitz et s'établirent à sa gauche, gardant les routes de Goldberg et de Bünzlau, pour couvrir le pont de Löwenberg Pendant que ma droite marchait ainsi par le ravin qui conduit à Plagwitz et les hauteurs qui conduisent au plateau à droite de ce village, ma gauche fut chargée, entre Zobten et Höfel, par un parti de cosaques qui m'enleva quelques traînards et un caisson d'obusiers resté en arrière que Monsieur le colonel Falcon n'eut pas la précaution de faire garder pendant qu'on travaillait à le retirer de l'ornière dans laquelle il se trouvait.

Arrivé à Höfel, j'aperçus une reconnaissance sur la rive gauche du Bober. A l'instant, Monsieur le lieutenant Berthomé, du 3ᵉ régiment étranger, vint m'offrir de passer la rivière à la nage pour aller porter et demander des nouvelles. J'acceptais l'offre de ce brave officier, qui passa le Bober et revint m'annoncer qu'il avait parlé à un officier de l'état-major de Son Excellence le duc de Tarente, lequel lui avait assuré que dans deux heures je pourrais passer le Bober à Löwenberg. Voulant avoir la pleine et entière certitude de cette réponse, je dis à M. Thiriet, l'un de mes aides de camp, d'aller au bord de la rivière pour pouvoir parler avec cet officier d'état-major. Il le trouva avec deux gendarmes et lui fit répéter que dans deux heures le pont de Löwenberg serait rétabli et que je pourrais y passer. Il apprit en même temps que Son Excellence le maréchal duc de Tarente était à Bünzlau.

Plein de confiance dans l'annonce que venait de me donner cet officier d'état-major, je continuais ma marche de Höfel

sur Löwenberg et je parvins en bataillant sur le plateau qui
est à droite de Plagwitz en avant de la ville. Arrivé sur le
plateau avec environ 2.000 combattants, qui me restaient de
ma division, non comprise mon artillerie, je m'aperçus que
l'ennemi couronnait les hauteurs en avant de moi avec de
l'artillerie, infanterie, cavalerie, qu'il occupait la grande
montagne à gauche de Plagwitz, prenant à revers celle de
droite que j'allais occuper, et qu'il tenait enfin les routes de
Löwenberg à Goldberg et à Bünzlau.

Pour obtenir de nouveaux renseignements, j'envoyais M.
le capitaine Ferry, l'un de mes aides de camp, auprès de
M. le général Lojon, qui se trouvait à Löwenberg avec une
brigade westphalienne. Ce général lui donna lui-même l'assurance que le pont ne tarderait pas à être rétabli et que je
pourrais effectuer mon passage.

Un officier d'état-major de Son Altesse le prince major-
général annonça au même instant à M. le général Lojon, en
présence de mon aide de camp, que deux compagnies de sa-
peurs allaient arriver pour accélérer les travaux du pont qui
se faisaient sous la direction de M. Thuilier, chef de bataillon du génie. Mon aide de camp, qui avait vu travailler au
pont, mais avec peu de zèle et d'activité, vint me rapporter
ces nouvelles non sans péril pour ses jours en passant et re-
passant le Bober. Si on n'avait point donné l'assurance réi-
térée de pouvoir passer le Bober sur le pont de Löwenberg,
j'aurais pris la téméraire résolution de forcer le passage sur
la route de Bünzlau par Ludwitzdorf; je l'aurais peut-être
tenté en vain et j'y aurais succombé sans succès et sans gloire.
Toutes ces considérations et les réflexions qui me firent faire
une périlleuse position me firent prendre l'irrévocable résolution de vendre cher à l'ennemi le restant de ma division.
Sans retraite, entouré de toutes parts, sans communications
avec l'armée, adossée à une rivière débordée, sans espoir de
secours, voyant enfin arriver et se déployer d'immenses colonnes d'artillerie et d'infanterie qui venaient se réunir à
celles qui me serraient déjà de très près, je sentis de nouveau
que le moment approchait où il était urgent de déployer toute
la vigueur nécessaire dans une situation si cruelle. Après
avoir remis le commandement de la droite à M. le général Sibuet, je plaçai, pour en garder et défendre le débouché, le
146ᵉ régiment, soutenu par les 2ᵉ et 3ᵉ bataillons du 148ᵉ ; cinq
pièces d'artillerie furent mises en batterie sur ce point, deux

autres pièces furent aussi placées en réserve pour soutenir les cinq premières et battre les défilés du bois sur le plateau. Ma gauche se trouvait gardée et défendue par le 1er bataillon du 148e, deux compagnies de voltigeurs (l'une du 134e, l'autre du 147e) et le restant du 3e régiment étranger. Ces troupes, sous les ordres de M. le chef de bataillon Rougelin, défendaient à toute outrance le village de Plagwitz. Le 134e était en réserve sur ce point, cinq pièces d'artillerie placées sur la gauche du plateau répondaient avec la plus grande vigueur et avec avantage aux batteries ennemies établies sur la montagne, à gauche de Plagwitz, et dont le feu fut éteint à différentes reprises. Un bataillon du 147e défendait le centre de la position avec une batterie de quatre pièces, les deux autres du 147e formaient une réserve en carré, au centre du plateau, pour se porter où le besoin l'exigerait. J'avais placé un officier, avec le capitaine du génie de ma division, au pont, pour me faire connaître les progrès des travaux, mais ils ne firent aucun rapport satisfaisant.

Telles étaient en partie, Monseigneur, les dispositions que j'avais prises à mon arrivée sur le plateau à droite de Plagwitz et que je rectifiai en totalité, ne voyant point d'autre parti à prendre pour soutenir et repousser avec courage l'attaque que je prévoyais.

Il était alors 3 heures après-midi et il y avait déjà deux heures que l'ennemi canonnait à toute outrance. Son infanterie me harcelait sur tous les points, principalement au village de Plagwitz, dont il chercha à s'emparer à plusieurs reprises et d'où il fut toujours repoussé avec pertes.

Je venais de visiter mes troupes ; j'avais fais sentir à leurs chefs et aux officiers la nécessité de se battre à outrance, de se soutenir avec opiniâtreté contre les tentatives de l'ennemi, afin d'attendre le moment où, le pont étant terminé, il nous serait possible d'effectuer notre retraite sur Löwenberg. J'avais encouragé tous les corps, tous m'avaient paru bien disposés et animés du meilleur esprit.

A 4 heures, les attaques de l'ennemi devinrent plus multipliées et plus vives. Le général Roudgéwitch, qui commandait l'avant-garde ennemie, fit avancer sur ma gauche des masses d'infanterie et un régiment de cavalerie qui l'attaquèrent avec une vigueur déterminée.

Ce mouvement sur ma gauche fut sans doute le signal d'une attaque générale, car au même moment mes tirailleurs du

centre furent repoussés et le général Scherbater, commandant le corps sur ma droite, se développa et marcha sur moi
avec la même vigueur. Il était soutenu par le général Korff,
qui avait sous ses ordres 22 escadrons de cavalerie ; une artillerie bien supérieure à la mienne soutenait ce mouvement offensif ; la mienne ne lui cédait ni en célérité ni en bravoure.

Un trompette se présenta à mes avant-postes. J'avais ordonné de ne pas en recevoir, il ne put avancer. L'attaque de
l'ennemi devint alors générale et décisive sur tous les points,
il fit battre la charge et s'avança à la baïonnette. Son artillerie faisait un feu continuel, la mienne en faisait un fulmi-
nant. Le 146ᵉ régiment, qui devait défendre la droite, ne s'ac-
quitta pas de ce glorieux devoir et abandonna lâchement la
belle position qu'il occupait et la batterie qui la défendait ;
ce qui donna à l'ennemi la facilité de se trouver un moment au
milieu de nos rangs.

Avec mes braves officiers, je courus sur les fuyards, deux
fois je parvins à les arrêter. Je me suis mis à la tête élevant
mon chapeau sur la pointe de mon épée, je fis battre la
charge, mais aucun d'eux ne me suivit. Les 147ᵉ et 148ᵉ régiments faisaient bonne contenance, mais ils furent également
repoussés. Ma gauche avait été forcée par le général Roudgéwitch, auquel le 134ᵉ offrait une vigoureuse mais vaine résistance. J'étais entouré de toutes parts et écrasé par le nombre.
De toutes parts aussi on faisait feu, mais les braves qui restaient sur le plateau furent enlevés de vive force et faits prisonniers.

Monseigneur, si dans cette malheureuse position pour moi,
chacun eût fait son devoir avec le même courage, j'aurais pu
peut-être m'y maintenir jusqu'au rétablissement du pont. Mais
hélas ! trop d'officiers ont cherché leur propre salut et ils
ont donné le mauvais exemple. Ils voulaient sauver leur personne en renonçant à l'honneur. Plusieurs en ont été punis en
perdant l'un et l'autre dans le Bober. C'est ainsi, Monseigneur, que tout ce que je commandais a été blessé, tué ou fait
prisonnier, à l'exception de ceux qui ont cherché leur salut
dans la fuite, qui sont parvenus à passer le Bober ou qui y
sont restés dans un méprisable oubli.

Dans l'état de chagrin où je me trouvais, j'aurais voulu
être moi-même au nombre des morts, mais le sort en a décidé
autrement et, en perdant ma liberté, j'ai conservé l'honneur
avec l'intime conviction d'avoir fait mon devoir. Que Votre

Excellence le fasse connaître à Sa Majesté, ce sera pour moi une grande consolation au milieu de mes chagrins et des regrets que j'éprouve de ne pouvoir continuer à lui donner de nouvelles preuves de mon zèle, et à Son Excellence l'assurance de mon sincère attachement.

Avant de terminer ce précis, je dois, Monseigneur, vous faire l'éloge de ce qui me restait encore du 134ᵉ régiment, du restant du 3ᵉ étranger, de ce qui était avec moi des 147ᵉ et 148ᵉ régiments, mais particulièrement ma bonne et brave artillerie, son chef le lieutenant-colonel Bonnafos de la Tour ; officiers, sous-officiers et canonniers, tous étaient présents et remplissaient leur devoir.

Prisonnier de guerre, je fus conduit à M. le général en chef comte de Langeron, commandant l'armée russe en Silésie, et dont le corps m'avait attaqué. Je ne puis que me louer de toutes ses attentions, de tous les égards, et des secours qu'il m'a donnés. Mes officiers et moi nous avons été traités avec les mêmes bontés par Son Altesse le prince Guillaume de Prusse et Son Excellence le général en chef Blücher, que nous eûmes l'honneur de voir une heure après notre captivité.

**Copie de la lettre adressée
à Son Excellence le Comte de Lauriston.**

Nᵒ 1.

De la barrière de Altschönau, le 26 août 1813.

MON GÉNÉRAL,

J'ai l'honneur de prévenir Votre Excellence que, conformément à ses ordres, je suis parti avec ma division de la position de Steinberg, à midi et demi, et par le temps le plus affreux et des chemins difficiles, je suis arrivé à la hauteur de Schönau à 6 heures du soir, après avoir passé par Neukirsch et Falkenheim. Le torrent et le débouché de ce dernier village m'ayant beaucoup retardé dans ma marche, je n'ai pu passer la Katzbach au gué ordinaire de Schönau, où il y avait plus de cinq pieds d'eau de profondeur, les planches des piétons ayant été enlevées. Je fus forcé, après un grand détour, à venir prendre position sur les hauteurs en arrière d'Altschönau, au point où se trouve l'embranchement des routes de Jauer à Goldberg ; je fais occuper Schönau par deux compagnies de voltigeurs et 50 chasseurs à cheval du 6ᵉ. Je vais faire partir les compagnies qui doivent porter l'ordre au 134ᵉ de partir demain, 27, à 4 heures du matin, de Dippelsdorf pour Hirschberg.

Demain, après avoir fait partir les 3ᵉ étranger et le 146ᵉ avec quatre pièces d'artillerie, sous les ordres du colonel Falcon, pour Hirschberg, je me porterai de ma personne, avec les 147ᵉ et 148ᵉ régiments, pour exécuter le mouvement ordonné sur Jauer. J'ai rencontré quelques escadrons de cavalerie entre Falkenheim et Schönau. Je les ai chassés devant moi.

D'après le rapport des habitants, 2.000 chevaux environ et trois bataillons d'infanterie sont partis de la rive droite de la Katzbach à Schönau et se sont dirigés sur.......

*P.-S.* — A 7 heures je n'étais pas encore en position.

N° 2.

Hirschberg, le 27 août 1813, à 7 heures du soir.

Mon Général,

J'ai l'honneur de rendre compte à Votre Excellence qu'après avoir exécuté, ce matin, mon mouvement sur Jauer, j'ai rencontré à Bombsen, sur la grande route, l'ennemi, très fort en cavalerie et avec une infanterie dont je n'ai pu connaître le nombre, étant cachée sur le revers d'un plateau. La reconnaissance que j'avais envoyée sur la route de Goldberg vint au même moment me rendre compte qu'elle était occupée par l'ennemi ; ces mouvements offensifs que faisait sur moi l'ennemi et l'occupation de la route de Goldberg me firent penser que le résultat de la bataille d'hier était au moins douteux.

Le temps était affreux, la pluie tombait depuis le 26 au matin, la marche de la veille m'avait laissé beaucoup d'hommes en arrière qui n'avaient pu me rejoindre après l'accroissement des eaux. Pendant la nuit, beaucoup de soldats avaient quitté le bivouac et s'étaient répandus dans les fermes et les villages voisins ; il me restait fort peu de monde des 147ᵉ et 148ᵉ qui restaient avec moi. Toutes mes conjectures et ma faiblesse en troupes me firent juger qu'il serait imprudent de continuer ma marche sur Jauer sans un nouvel ordre de Votre Excellence et crus convenable de faire ma retraite sur Schönau et aller prendre position sur la rive gauche de la Katzbach.

Au moment, mon Général, où je prenais cette position et que j'en rendis compte à Votre Excellence, il m'arriva un aide de camp de Son Excellence le duc de Tarente qui, en me donnant le détail de la bataille de la veille, me donna de la part du maréchal l'ordre de me retirer sans le moindre retard d'abord sur Steinberg, s'il m'était possible, et d'aller prendre, le 28, à Kobten, la même position que celle que j'occupais le 21.

J'étais dans l'impossibilité de retourner à Steinberg par le chemin que j'avais tenu la veille ; il n'était plus possible d'y passer avec de l'artillerie, ni même à pied. Je pris donc le parti de me retirer par la grande route sur Hirschberg pour m'y réunir à ma première brigade qui s'y était rendue le matin et avec l'intention d'opérer ma retraite avec la division du général Ledru, que je croyais y trouver aussi. La circonstance m'y forçait.

Par une pluie continuelle, mon Général, je viens d'arriver à Hirschberg, après avoir laissé beaucoup d'hommes en arrière, que ni moi, ni MM. les officiers, n'avons pu empêcher d'entrer dans les maisons ; il faudrait autant de chefs que de soldats dans d'aussi malheureuses et pénibles circonstances.

Vous ne pouvez, mon Général, juger de mon étonnement lorsqu'arrivé à Hirschberg j'y ai trouvé ma première brigade adossée à la rivière qu'elle ne pouvait passer à cause de son débordement. L'eau s'élevait à plus de quatre pieds en avant du pont ; ma surprise fut bien plus grande encore lorsque j'appris que M. le général Ledru, avec sa division, n'avait point paru à Hirschberg.

Point d'espoir de retraite sur ce point ; je partirai demain matin pour aller prendre, à Zobten, la position que M. le maréchal m'a fait ordonner de tenir. J'y arriverai avec ce qui me reste de ma division qui, comme Votre Excellence le sait, est bien affaiblie par les pertes qu'elle a faites les 19, 21 et 23 et plus encore par les hommes restés en arrière les 26 et 27.

La situation dans laquelle je me trouve, mon Général, est bien affligeante et Votre Excellence peut compter sur mon zèle et l'honneur que mes braves officiers et moi mettront à remplir leur devoir. A mon arrivée à Zobten, mon Général, je m'empresserai de vous donner de mes nouvelles et si je n'en reçois point de Votre Excellence, je me rendrai le 29 à Löwenberg, où j'espère la trouver.

C'est avec, etc.......

*P.-S.* — Je fais passer cette lettre par un officier du 134ᵉ
régiment et une reconnaissance du 6ᵉ chasseurs à cheval ; l'aide
de camp de M. le duc de Tarente est toujours avec moi, n'ayant
point l'espérance de rejoindre autrement Son Excellence.

Pour copie conforme :

*Le général de division,*

Signé : PUTHOD.

## Extraits des situations du 5ᵉ corps d'armée pendant la campagne de 1813.

**Situation en janvier** (*2ᵉ division du corps d'observation de l'Elbe*).

Division
du général Puthod.

> 1ʳᵉ brigade : Vachot.
> 2ᵉ brigade : Pastol.

148ᵉ.

> Colonel : Obert.
> Chef du 1ᵉʳ bataillon : Rougelin.

**Situation du 1ᵉʳ mars** (*Emplacement à Stendal et environs*).

17ᵉ *division d'infanterie*

général de brigade Vachot.

148ᵉ, Obert colonel,

|  | PRÉSENTS sous les armes. | | EFFECTIF. | | | CHEVAUX. |
|---|---|---|---|---|---|---|
|  | Officiers. | Hommes. | Officiers. | Hommes. | Totaux. |  |
| 1ᵉʳ bataillon : Rougelin..... | 22 | 444 | 22 | 621 | 643 | |
| 2ᵉ bataillon : Pelevaux.... | 15 | 680 | 15 | 717 | 732 | |
| 3ᵉ bataillon : Rousselot.... | 16 | 763 | 16 | 793 | 809 | |
| 4ᵉ bataillon : De Vernon... | 15 | 460 | 15 | 609 | 624 | |
|  | 68 | 2 347 | 68 | 2 740 | 2 808 | 12 |

**Situation du 16 mars** (*A Stendal*).

*Brigade Pastol.*

148ᵉ, Obert, colonel.

|  | Officiers. | Hommes. | Officiers. | Hommes. | Totaux. | |
|---|---|---|---|---|---|---|
| 1ᵉʳ bataillon : Rougelin..... | 24 | 418 | 27 | 622 | 649 | |
| 2ᵉ bataillon : Pélevaux.... | 14 | 649 | 15 | 724 | 739 | |
| 3ᵉ bataillon : Rousselot.... | 14 | 637 | 15 | 797 | 812 | |
| 4ᵉ bataillon............... | 12 | 433 | 14 | 581 | 595 | |
|  | 64 | 2 237 | 71 | 2 724 | 2 795 | 12 |

Les 1ʳᵉ compagnie (capitaine Bertrand), 2ᵉ compagnie (lieutenant Porret) et 3ᵉ compagnie Brécourt du 5ᵉ bataillon du 148ᵉ sont à Utrecht avec le général de brigade baron Quitard, le 16 mars.

**Situation du 20 mars** (*A Augern*).

*Brigade Pastol.*

148ᵉ, Obert, colonel,

|  | Officiers. | Hommes. | Officiers. | Hommes. | Totaux. | |
|---|---|---|---|---|---|---|
| 1ᵉʳ bataillon : Rougelin..... | » | » | » | » | » | |
| 2ᵉ bataillon............... | » | » | » | » | » | |
| 3ᵉ bataillon : Rousselot.... | » | » | » | » | » | |
| 4ᵉ bataillon : De Vernon... | » | » | » | » | » | |
|  | | 2 263 | | | 2 786 | |

La 2ᵉ division comprend les 146ᵉ, 147ᵉ et 148ᵉ.

### Situation du 1ᵉʳ au 5 avril.

La division est détachée sous les ordres du prince d'Eckmühl.
Le chef du 2ᵉ bataillon manque toujours.
Même situation que la précédente.
Les 1ᵉʳ et 2ᵉ bataillons à Dalhen.
Les 3ᵉ et 4ᵉ bataillons à Goërdhe.
Le 1ᵉʳ avril la 2ᵉ division était à Selhausen, le 2 à Salzwedel, le 3 à Luchow, le 4 à Goërdhe, le 5 à Vandhausen.
16 officiers venus avec 8 chevaux, nommés tant par le prince vice-roi que par le ministre.
21 officiers rentrés dans leurs foyers, un homme rayé des contrôles.

### Situation au 10 avril.
#### A Stendal.

148ᵉ, OBERT, colonel.
66 officiers. 2.183 soldats.

### Situation au 15 avril.
#### En marche.

148ᵉ, Obert, colonel.
1ᵉʳ bataillon, ROUGELIN.
2ᵉ       —       BOURGEOIS.
3ᵉ       —       DE BUSSY.
4ᵉ       —       DESLANDES.
La division est toujours détachée sous les ordres du prince d'Eckmühl.
20 chevaux d'officiers, 10 hommes venus du dépôt.

### Situation au 26 avril.
#### A Celle et Gifhorn.

Même situation que la précédente.

### Situation au 1ᵉʳ mai.
Le régiment est détaché avec la division sur le Bas-Elbe.

148ᵉ OBERT, colonel, CHARRAS, major.
1ᵉʳ bataillon, ROUGELIN.
2ᵉ       —       BOURGEOIS.
3ᵉ       —       DEBUERY.
4ᵉ       —       DESLANDES.
64 officiers. 2.183 hommes.

Hist. 148ᵉ.                                        18.

**Situation au 10 mai.**

Hanovre.

**Situation au 15 mai.**

En marche.

148ᵉ, OBERT, colonel.

| | | PRÉSENTS. | |
|---|---|---|---|
| | | Officiers | Soldats. |
| 1ᵉʳ bataillon, ROUGELIN | | 24 | 409 |
| 2ᵉ — | BOURGEOIS | 18 | 518 |
| 3ᵉ — | DEBUERY | 18 | 657 |
| 4ᵉ — | DESLANDES | 16 | 402 |
| | | 76 | 1.986 |

La division est détachée sous les ordres du général comte Sébastiani et est en route pour rejoindre le corps d'armée.

**Situation au 20 mai.**

Camp d'Erschberg.

**Situation au 1ᵉʳ juin.**

Au camp près Breslau.

148ᵉ, OBERT, colonel; VIVIEUX, major.

| | | PRÉSENTS. | |
|---|---|---|---|
| | | Officiers | Soldats. |
| 1ᵉʳ bataillon, ROUGELIN | | 29 | 355 |
| 2ᵉ — | BOURGEOIS | 16 | 461 |
| 3ᵉ — | DE BUSSY | 16 | 567 |
| 4ᵉ — | DESLANDES | 15 | 290 |
| | | 75 | 1.680 |

M. le général Pastol a été tué le 31 mai au village de **Neukirchen.**

Au 148ᵉ de ligne, 33 hommes rayés des contrôles, 71 prisonniers de guerre.

**Situation au 5 juin.**

Le 148ᵉ est au faubourg d'Hölau.

**Situation au 10 juin.**

En marche.

148ᵉ, OBERT, colonel.

70 officiers.
1.446 hommes.

**Situation au 15 juin.**

148ᵉ, OBERT, colonel. VIVIEUX, major.

1ᵉʳ bataillon : ROUGELIN, ⎫
2ᵉ bataillon : BOURGEOIS, ⎬ à Pilgramsdorf.
3ᵉ bataillon : DE BUSSY, ⎫
4ᵉ bataillon : DESLANDES, ⎬ à Hermsdorf.

Effectif au 15 juin : 2.567.

**Situation au 20 juin.**

148ᵉ à Hermsdorf.

**Situation au 23 juin.**

Pilgramsdorf.

5 officiers ⎫
943 hommes ⎬ à Celle.
217 hommes en arrière.

Effectif : 2.773.

**Situation au 1ᵉʳ juillet.**

17ᵉ division : quartier général à Gröditz.
Général de brigade : BOISSEROLLES à Gröditz.
148ᵉ au camp de Neudorf.
148ᵉ, OBERT, colonel. VIVIEUX, major.

1ᵉʳ bataillon : ROUGELIN.
2ᵉ bataillon : DESLANDES.
3ᵉ bataillon : DE BUSSY.
A la suite, BOURGEOIS.
10 hommes sont rayés pour longue absence.

Effectif au 1ᵉʳ juillet : 2.056.

Conformément au décret impérial qui ordonne la réduction à

3 bataillons des régiments formés de cohortes, les officiers, sous-officiers et soldats des 4<sup>es</sup> bataillons ont été versés dans les 3 premiers bataillons de chaque régiment.

### Situation au 5 juillet.

Au camp de Neudorf.

### Situation au 10 juillet.

Au camp de Neudorf.

### Situation au 15 juillet.

17<sup>e</sup> division à Gröditz.
2<sup>e</sup> brigade, général BOISSEROLLES.
148<sup>e</sup> au camp de Neudorf.
148<sup>e</sup>, OBERT, colonel. VIVIEUX, major.
1<sup>er</sup> bataillon : ROUGELIN.
2<sup>e</sup> bataillon : DESLANDES.
3<sup>e</sup> bataillon : DE BUSSY.
A la suite, BOURGEOIS.
3 officiers arrivés au corps, 63 hommes rentrés, 46 hommes venus du dépôt.
Effectif : 2.264.

### Situation au 20 juillet.

Au camp de Neudorf.

### Situation au 1<sup>er</sup> août.

Division et brigade à Gröditz.
148<sup>e</sup> au camp de Neudorf.
360 hommes venus du dépôt, 10 rentrés, 3 passés au dépôt à un autre corps.
Un officier venu au corps.
Effectif : 2.712.

### Situation au 10 août.

Camp de Neudorf.
Effectif : 2.712.

### Situation au 15 août.

17e division à Groditzberg, 2e brigade à Pilgramsdorf.

148e au camp de Neudorf.

WORIN, major.

61 hommes venus du dépôt; 37 rentrés; 16 perdus dont 6 désertés.

Effectif : 2.713.

M. le major VIVIEUX a obtenu sa retraite; il est remplacé par le major WORIN.

Sur les situations du 1er au 16 septembre la division Puthod ne figure pas.

### Situation du 15 septembre.

Par décision de Sa Majesté du 1er de ce mois, les hommes de la 17e division ont été versés dans la 16e division de la manière suivante :

Les hommes du 134e ont été versés dans le 152e;

Ceux du 146e ont été versés dans le 153e;

Ceux des 147e et 148e dans le 154e.

### Situation au 4 août.

*Présents sous les armes.*

OBERT, colonel. — VIVIEUX, major.

| | | | |
|---|---|---|---|
| Officier payeur | 1 | Vaguemestre | 1 |
| Chirurgien-major | 1 | Tambour-major | 1 |
| 1er porte-aigle | 1 | Caporal tambour | 1 |
| 2e porte-aigle | 1 | Maîtres ouvriers | 2 |
| 3e porte-aigle | 1 | | |

| | ADJUDANT-MAJOR. | CHIRURGIEN. | ADJUDANTS SOUS-OFFICIERS. | CAPITAINES. | LIEUTENANTS. | SOUS-LIEUTENANTS. | SERGENTS-MAJORS. | SERGENTS. | FOURRIERS. | CAPORAUX. | TAMBOURS. | GRENADIERS. FUSI-LIERS. | | TOTAUX. | ABSENTS. | EFFECTIF. |
|---|---|---|---|---|---|---|---|---|---|---|---|---|---|---|---|---|
| 1er bataillon. ROUGELIN........ | 1 | 2 | 2 | 6 | 6 | 5 | 5 | 17 | 6 | 36 | 8 | 535 | » | 629 | 205 | 834 |
| 2e bataillon. DESLANDES ...... | 1 | 2 | 2 | 6 | 5 | 6 | 6 | 21 | 5 | 33 | 16 | 543 | » | 642 | 243 | 885 |
| 3e bataillon. DE BUSSY........ | 1 | 2 | 2 | 5 | 6 | 6 | 5 | 17 | 5 | 31 | 10 | 536 | » | 626 | 207 | 833 |
| 4e bataillon a la suite. BOURGEOIS........ | » | 2 | 1 | » | » | 9 | 2 | 4 | 3 | 10 | 5 | » | » | 36 | 23 | 59 |
| TOTAL... | 3 | 8 | 7 | 17 | 17 | 26 | 18 | 59 | 19 | 110 | 33 | 1.616 | » | 1.933 | 678 | 2.611 |

## OFFICIERS TUÉS OU BLESSÉS PENDANT LA CAMPAGNE DE 1813

PITEL, sous-lieutenant, blessé, 21 mai 1813, à Bautzen.

DONIES, sous-lieutenant, blessé, 23 mai 1813, à Dessau.

MIOILLE, lieutenant, blessé, 24 mai 1813, à Bünzlau.

KESSELER, capitaine, tué ; REMOND, capitaine, tué ; CARON, capitaine, blessé, 31 mai 1813, à Breslau.

VENDERGRŒSEN, sous-lieutenant, blessé, 31 mai 1813, près de Breslau.

PRÉVOST, lieutenant, tué ; HENDE, sous-lieutenant, tué, 1ᵉʳ juin 1813, à Lissa.

LECLERC, capitaine, blessé ; GALVAGNO, capitaine, blessé ; BONNET, capitaine, blessé ; DATTY, lieutenant, tué ; DÉCLOPS, lieutenant, tué, 19 août 1813, à Löwemberg.

BOUCHER, capitaine, tué ; BUFFET, capitaine, blessé mortellement ; PLOUTUÉ, lieutenant, blessé mortellement, 21 août 1813 à Löwenberg.

DEMBENSKY, lieutenant, tué ; BÉVILLE, lieutenant, blessé ; GILBERT, sous-lieutenant, tué ; ROCHETTE, sous-lieutenant, blessé mortellement ; DESLANDES, chef de bataillon, blessé à Löwenberg ; LOISEAU, lieutenant, blessé, 23 août 1813, à Goldberg.

VIGNAL, lieutenant, blessé, 26 août 1813, à Jauer.

VARIN, major, blessé ; BÉVILLE, lieutenant, tué ; GENTIL, sous-lieutenant, blessé ; MAILLOT, sous-lieutenant, tué ; GOUVIN, sous-lieutenant, tué ; KLAASSEN, sous-lieutenant, tué ; COLIGNON, lieutenant, tué ; CARON, capitaine, blessé ; DEVERT, capitaine, blessé ; MONNOT, capitaine, blessé ; BONNET, capitaine, blessé ; LECLERCQ, capitaine, blessé ; VANKOKELBERG, lieutenant, blessé ; FASCIEUX, sous-lieutenant, blessé ; DEVLIEGER, sous-lieutenant, blessé ; SOLEIL, sous-lieutenant, blessé ; GROSSE, lieutenant porte-aigle, blessé ; LENARDON, lieutenant, blessé ; ANTOINE, lieutenant, blessé ; CRUQUELU, lieutenant, blessé ; SOUDAIN, sous-lieutenant, blessé ; LEGAY, chirurgien-major, blessé, 29 août 1813, aux combats sur le Bober.

## LISTE DES CHEFS DE CORPS

qui se sont succédé dans le commandement du régiment depuis sa formation jusqu'à nos jours.

------

*Régiment d'Angoumois.*

| MM. | | MM. | |
|---|---|---|---|
| DE BELLEFONDS. | 1684 | DE BLANGY. | 1759 |
| DE THOUY. | 1685 | DE FRÉMEUR. | 1761 |
| DULUC | 1690 | D'USSON. | 1774 |
| DU PLESSIS-BELLIÈRE, | 1702 | DE MONTRÉAL. | 1784 |
| DE PUYNORMAND. | 1707 | DE GAYON. | 1784 |
| DE COËTANCOURT | 1710 | DE NICOLAÏ DE GUS- | |
| DE ROCOZEL. | 1725 | SAINVILLE | 1788 |
| DE FLEURY. | 1731 | DE FITTE DE SOUCY... | 1791 |
| DE RUPPELMONDE | 1734 | DE CALDAGUÈS | 1792 |
| DE VAUX. | 1743 | DE LA CHAPELETTE | 1792 |
| DE SAINT-CYR | 1748 | ROUX DU ROGNON. | 1793 |

*148ᵉ demi-brigade de bataille.*

| | |
|---|---|
| DUMAS (Joseph). | 1793 |
| DUMAS (Jacques). | 1794 |
| MAZAS | 1795 |

*148ᵉ régiment d'infanterie de ligne.*

| | |
|---|---|
| Chevalier OBERT. | 1813 |

*148ᵉ régiment d'infanterie.*

Colonel MOUTON, 1ᵉʳ octobre 1887 - 6 janvier 1889 ; général de brigade, 9 avril 1892 ; général de division, septembre 1897.

Colonel FORGET, 6 janvier 1889 - 9 octobre 1894 ; général de brigade, 9 octobre 1894.

Colonel JANNOT, 11 novembre 1894-26 juin 1895 ; général de brigade, 30 décembre 1899.

Colonel DE LUXER, 27 juin 1895 - 16 septembre 1895 ; général de brigade, 25 mai 1897.

Colonel LORENTZ (1), 5 octobre 1895. Décédé le 19 avril 1901.
Colonel CANTON, 16 mai 1901.

---

(1) Né à Pontivy le 22 juillet 1844, entré à Saint-Cyr en 1863, nommé sous-lieutenant au 81ᵉ en 1865, lieutenant le 10 août 1868, capitaine au 126ᵉ le 13 juillet 1872, puis au 1ᵉʳ zouaves et enfin au 69ᵉ en 1880. Promu major au 105ᵉ le 31 décembre 1883, prend 2 ans après le commandement d'un bataillon. Le 29 décembre 1891, est nommé lieutenant-colonel au 98ᵉ, et, le 5 octobre 1895, est placé comme colonel à la tête du 148ᵉ à Verdun.

# ÉTAT NOMINATIF DES OFFICIERS DU 148ᵉ

## à la date du 1ᵉʳ avril 1900.

*État-major.*

MM.

Lorentz, colonel.
Heumann, lieut.-colonel.
Proye, major.
Pitois, méd.-maj. de 1ʳᵉ cl.
Drély, méd.-maj. de 2ᵉ cl.
Payen, capitaine trésorier.
Cotte, capit. d'habillement.
Grangé, lieut. adj. au trés.
Payen, lieut. porte-drapeau.
Blan, méd. aide-maj. de 2ᵉ classe.
Dagnan, chef de musique.

*Officiers à la suite.*

MM.

Aubert, lieut. à la suite.
Bascle de Lagrèze, sous-lieutenant à la suite.
Gille, s.-lieut. à la suite.
Renaud, s.-lieut. à la suite.
Bleuze, s.-lieut. à la suite.
Noizet, s.-lieut. à la suite.
Justinard, sous-lieut. à la suite.
Desjobert, sous-lieut. à la suite.
Albert, s.-lieut. à la suite.

### 1ᵉʳ bataillon (à Givet).

M. Aubry, chef de bataillon.
M. Cadoux, capitaine adjudant-major.

*1ʳᵉ Compagnie.*

MM.

Nicolas, **capitaine.**
Veyssière, lieutenant.
Deplace, sous-lieutenant.

*2ᵉ Compagnie.*

Fondary, capitaine.
Nérot, lieutenant.
Ponsard, lieutenant.

*3ᵉ Compagnie.*

MM.

Guy, capitaine.
Baillart, lieutenant.
Picot, sous-lieutenant.

*4ᵒ Compagnie.*

Kœppel, capitaine.
Drapier, lieutenant.
Petin, lieutenant.

### 2ᵉ bataillon (à Givet).

M. LETELLIER, chef de bataillon.
M. BASSE, capitaine adjudant-major.

#### 5ᵉ *Compagnie.*
MM.
DUVEAU, capitaine.
BAUDIN, lieutenant.
LESUR, lieutenant.

#### 6ᵉ *Compagnie.*
DEVERIN, capitaine.
WATTEAU, sous-lieutenant.

#### 7ᵉ *Compagnie.*
MM.
CARGEMEL, capitaine.
GENTY, lieutenant.
VÉSINE-LARUE, s.-lieutenant.

#### 8ᵉ *Compagnie.*
LAMBERT, capitaine.
GARNUCHOT, lieutenant.
CORDA, sous-lieutenant.

### 3ᵉ bataillon (à Givet).

M. LEPRINCE, chef de bataillon.
M. THIÉRY, capitaine adjudant-major.

#### 9ᵉ *Compagnie.*
MM.
GIRARDIN, capitaine.
DE BOYVEAU, lieutenant.
OLIVÉRO DE RUBIANA, sous-lieutenant.

#### 10ᵉ *Compagnie.*
SEVESTRE, capitaine.
RECORD, lieutenant.
THOMAS, lieutenant.

#### 11ᵉ *Compagnie.*
MM.
LEGRAND, capitaine.
GARDEY, sous-lieutenant.
HEMMER, sous-lieutenant.

#### 12ᵉ *Compagnie.*
BAILLET, capitaine.
MORAT, lieutenant.
DE LA PORTE, s.-lieutenant

### 4ᵉ bataillon (à Verdun).

M. ROCAUT, chef de bataillon.
M. CODERCH, capitaine adjudant-major.

#### 13ᵉ *Compagnie.*
MM.
REBEU, capitaine.
LAGASSE, lieutenant.

#### 14ᵉ *Compagnie.*
CANEL, capitaine.
JEANDEDIEU, lieutenant.

#### 15ᵉ *Compagnie.*
MM.
BENAD, capitaine.
MOUROT, lieutenant.

#### 16ᵉ *Compagnie.*
HENRY, capitaine.
DE FRANCHESSIN, lieutenant

### Dépôt (à Rocroi).

Un détachement commandé par M. MOUROT, lieutenant.

# TABLEAU SYNOPTIQUE DE L'HISTORIQUE DU 148ᵉ

INSCRIPTION SUR LE DRAPEAU : **GOLDBERG.**

**Régiment d'Angoumois,** créé en 1684.

*Campagnes et actions d'éclat.*

Défense héroïque d'Huy, 1693. Bataille de Cassano, 1705, où le colonel du Plessis-Bellière est grièvement blessé. Campagne d'Allemagne. 1733-1743. Siège de Tournai. 1745, et de Berg op Zoom, 1747. Pendant la guerre de Sept ans, il est envoyé en Amérique.

**148ᵉ demi-brigade de bataille,** 1793-1797.

Formée en septembre 1793 du 2ᵉ bataillon du 80ᵉ régiment d'infanterie (ex-Angoumois) et des 7ᵉ et 11ᵉ bataillons de Volontaires de la Gironde ; disparaît lors du second amalgame le 8 janvier 1797, et entre le 19 février 1797 dans la formation de la 34ᵉ demi-brigade d'infanterie de ligne (armée d'Italie).

*Campagnes et actions d'éclat.*

1793-1795. ARMÉE DES PYRÉNÉES OCCIDENTALES. — La Tour d'Auvergne, capitaine de grenadiers au 2ᵉ bataillon du 80ᵉ, ci-devant Angoumois, fait partie de la 148ᵉ demi-brigade et se distingue au combat de la Montagne-de-Louis-XIV où il reçoit sept coups de feu (22 juin 1793), puis à la Croix-des-Bouquets (12 juillet), à l'affaire du camp des Sans Culottes (5 février 1794). — Le 24 juillet 1794, la 148ᵉ demi-brigade enlève à la baïonnette, après un combat acharné, la redoute dite du Forber. A la suite de cette affaire, le représentant du peuple Garrau décida que la redoute conquise porterait désormais le nom de « Redoute de la Baïonnette ». La 148ᵉ payait chèrement ce succès : 500 hommes et 33 officiers étaient tués ou blessés.

1796-1797. ARMÉE DE L'OUEST. — Dans la Vendée.

**148ᵉ régiment d'infanterie de ligne,** créé en 1813.

Formé, par décret du 12 janvier 1813, avec les 72ᵉ, 73ᵉ, 74ᵉ et 75ᵉ cohortes du 1ᵉʳ ban de la garde nationale ; dissous le 15 septembre 1813.

*Campagnes et actions d'éclat.*

1813, GRANDE ARMÉE. — Combat de Lowenberg. Passage du Bober. Goldberg. A la bataille de Goldberg, le 148ᵉ de ligne (division Puthod) contribue à la prise des hauteurs de Wolfsdorf. Le colonel Obert, nommé la veille général de brigade, fut grièvement blessé en entraînant son régiment.

**148ᵉ régiment d'infanterie,** créé en 1887.

Formé à Verdun avec trois bataillons des 81ᵉ, 82ᵉ, 87ᵉ régiments d'infanterie, en garnison à Sedan puis à Givet ; le 4ᵉ bataillon est resté à Verdun, comme bataillon de forteresse. Le dépôt est à Rocroi.

*Campagnes.*

1895-1896. Madagascar (un détachement).

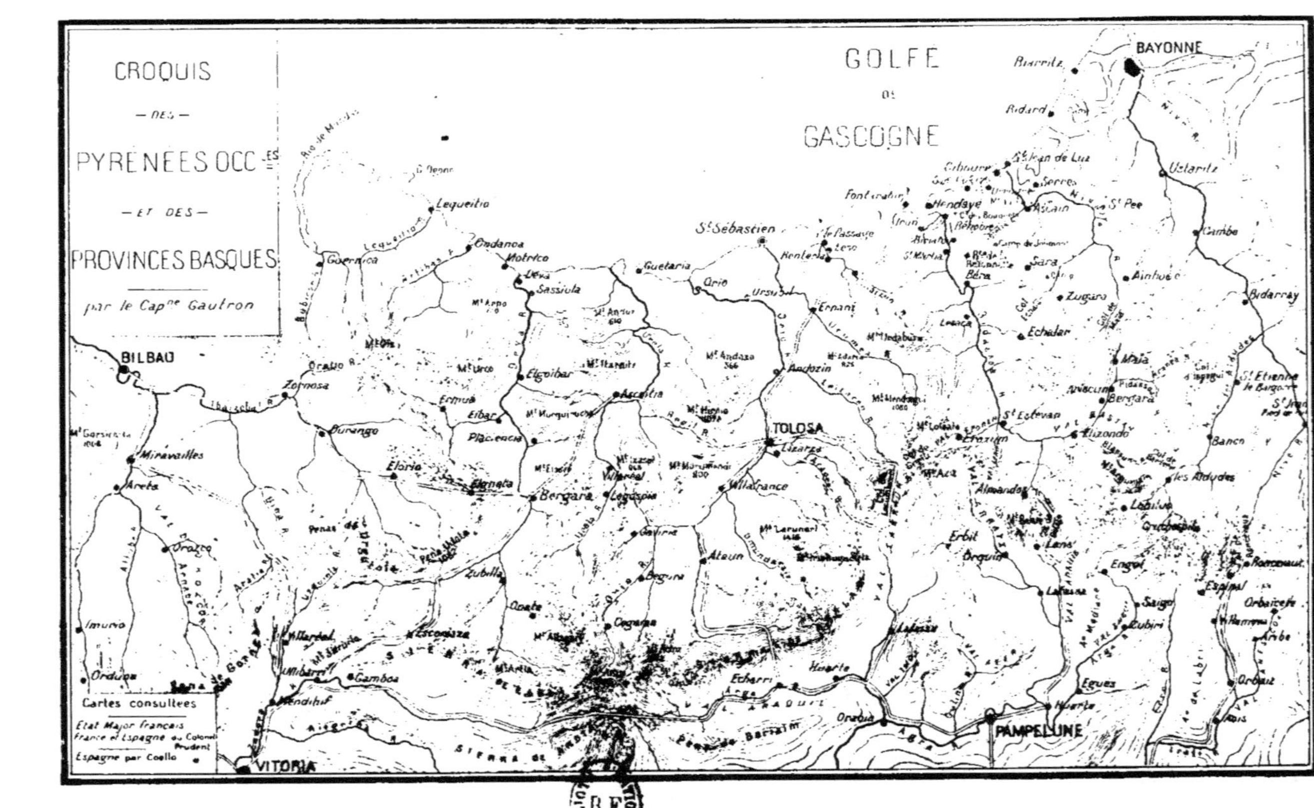

CROQUIS
— DES —
PYRENEES OCC.ES
— ET DES —
PROVINCES BASQUES
par le Cap.ne Gautron
Cartes consultées
Etat Major français
France et Espagne du Colonel Prudent
Espagne par Coello
GOLFE DE GASCOGNE
BAYONNE
BILBAO
VITORIA
TOLOSA
PAMPELUNE
St Sébastien

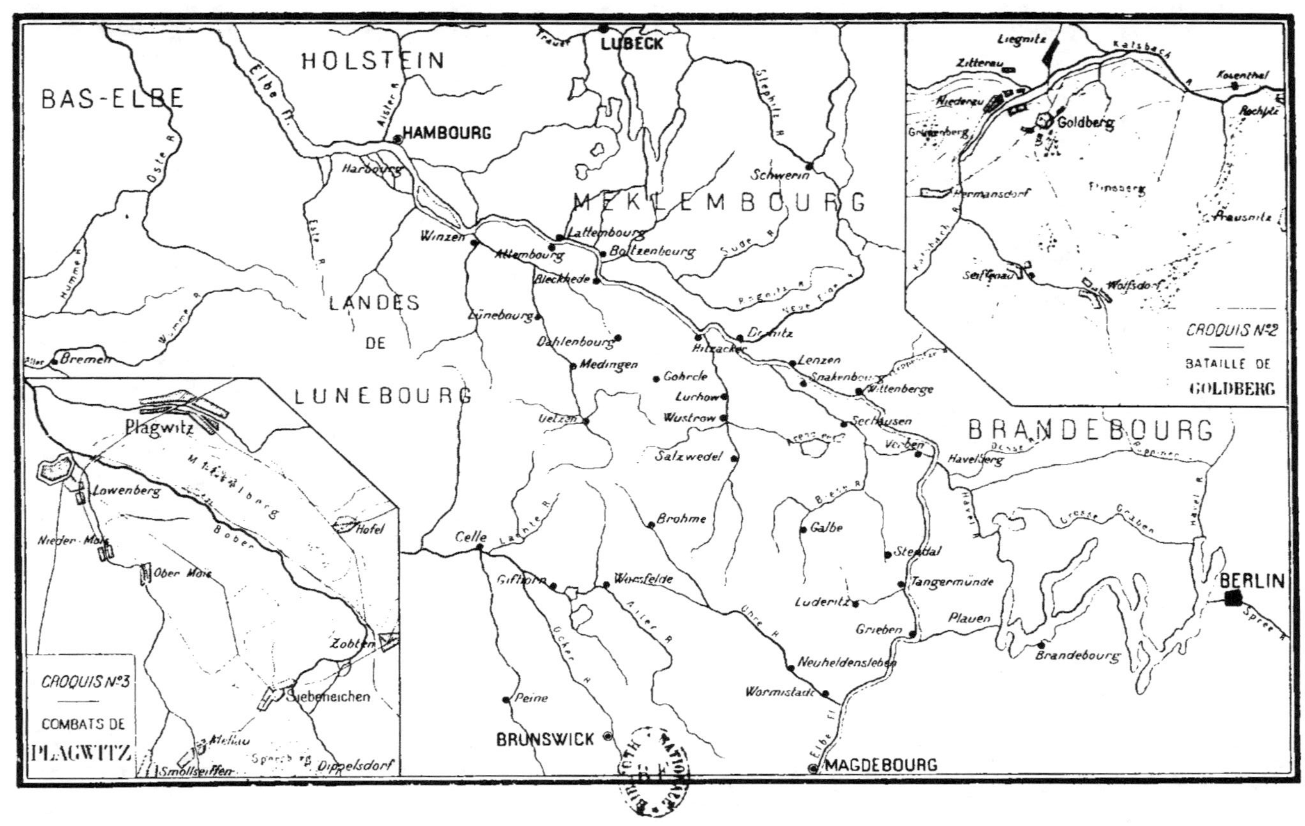

BAS-ELBE
HOLSTEIN
LUBECK
Elbe Fl.
HAMBOURG
Harbourg
Schwerin
MEKLEMBOURG
Winzen
Lattenbourg
Attembourg
Boltzenbourg
Bleckhede
Lunebourg
LANDES
DE
LUNEBOURG
Dahlenbourg
Medingen
Dömitz
Hitzacker
Lenzen
Snakenbourg
Wittenberge
Gohrde
Luchow
Wustrow
Uelzen
Salzwedel
Seehausen
Verben
Bremen
Brohme
Galbe
Havelberg
BRANDEBOURG
Celle
Worsfelde
Stendal
Tangermunde
Giffhorn
Ludenitz
Plauen
Grieben
Brandebourg
BERLIN
Spree R.
Neuheldensleben
Peine
Wormstadt
BRUNSWICK
MAGDEBOURG
CROQUIS N°2
BATAILLE DE
GOLDBERG
Liegnitz
Katsbach
Zittenau
Kosenthal
Niederau
Goldberg
Rochlitz
Grünenberg
Hermansdorf
Finsberg
Prausnitz
Seiffnau
Wolfsdorf
CROQUIS N°3
COMBATS DE
PLAGWITZ
Plagwitz
Lowenberg
Nieder Mois
Ober Mois
Hofel
Bober
Zobten
Siebeneichen
Dippelsdorf
Smollseiffen

Paris et Limoges. — Imprimerie milit. Henri CHARLES-LAVAUZELLE.